O BUNKER DE CHURCHILL

RICHARD HOLMES

O BUNKER DE CHURCHILL

Tradução de
Andrea Gottlieb de Castro Neves

1ª edição

EDITORA RECORD
RIO DE JANEIRO • SÃO PAULO

2017

CIP-BRASIL. CATALOGAÇÃO NA FONTE
SINDICATO NACIONAL DOS EDITORES DE LIVROS, RJ

H695b
Holmes, Richard, 1946-
O bunker de Churchill: A história do Centro de Operações que garantiu a vitória da Grã-Bretanha na Segunda Guerra Mundial / Richard Holmes; tradução de Andrea Gottlieb de Castro Neves. – 1ª ed. – Rio de Janeiro: Record, 2017.

Tradução de: Churchill's bunker: the cabinet war rooms and the culture of secrecy in wartime London
ISBN 978-85-01-08785-0

1. Churchill, Winston, 1874-1965. 2. Segunda Guerra Mundial, 1939-1945 – Grã-Bretanha. I. Título.

11-1646

CDD: 940.5341
CDU: 94(41)"1939/1945"

Copyright © Richard Holmes, 2009, 2011

Título original em inglês: Churchill's bunker: the cabinet war rooms and the culture of secrecy in wartime London

Todos os esforços foram feitos para contatar os detentores de direitos autorais das imagens aqui contidas. Os editores ficarão felizes em corrigir, em edições futuras, quaisquer erros ou omissões que lhes forem indicados.

Todos os direitos reservados. Proibida a reprodução, armazenamento ou transmissão de partes deste livro, através de quaisquer meios, sem prévia autorização por escrito.

Texto revisado segundo o novo Acordo Ortográfico da Língua Portuguesa.

Direitos exclusivos de publicação em língua portuguesa para o Brasil adquiridos pela
EDITORA RECORD LTDA.
Rua Argentina, 171 – 20921-380 – Rio de Janeiro, RJ – Tel.: (21) 2585-2000, que se reserva a propriedade literária desta tradução.

Impresso no Brasil

ISBN 978-85-01-08785-0

Seja um leitor preferencial Record.
Cadastre-se em www.record.com.br
e receba informações sobre nossos lançamentos e nossas promoções.

Atendimento e venda direta ao leitor:
mdireto@record.com.br ou (21) 2585-2002.

EDITORA AFILIADA

Sumário

Mapas	6
Prefácio de Diane Lees,	
diretora-geral do Museu Imperial da Guerra	9
1. A história por trás do segredo	11
2. Deflagração da guerra	41
3. Hora do show	79
4. A vida no bunker	117
5. O bunker viaja	147
6. De sistema nervoso central a museu	179
Notas	191
Abreviações	203
Bibliografia	205
Agradecimentos	209
Índice	211

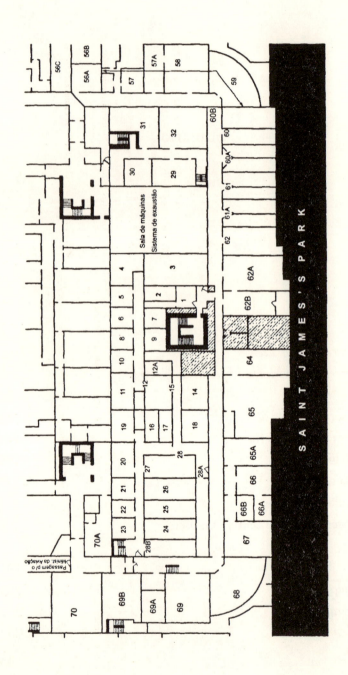

Planta do Porão do Centro de Operações do Gabinete Nacional, c. 1944

1 Despensa e cozinha de Butler
2 Sra. Churchill, uma cama
3 Chefes de Estado-Maior (COS)
4 Ministro do Trabalho, uma cama
5 Tenente-coronel King-Salter, uma cama
6 Comandante Thompson, uma cama
7 Sala de jantar do primeiro-ministro
8 Major Morton, uma cama
9 Sr. Brendan Bracken, uma cama
10 Brigadeiro Harvie-Watt, uma cama
11 Seção da srta. Stenhouse
12 Entrada para a sala dos secretários do primeiro-ministro
12A Detetives do primeiro-ministro, duas camas
13 Não é mostrado
14 Equipamento de limpeza
15 Entrada para a sala dos secretários do primeiro-ministro
16 Lorde Woolton, uma cama
17 Sr. Anthony Eden, uma cama
18 Sr. Clement Attlee, uma cama
19 Sir John Anderson, uma cama
20 Sr. Murrie
21 Brigadeiro Jacob
22 Coronel Price
23 Tenente-coronel Oliver
24 Grupo capitão Earle, capitão Oswald, sr. Beer, sra. Noble

25 Srta. Gray, srta. Cooper, srta. Bright, srta. Spearing, srta. Bright, srta. Lewis, sra. Roberts
26 Srta. Fairlie, srta. Tower, srta. Bacchus — Seção de datilógrafos, A&B (COS)
27 Cartório da Defesa
28 Funcionários dos COS
28A Anexo do nº 10
28b Srta. Hill, srta. Leyton, srta. Hamblin
29 Cantina 62B
30 Primeiros socorros
31 Sala de descanso dos telefonistas
32 Central telefônica
33-55 Não é mostrado
56A Planejadores conjuntos
56B Planejadores conjuntos
56C Administrativo
57 Acomodação especial
57A Acomodação especial
58 Acomodação especial
59 Acomodação especial
60 À esquerda: equipamento de PBX do primeiro-ministro, equipamento da BBC
À direita: Sr. Winnifrith
60A À esquerda: Sir Gilbert Laithwaite, uma cama
À direita: Tenente-coronel Capel-Dunn, uma cama
61 À esquerda: Tenente-coronel McEwan, dois beliches

À direita: General Ismay, uma cama
61A À esquerda: Sr. Armstrong, sr. Blaker, uma cama
À direita: Sir E. Bridges, uma cama
62 Srta. Fyfe, srta. Macaulay, srta. Gill, srta. Lindars, srta. Aithie, srta. Green, srta. Brown, srta. Arnold, três camas
62A Refeitório dos Fuzileiros Navais, uma cama
62B Sr. Burgis, major Rawlings, sr. Walter, uma cama
64 Tenente-coronel Weber-Brown, anexo da Sala de Mapas
65 Sala de Mapas
65A Primeiro-ministro, uma cama
66 Dois secretários particulares do primeiro-ministro, duas camas
66A Sr. Martin
66B Um secretário particular do primeiro-ministro, uma cama
67 Gabinete particular do primeiro-ministro
68 Sala de espera do primeiro-ministro
69 Sala do Gabinete Nacional
69A Major-general Hollis, uma cama: escritório externo sr. James, srta. Le Sueur
69B Lavatórios de Emergência
70 Desconhecido
70A Desconhecido

Observação: Reconstruído de um original borrado do Museu Churchill. Alguns nomes são especulações, outros permanecem indistintos.

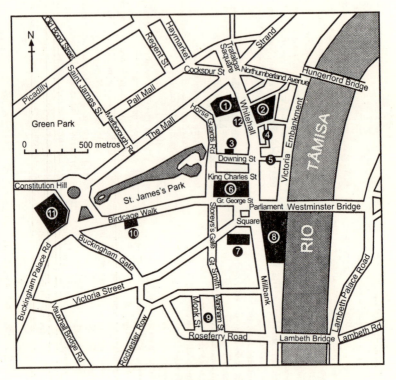

1 Almirantado
2 Gabinete de Guerra
3 N° 10 da Downing Street
4 Jardins de Whitehall
5 Terraço de Richmond
6 Escritórios públicos novos
7 Abadia de Westminster
8 Câmaras do Parlamento
9 "Anson"
10 Capela de Guards
11 Palácio de Buckingham
12 Horse Guards

Prefácio

Quando Winston Churchill disse que em uma guerra "é necessário correr riscos", não podemos deixar de nos perguntar se ele fazia ideia do grau do risco que corria ao comparecer a reuniões em um porão de armazenamento mal localizado, mal reforçado e mal adaptado em Whitehall durante os bombardeios mais violentos sofridos por Londres. Certamente, as poucas centenas de pessoas que durante a guerra passaram grande parte do seu tempo nesse complexo secreto se sentiam seguras nele. O que elas não sabiam, entretanto, era que a capacidade do Centro de Operações de resistir a um ataque direto estava longe de ser algo garantido.

O 70º aniversário da data em que o local entrou em funcionamento — ano que coincide com o 25º aniversário da abertura do Centro de Operações ao público geral* — é o momento ideal para comemorarmos a experiência daqueles que trabalhavam tão assiduamente, privados da luz do sol, com um livro que finalmente dá à sua história a proeminência que ela merece.

---

* Trata-se do ano de 2009, data do lançamento original deste livro na Inglaterra. [*N. da E.*]

O BUNKER DE CHURCHILL

A escolha do autor não poderia ter sido melhor: o professor Richard Holmes é um dos biógrafos mais inspirados e originais de Sir Winston Churchill, além de um escritor cujas obras demonstram uma compreensão sem paralelos da experiência do homem comum na guerra.

Este minucioso livro descreve os desconfortos, alegrias e peculiaridades da vida diária — e noturna — no bunker, além de oferecer um contexto mais amplo da guerra que se abateu sobre as cabeças daqueles que ali viviam e trabalhavam. A história do Centro de Operações foi forjada não apenas por suas origens quase acidentais como uma solução "temporária", mas pelas ações de seu principal morador e das personalidades dos que o cercavam. É por meio desses acontecimentos que Richard traça uma história estratégica, humana e às vezes até cômica deste local secreto que foi tão importante para o sucesso da Inglaterra na guerra.

A história pós-guerra do Centro de Operações não foi menos acidental nem menos movimentada, e ao longo dos anos o complexo passou de monumento negligenciado a atração histórica ganhadora de prêmios, administrada pelo internacionalmente renomado Museu Imperial da Guerra. Décadas depois de os últimos ocupantes terem saído às ruas devastadas do centro de Londres, dezenas de milhares de turistas, estudantes e aficionados por Churchill descem as escadas que levam ao bunker, refazendo os passos desse grande homem e de seus não tão aclamados auxiliares, e deparando-se com uma visão íntima do Centro de Operações e das vidas daqueles que viviam e trabalhavam em suas salas.

Diane Lees
Diretora-geral
Museu Imperial da Guerra

1

A história por trás do segredo

A Segunda Guerra Mundial foi uma guerra extremamente móvel. Exércitos e frotas marítimas serpenteavam em seus avanços e recuos ao longo de milhares de milhas em terra e no mar, das águas congeladas do Cabo Norte aos desertos do norte da África, dos atóis do Pacífico às infindáveis estepes russas. No entanto, em total contraste com isso, para os líderes das potências mais envolvidas no combate, essa guerra foi conduzida dos quartéis-generais estáticos. Os últimos dias de Hitler foram notoriamente passados em seu bunker, situado no coração de Berlim, mas ainda em 1940 ele foi obrigado a se refugiar do bombardeio inglês em um abrigo subterrâneo. O bombardeio às ilhas japonesas forçou o general Tojo e até mesmo o imperador Hirohito a recorrer a abrigos muito antes de os japoneses se renderem. Os aliados eram muito cautelosos em relação a um bombardeio a Roma, onde o quartel-general de Mussolini estava localizado no Palazzo Venezia, do século XV. Mesmo assim, a cidade não estava imune a ataques aéreos. Só o presidente Roosevelt e seus assessores estavam completamente seguros, visto que os bombardeiros de longo alcance ainda não eram capazes de atingir Washington.

O BUNKER DE CHURCHILL

A Inglaterra, localizada a uma curta distância de avião da Europa continental, esteve vulnerável a bombardeios desde o início da guerra, principalmente depois que a conquista da França e da Bélgica pela Alemanha facilitou a instalação de bases da Luftwaffe mais próximas. Esse perigo já fora considerado antes do início da guerra, e planos complexos haviam sido elaborados para a proteção do núcleo do governo e do comando militar contra os bombardeios, mas nunca chegaram a uma conclusão definitiva. O fato de esse sistema nervoso central ter se instalado nos porões do edifício do New Public Office (NPO), em Whitehall, foi fruto da experiência obtida pela Inglaterra em outras guerras, do perigo resultante da ascensão implacável do poder aéreo e de um elemento razoável de acaso. O Centro de Operações do Gabinete Nacional (CWR) não havia sido construído para o propósito e fora precariamente reforçado, mas ao visitar o escritório subterrâneo do Gabinete Nacional, pouco após ter se tornado primeiro-ministro em maio de 1940, Winston Churchill declarou: "É desta sala que conduzirei a guerra." Alguns meses mais tarde, quando a Blitz teve início em Londres, o CWR de fato tornou-se a sede central da condução da guerra.

Mesmo enquanto buscavam a paz, os governantes ingleses da década de 1930 haviam relutantemente começado a se preparar para a guerra. Além do rearmamento, que aconteceria apesar dos protestos de uma opinião pública fortemente influenciada pela experiência de 1914-18 e de uma crise econômica, eles precisavam considerar o impacto que uma guerra total com uso de armamentos modernos teria sobre as grandes cidades, suas populações, as comunicações e o sistema nervoso do próprio governo que tornou a guerra moderna possível.

O fato de que o CWR e o anexo do nº 10 acima dele se tornariam o centro de comando da Inglaterra para a condução da Segunda Guerra Mundial estava longe de ser previsível. Essa foi a solução encontrada para a conjuntura de dois problemas: qual seria a melhor forma de se criar um alto-comando efetivo para uma democracia em guerra e como protegê-lo num conflito em que o bombardeio aéreo era uma grande ameaça.

A HISTÓRIA POR TRÁS DO SEGREDO

Preparativos para a guerra de 1902-14

A necessidade de uma preparação definitiva para uma grande guerra — que envolveria a modernização das forças armadas, a coordenação e cooperação entre o Exército e a Marinha Real, bem como uma estrutura que combinasse a primazia do Gabinete Nacional com uma perícia militar profissional — foi reconhecida ainda no início do século XX. Os dias em que o governo inglês confiava as decisões dos conflitos resultantes de sua política externa aos comandantes dos Exércitos e tropas, muitas vezes negligenciados em tempos de paz, haviam chegado ao fim. O telégrafo, o telefone e posteriormente o rádio facilitaram a intervenção do governo na condução das operações militares, abrindo espaço para a "chave de fenda" da qual os comandantes modernos tanto se ressentiam. Os correspondentes de guerra, usando esses mesmos meios de comunicação para arquivar suas cópias, transmitiam notícias do front para um público interno de uma forma que nunca fora possível antes, contribuindo para as preocupações políticas relativas ao progresso das operações e incentivando o desejo dos políticos de se imiscuir diretamente nos assuntos militares.

A Segunda Guerra dos Bôeres, de 1899-1902, em que o poder do império havia sido usado para sufocar um número relativamente pequeno de soldados bôeres irregulares, revelara uma fraqueza militar estarrecedora. Ela também contribuiu para um realinhamento geral da política externa inglesa. A França, há tanto tempo uma adversária tradicional, havia sido esmagada na Guerra Franco-Prussiana de 1870-71, e o Ministério do Exterior estava cada vez mais propenso a ver a Alemanha "imperial — ávida tanto por colônias quanto por poder naval — como a principal ameaça ao poder inglês. O Comitê de Defesa Imperial (CID), órgão consultivo estabelecido em 1902, incluía oficiais das forças armadas, bem como ministros do Gabinete Nacional, e desde 1904 possuía sua própria secretaria. Ele tinha por objetivo desenvolver a política de defesa e coordenar uma ampla variedade de questões por meio de subcomitês especiais. Maurice Hankey, na época oficial do Corpo Real de Fuzileiros Navais, entrou para a secretaria em 1908 e tornou--se secretário em 1912. Um misto de servidor público consciencioso, conselheiro confidencial de primeiros-ministros e discreta eminência parda, ele era, com o que certo autor chamou de "genialidade em se fazer indispensável", uma figura central no planejamento de defesa da Inglaterra em tempos de paz e de guerra na primeira metade do século XX. Tendo primeiro recebido a ordem de cavaleiro e por fim sido elevado à nobreza, ele foi secretário do Departamento de Guerra durante a Primeira Guerra Mundial e depois secretário do Gabinete Nacional de 1919 a 1938. De certa forma, foi o padrinho do mecanismo de governo descrito neste livro.

As dificuldades da natureza das guerras modernas, grandes por si próprias, são amplificadas em democracias parlamentares com economias de mercado. Os generais e almirantes podem ser os especialistas no assunto, mas o controle supremo pertence aos primeiros-ministros e seus gabinetes, enquanto os exércitos e marinhas, por sua vez, dependem do vigor da economia e de uma utilização eficaz dos recursos humanos da nação. As responsabilidades referentes à estratégia, à economia da guerra e à alocação de recursos não podem ser facilmente separadas. Ações táticas às vezes podem ter consequências estratégicas desproporcionais: da mesma forma, vencer batalhas pode não significar a aproximação da vitória. O estabelecimento de um sistema para a administração suprema eficaz da guerra foi um eterno problema para a Inglaterra na primeira metade do século XX.

Ainda que fosse em tese uma instituição de assessoria, o CID teve um papel crucial no alinhamento da política militar inglesa com a da França na formação da base da aliança anglo-francesa com um planejamento detalhado. As "conversas" militares com os franceses eram autorizadas diretamente pelo ministro do Exterior, Sir Edward Grey, e a reunião do CID de junho de 1906 cogitou o envio de uma força expedicionária à Bélgica e à França durante a invasão alemã. Na reunião de 23 de agosto de 1911, o Comitê aceitou o plano do Gabi-

A HISTÓRIA POR TRÁS DO SEGREDO   15

nete de Guerra de cooperação com a França e foi contrário à estratégia alternativa do Almirantado. Enfatizou-se que o plano da Inglaterra de ajudar os franceses no caso de uma guerra franco-alemã não era politicamente compulsório, e apenas um punhado de ministros sabia até que ponto a Inglaterra estava de fato comprometida a dar assistência à França. É possível, entretanto, que o papel do CID nesse aspecto estratégico primordial tenha sido exagerado. Na verdade, já se sugeriu que não era apenas o Gabinete Nacional que era "deixado à margem: o CID também o era".[1] É possível que Grey, os ministros das forças armadas e os dignitários do Ministério do Exterior e do Gabinete de Guerra fossem os únicos que realmente sabiam quão importantes eram as implicações das discussões militares anglo-francesas.

O *Livro de Guerra* — que definiu em detalhe os passos a serem dados após a deflagração da guerra e permitiu à Inglaterra mobilizar-se rapidamente para dar início aos preparativos de guerra em 1914 — foi o sucesso mais significativo do CID. Todavia, com um comitê elementar que cresceu a ponto de chegar a ser formado por trinta membros e uma pletora de subcomitês, o CID vinha mostrando uma tendência de evitar pensar em questões operacionais militares e navais detalhadas após 1908, deixando o planejamento essencialmente nas mãos do Estado--Maior Geral e do Almirantado, que muitas vezes discordavam entre si. Pouca atenção foi dedicada à questão de como os recursos humanos seriam distribuídos entre as necessidades concorrentes do Exército, da indústria e da agricultura — embora, no final das contas, o sucesso na guerra fosse depender tanto da produção industrial quanto dos navios de guerra e dos batalhões.

A Primeira Guerra Mundial

O processo de tomada de decisões e a estrutura de comando da Inglaterra durante a Primeira Guerra Mundial não conseguiram propiciar nem uma cooperação harmoniosa entre o governo e seus comandantes

16 O BUNKER DE CHURCHILL

superiores militares e navais nem uma direção unificada para os esforços de guerra. Havia problemas relevantes que não seriam facilmente resolvidos. Não havia um meio simples de separar a formulação da estratégia geral de sua realização prática. O Gabinete Nacional era um corpo numeroso demais para conduzir uma guerra, e incluía ministros cujos departamentos não tinham muita relação com a atividade bélica, mas, por outro lado, o conflito moderno exigia o afunilamento de todas as energias do Estado para os esforços de guerra. O político liberal Herbert Asquith, "primeiro-ministro" durante os primeiros dois anos da guerra, achava, em princípio, que a guerra deveria ser deixada a cargo dos especialistas, mas que todo o Gabinete Nacional era coletivamente responsável por ela. O rompimento das relações entre Winston Churchill, então "primeiro-lorde" do Almirantado, e o almirante Jackie Fisher, na época "primeiro-lorde" do Mar; a subsequente animosidade entre David Lloyd George, que sucedeu Asquith como premiê, e tanto Sir Douglas Haig, "comandante em chefe da Força Expedicionária Britânica (BEF), quanto Sir William Robertson, chefe do Estado Maior Imperial (CIGS) e as dificuldades que o Gabinete de Guerra plantou no caminho de Neville Chamberlain como diretor do Serviço Militar são apenas alguns dos mais notórios exemplos das tensões existentes entre os civis — os *"frocks"* — e os oficiais superiores — os *"brass hats"*.

Com a deflagração da guerra em 1914, o CID foi suspenso por toda a sua duração, tendo sido substituído por uma sucessão de órgãos: o Conselho de Guerra, o Comitê de Dardanelos e o Comitê de Guerra, cada um deles fazendo uso da sua secretaria. Todos esses comitês começaram com um número muito pequeno de membros dedicados à condução e coordenação da guerra, e todos acabaram crescendo demais, após encontrar problemas para demarcar suas responsabilidades, as do Gabinete e as responsabilidades individuais dos ministros. Quando Lloyd George tornou-se primeiro-ministro em dezembro de 1916, combinou as funções do Comitê de Guerra com as do Gabinete Nacional por meio da criação de um pequeno Departamento de Guerra

A HISTÓRIA POR TRÁS DO SEGREDO 17

que substituiu a antiga secretaria do CID sob a liderança de Maurice Hankey. Ao menos em tese, ali estava um órgão destinado a concentrar-se unicamente na direção e coordenação da guerra — embora na prática tenha transferido uma autoridade considerável para os subcomitês, que no final chegavam a um total de 165 — e ao mesmo tempo em lidar com os novos ministérios criados em virtude da guerra. O historiador Peter Simkins sugere que "o Departamento de Guerra de Lloyd George tendia a operar como um tipo de suprema corte, arbitrando entre os vários departamentos do governo e seus próprios comitês internos".[2]

Os principais problemas da execução da Primeira Guerra Mundial residiam na questão de como e onde lutar contra as Potências Centrais (discussão frequentemente centrada num embate entre os "ocidentalistas", que defendiam uma decisão no front oriental, e os "orientalistas", que adotaram um panorama mais amplo); na necessidade de preservar a supremacia naval e lidar com os submarinos alemães; e no equilíbrio entre as exigências de um exército que absorveu aproximadamente 6 milhões de homens em seus postos e a manutenção da economia interna e produção de munições de guerra. Embora a invasão da Inglaterra tenha se tornado cada vez menos provável depois de 1914, a possibilidade não podia ser inteiramente descartada, e tal ameaça exigia a retenção de um contingente militar considerável dentro das ilhas britânicas. Enquanto isso, os ataques a alvos civis e industriais por bombardeio aéreo tornaram-se uma característica recorrente da guerra. A nomeação do marechal de campo Sir John French como comandante em chefe das Forças Militares Internas em 1916 foi um reconhecimento dessa nova dimensão, embora French não tenha ganhado um assento no Conselho de Guerra. Tratava-se, entretanto, de um indício de que os conflitos internos das forças armadas eram menos significativos que as divergências entre elas o fato de French não ter guardado segredo de suas suspeitas acerca de Douglas Haig, que o substituíra na França, e de seu escritório na Horse Guards — que ficava à distância de uma rápida caminhada de onde o Centro de Operações seria estabelecido

18 O BUNKER DE CHURCHILL

— ter se tornado uma câmara de compensação para oficiais superiores descontentes que haviam se rebelado na França. Na tentativa de resolver um problema, o governo criara outro.

Costuma-se relegar os ataques aéreos à Inglaterra durante a Primeira Guerra Mundial às notas de rodapé da História, mas seu impacto psicológico foi considerável. Em maio de 1915, um dirigível alemão lançou bombas em Londres, e daí em diante os ataques continuaram ao longo de toda a guerra. No dia 13 de junho de 1917, bombardeiros de Gotha empreenderam um ataque feroz ao East End, matando 162 pessoas. Durante a guerra, cerca de 300 toneladas de bombas foram lançadas na Inglaterra, causando 1.413 mortes. É um número insignificante se comparado às perdas sofridas no front oriental, mas a inviolabilidade dos "fossos defensivos" da Inglaterra foi vencida. French logo passou a exigir que esquadrões aéreos fossem utilizados na defesa interna. Muitos moradores do East End buscavam abrigo em estações de metrô nas noites em que os ataques pareciam prováveis, e alguns relutavam em sair de manhã — comportamento que preocupou as autoridades. Por mais limitados que fossem, esses ataques aéreos eram prenúncios do que viria: se aquele era o resultado de bombardeios restritos de efeito moral, quais seriam as consequências de ataques aéreos maciços?

Dez anos sem guerra

Não é de surpreender que os preparativos para a guerra tenham tido pouca prioridade na agenda dos governantes durante a década de 1920 e o início da década de 1930. Na verdade, havia um temor generalizado de que apenas considerar a possibilidade de uma guerra pudesse transformá-la em realidade. Mesmo assim, o Comitê de Defesa Imperial foi restabelecido, com o onipresente Hankey acumulando os cargos de secretário do Gabinete Nacional e do CID. Tanto o gabinete quanto o CID confirmavam periodicamente a diretriz emitida pelo Departamento de Guerra em sua última reunião, em 1919 — de que

A HISTÓRIA POR TRÁS DO SEGREDO   19

não haveria uma guerra ao longo de dez anos. O Comitê de Chefes do Estado-Maior, subcomitê do CID composto dos líderes das três forças armadas (a Força Aérea Real havia sido fundada no dia 1º de abril de 1918) com o primeiro-ministro no cargo de presidente por ofício, tinha a responsabilidade de aconselhar o governo em questões referentes à defesa, e tornou-se mais importante do que o órgão que o precedia. Em 1936, ele próprio possuía três subcomitês: o Comitê de Chefes Adjuntos do Estado-Maior, o Comitê Conjunto de Inteligência e o Comitê Conjunto de Planejamento.

Qualquer que fosse a atenção dada à futura guerra, ela era dominada pelo medo de bombardeios. Apesar da "Diretriz dos Dez Anos", um Subcomitê de Precauções Contra Ataques Aéreos do Comitê de Defesa Imperial foi estabelecido em 1924 sob a presidência de Sir John Anderson. O subcomitê concluiu que, em uma guerra futura, 200 toneladas de bombas seriam lançadas em Londres no primeiro dia, e que a partir daí uma tonelagem menor seria lançada diariamente, resultando em 50 mil mortes dentro de um mês. Esta não era, entretanto, a única preocupação do comitê. A aceitação de que um pesado bombardeio em Londres seria inevitável levou-o a se perguntar se a capital realmente poderia continuar sendo a sede do governo durante a guerra.

Isso era quase como conceber o inconcebível. Durante a Primeira Guerra Mundial, a condução dos assuntos do governo havia prosseguido inabalada acima da superfície em Whitehall. Qualquer transferência do governo da capital durante uma guerra poderia ter um efeito desmoralizador, e era possível, como temiam alguns, que isso até mesmo levasse grande parte da população a um êxodo desencadeado pelo pânico. Ainda assim, Londres era especialmente vulnerável. Os bombardeiros alemães ou franceses teriam que voar muitas milhas de seus respectivos territórios para alcançar cada uma das capitais hostis, mas Londres estava localizada a apenas alguns quilômetros da costa, com o rio Tâmisa apontando para o seu centro. Embora reconhecesse os efeitos adversos que uma transferência poderia ter sobre a moral civil, o comitê mesmo assim defendia planos de contingência para uma retirada

20   O BUNKER DE CHURCHILL

completa ou parcial de Whitehall — embora, caso isso realmente fosse posto em prática, nenhum plano houvesse sido preparado.

A ameaça de bombardeios aéreos concentrou as atenções na Força Aérea Real (RAF). Sua sobrevivência como serviço independente dependia principalmente da compreensão de que os bombardeios de longo alcance seriam um elemento essencial das guerras modernas. Se o avião houvesse sido considerado apenas um meio de transporte para as forças militares terrestres, atuando essencialmente como complemento para a artilharia, o poder aéreo poderia ter continuado a ser um ramo do Exército e da Marinha Real. Em 1918, entretanto, a nova força aérea independente vinha empreendendo ataques à Alemanha, e estavam sendo traçados planos para uma missão mais ampla que teria sido levada a cabo se a guerra tivesse continuado em 1919. O primeiro marechal do ar Sir Hugh Trenchard, chefe do Estado-Maior da Força Aérea entre 1919 e 1929, considerou que o estabelecimento de uma força ofensiva de bombardeiros era uma medida essencial para a sobrevivência da RAF como serviço independente, argumentando que a guerra seguinte poderia sair vitoriosa unicamente pelos bombardeiros. Em conjunto com a utilidade das aeronaves da RAF na manutenção do controle do Oriente Médio pelo "Policiamento Imperial", isso foi um argumento poderoso em favor da promoção da RAF, a quem foi destinada a maior parte dos recursos alocados à defesa.[3]

A política de defesa de 1932-39

Afinal de contas, em março de 1932, a "Diretriz dos Dez Anos" foi abandonada pelo Gabinete Nacional, mesmo apesar do severo alerta de que "isso não deve ser usado para justificar os crescentes gastos realizados pelos serviços de defesa sem considerar a grave situação financeira e econômica...". Todavia, o estabelecimento de um Comitê de Requisitos de Defesa em 1933 era uma indicação precoce da necessidade de rearmamento. A Inglaterra deparou-se com problemas verdadeiramente

A HISTÓRIA POR TRÁS DO SEGREDO 21

assustadores. Não podia se preocupar unicamente com a situação cada vez pior da Europa. Um vasto império tinha de ser defendido, e com o fim da Aliança Anglo-Japonesa em 1923, as relações com o ex-aliado se deterioraram, resultando em uma ameaça à posição inglesa no Extremo Oriente. Inevitavelmente, o perigo, cada vez mais próximo, era tratado com prioridade maior, e a Alemanha era reconhecida como principal inimiga potencial em 1934. Alguns recursos, no entanto, haviam sido destinados ao Extremo Oriente.

A Inglaterra era uma grande potência que não tinha condições de entrar em uma guerra. Havia graves limitações, tanto políticas como econômicas, aos recursos que podiam ser destinados ao rearmamento. O governo não via muito sentido em desafiar uma opinião pública neopacifista se isso fosse resultar em uma derrota eleitoral — no final de 1933, o vice-presidente do Partido Trabalhista, Clement Attlee, declarou que seu partido era "inflexivelmente contrário ao rearmamento ou qualquer coisa do gênero" — enquanto um programa de rearmamento acelerado demais provavelmente produziria um deficit no balanço de pagamentos.

O coronel Hastings ("Pug") Ismay tornou-se vice-secretário do CID em 1936, e a secretaria foi ainda mais fortalecida pela nomeação do major Leslie Hollis, fuzileiro naval, como secretário assistente: não demorou muito para que Hollis se tornasse secretário do cada vez mais importante Comitê Conjunto de Planejamento. Ismay descreveu a primavera de 1936 como uma linha divisória na política de defesa, o momento em que a fé em uma nova ordem internacional como defensora da segurança foi fatalmente enfraquecida e em que se percebeu ser necessário dar início aos preparativos para a defesa nacional.[4]

Em fevereiro daquele ano, o novo cargo de ministro para a coordenação da defesa foi criado antes do anúncio, no Relatório de Defesa de março, de um programa de rearmamento substancialmente ampliado. O ministro seria responsável pela supervisão do CID, e teria autoridade para convocar e presidir reuniões dos chefes de Estado-Maior. O novo ministério foi vigorosamente reivindicado por Churchill, que esperava ser ele mesmo o presidente, mas Hankey se opôs, acreditando que o mecanismo de governo existente era completamente capaz de pôr o novo programa em prática. O comentário mordaz de que a nomeação de Sir Thomas Inskip para o cargo era "a coisa mais cínica já feita desde que Calígula nomeou seu cavalo cônsul" tem sido com frequência atribuído a Churchill, mas aparentemente vem de seu grande amigo, professor Frederick Lindemann — que, entretanto, pode ter simplesmente repetido uma frase típica do primeiro. Inskip não tinha experiência no âmbito da defesa e é provável que sua nomeação fosse — tanto para Hankey quanto para o chefe do Tesouro, Sir Warren Fisher — uma garantia de que o novo ministro não "balançaria o barco de Whitehall".[5] Em suas memórias, Hollis descreve a nomeação de Inskip como "pouco auspiciosa"[6] e Ismay, generosamente acreditando ser injusto culpar Inskip, achava que ele "não conseguira dar qualquer contribuição significativa à nossa capacidade de fazer guerra".[7] Um ponto de vista alternativo é o de que:

> Apesar das críticas de seus opositores, Inskip mostrou-se um presidente eficiente para o Comitê dos Chefes de Estado-Maior; "sua mente de advogado enxergava com nitidez o cerne do problema e [...] ele expressava seus pontos de vista com uma clareza admirável e de forma singularmente sucinta". Chamberlain não acreditava ser necessário que o ministro da Coordenação fosse um estrategista; bastava que ele pudesse garantir que "os problemas estratégicos sejam tratados diligente e minuciosamente por estrategistas"; em outras palavras, ele era o homem que deveria furar a bolha das exigências infladas que todos os chefes dos departamentos faziam no cumprimento de suas funções.[8]

Inskip era um ministro sem ministério, e tinha pouca autoridade executiva: seu trabalho era coordenar. Embora seja fácil criticar sua política de rearmamento dentro dos limites da estabilidade econômica que

A HISTÓRIA POR TRÁS DO SEGREDO   23

Chamberlain via como o "quarto braço da defesa", ele certamente estava trabalhando dentro do escopo mais amplo da política governamental. No outono de 1936, a questão de um Departamento de Guerra e suas relações com os conselheiros militares foi revista. O departamento deveria ser como aquele dos últimos anos da Primeira Guerra Mundial, e receberia conselhos profissionais em assuntos militares dos chefes de Estado-Maior, dos seus suplentes e dos Comitês de Planejamento e Inteligência Conjunta. Foram tomadas precauções para possíveis divergências entre o departamento e os militares, com os chefes tendo que registrar sua divergência caso seu conselho não fosse acatado. Em novembro daquele ano, o diretor das Operações Militares e o diretor da Inteligência argumentaram que todos os principais funcionários do Estado-Maior deveriam trabalhar no mesmo prédio que o Departamento de Guerra.

O político conservador Neville Chamberlain, primeiramente como chanceler (1931-37) e depois como primeiro-ministro (1937-40), constituía a principal influência sobre a política de defesa inglesa dos anos 1930. Suas prioridades na distribuição dos recursos eram a RAF e, em segundo lugar, a Marinha Real: ele considerava o Exército "uma garantia para o caso de a dissuasão falhar, não o principal dissuasor" e — em concordância com a maioria dos soldados permanentes, devemos salientar — era notavelmente indiferente à criação de uma força expedicionária para ajudar a defender os Países Baixos e a França, um ponto de vista que não abandonaria até janeiro de 1939.[9]

Os temores em relação a ataques aéreos haviam crescido depressa. A opinião prevalente de políticos e especialistas em defesa nos anos 1930 era a de que, nas palavras de Stanley Baldwin (três vezes premiê, a última delas em 1935-37): "o bombardeiro sempre conseguiria entrar" e causaria um dano sem precedentes e um número vultoso de mortes. Em 1936, o Ministério da Força Aérea calculou que o número de vítimas chegaria a cerca de 200 mil por semana, e que aproximadamente 60 mil seriam mortos. Além de ter dado início ao rearmamento com

24 O BUNKER DE CHURCHILL

relutância, o governo tinha de considerar mais uma vez a necessidade do que ficou conhecido, no jargão da época, como Precauções Contra Ataques Aéreos (ARP).

Aparentemente, uma resposta para a ameaça de destruição advinda do ar era igualar a capacidade de bombardeamento de um oponente em potencial a fim de dissuadi-lo: alguns têm visto essa confiança na dissuasão como a precursora da política de destruição mutuamente assegurada que foi adotada durante a Guerra Fria. Como diria o político conservador Harold Macmillan: "Em 1938, pensávamos na guerra aérea da mesma forma como as pessoas hoje pensam na guerra nuclear."[10]

A crença levou não apenas à colocação da RAF na linha de frente do rearmamento britânico após 1934, mas também à ênfase geral que foi dada ao suprimento de bombardeiros, na pressuposição de que os bombardeios seriam a estratégia decisiva em uma futura guerra — política que foi abraçada com entusiasmo por Chamberlain no Tesouro Nacional. Foi somente em 1937, depois que Inskip admitiu que a Inglaterra não tinha condições de acompanhar a corrida para a equipagem com bombardeiros, que a prioridade foi transferida para a defesa e o Comando de Caças. A ênfase foi deslocada para a nova tecnologia de defesa — radar, canhões antiaéreos e holofotes — e para o estabelecimento de linhas de produção para uma nova geração de caças, política que em 1940 levaria a Inglaterra a superar a Alemanha na fabricação de caças modernos.

Enquanto o governo aumentava relutantemente os gastos com a defesa, revisava a disponibilidade e a eficiência das forças armadas e examinava mais uma vez as propostas das Precauções contra Ataques Aéreos, as questões relativas à estrutura do comando nacional e a ameaça imposta pelos bombardeios estavam intimamente relaciona-das. A estrutura do alto-comando era crucial. Seria difícil negar a necessidade de cooperação entre os departamentos nos preparativos para a guerra principalmente quando a guerra teve um início súbito com um ataque aéreo à Inglaterra. Os departamentos, como lhes era

A HISTÓRIA POR TRÁS DO SEGREDO 25

típico, tinham prioridades conflitantes. O Ministério da Força Aérea defendia um comando unificado, mas o Almirantado e o Gabinete de Guerra defendiam sua independência. O reconhecimento — não apenas na mente do público, mas também em larga medida nos círculos governamentais — da importância crucial do poder aéreo convenceu os almirantes e generais de que as exigências da Marinha Real e do Exército deveriam ser subordinadas às da RAF em um comando unificado. O Ministério da Força Aérea, por outro lado, estava confiante de que suas necessidades seriam vistas como prioritárias, e convencido de que a velocidade das operações aéreas exigia decisões rápidas. O ministério via, portanto, grandes vantagens em uma estrutura de comando unificada. Argumentando que o sistema de consultas formais existente entre os Estados-Maiores era inadequado, em 1937 ele propôs "que todas as operações terrestres, marítimas e aéreas deveriam ser controladas pelo Comitê de Comandantes Supremos, um 'generalíssimo de prontidão' superior aos comandantes em chefe dos teatros de guerra específicos e que estaria trabalhando diretamente sob os chefes de Estado-Maior".[11] O Estado-Maior da Força Aérea também defendia a criação de uma Equipe de Inteligência e Operações Conjuntas.

Essas propostas foram rejeitadas pelos chefes adjuntos de Estado-Maior (DCOS), que continuavam acreditando que um comando unificado não era necessário, sendo a cooperação e a "correlação lateral" suficientes. Entretanto, a confusão durante os exercícios conjuntos de defesa aérea convenceu os DCOS de que era necessário tomar providências para uma cooperação mais articulada. Em dezembro de 1937, eles concordaram que uma "Autoridade Central" deveria ser estabelecida e consistir nos "COS, nos DCOS, na Equipe de Planejamento Conjunto e provavelmente também em uma Equipe de Precauções contra Ataques Aéreos, e que ela deveria estar sediada em um 'Centro de Operações'".[12]

A ideia de um Centro de Operações foi aceita, e foram feitas sugestões referentes à localização, que deveria ficar no gabinete do

26 O BUNKER DE CHURCHILL

chefe do Estado-Maior Geral Imperial (CIGS) em Whitehall Gardens ou no Richmond Terrace, mas o Comitê dos DCOS, apesar de sua avidez de cooperar, opunha-se resolutamente à ideia de o Centro de Operações possuir um Estado-Maior conjunto. O Almirantado era ainda mais hostil que o Gabinete de Guerra a qualquer coisa que fosse além da simples colaboração. O que havia surgido no verão de 1938 era o conceito de um Centro de Operações no qual os chefes de Estado-Maior se reuniriam e conferenciariam, recebendo informações atualizadas de inteligência fornecidas e correlacionadas pelos três departamentos. O Centro de Operações não seria um quartel operacional. Os chefes e seus adjuntos debateriam e tomariam decisões lá, mas as políticas seriam executadas individualmente por departamento.

O controle supremo da guerra permaneceria nas mãos do governo, embora este fosse ser assessorado pelos chefes e seus adjuntos. Como o Gabinete Nacional era muito numeroso, contemplou-se em 1938 a possibilidade de, nos estágios iniciais da guerra, o controle ser exercido por um subcomitê do Gabinete Nacional, que seria rapidamente substituído por um Departamento de Guerra nos moldes da Primeira Guerra Mundial. Como se fazia necessária uma grande proximidade entre elementos civis e militares, decidiu-se que o Departamento de Guerra deveria estar localizado no mesmo prédio que o centro de operações dos chefes. Hankey propôs que um "quartel-general nacional" fosse construído para sediar o Departamento de Guerra e os chefes de Estado-Maior, com alas para acomodar os estados-maiores centrais dos departamentos, o Departamento de ARP e o Ministério do Exterior. Em 1938, o CID desenvolveu essa proposta e foram feitos planos para um "quartel-general de guerra emergencial", mas a guerra teve início antes que esse prédio nem sequer começasse a ser construído. Em agosto de 1939, decidiu-se que o governo deveria formar um departamento imediatamente depois que a guerra começasse e, para esse fim, as secretarias do Gabinete Nacional e do CID foram fundidas. Assim

A HISTÓRIA POR TRÁS DO SEGREDO 27

que a guerra foi declarada, fundou-se um Comitê Ministerial para a Coordenação da Guerra como subcomitê do Gabinete Nacional, com o intuito de exercer o controle diário da condução da guerra. Os planos para a realização efetiva da guerra apontavam, portanto, para um pequeno Departamento de Guerra em íntima conexão com os escalões superiores das três forças armadas, cada qual devendo manter contato lateral com o outro.

Protegendo o alto-comando

A desvantagem de um pequeno comando unificado era que um único ataque aéreo poderia derrubá-lo, assim destruindo os órgãos centrais dos controles militar e civil. Um ataque devastador era esperado assim que a guerra fosse deflagrada, e seu alvo poderia ser definido com precisão, visto que espiões eram seguramente capazes de descobrir a localização do novo quartel-general: na verdade, as atividades que tinham como intuito proteger o prédio eram as mesmas que podiam delatá-lo. Não havia uma solução alternativa perfeita. A separação eliminava várias das desvantagens de um controle unificado concentrado em um único local. Um sistema de duplicação do aparato de comando era uma possibilidade, mas possuía desvantagens óbvias.

Como 1940 mostraria, as estimativas pré-guerra haviam superestimado bastante os estragos e as vítimas que um bombardeio da Luftwaffe podia causar. Imediatamente antes da guerra, a ênfase foi deslocada para o risco de um ataque surpresa, que poderia ocorrer logo após a declaração da guerra, ou então mesmo sem que ela fosse declarada. No início de 1940, as estimativas referentes às vítimas haviam diminuído para 16 mil por dia e, na verdade, houve 147 mil baixas durante toda a guerra — 80 mil destas em Londres.[13] Evidentemente, isso foi terrível, mas não alcançou a escala que era temida. O escopo e a eficácia do poder aéreo estratégico alemão também foram exagerados. A Alemanha de fato estava construindo a força aérea mais poderosa do mundo, mas ela consistia em um instrumento tático destinado a dar suporte a um exército: bombardeiros pesados e de longo alcance não estavam sendo produzidos. Todavia, ainda que a ameaça imediata tenha sido exagerada, os temores eram compreensíveis, e os anos finais da Segunda Guerra Mundial mostrariam que os ataques de bombardeiros pesados seriam realmente capazes de produzir os piores pesadelos da década de 1930.

Convencido da destruição que um bombardeio produziria, o governo estava não obstante dividido entre a necessidade de realizar os preparativos para a defesa civil e o receio de que, ao dar início a esses preparativos, pudesse gerar pânico entre a população. "Durante anos, o governo omitiu até mesmo o fato de estar considerando a defesa civil por medo de que a mera menção de precauções contra ataques aéreos (ARP) pudesse despertar o pânico coletivo que acreditava que seria desencadeado por um ataque aéreo", escreve Malcolm Smith. "O projeto das Precauções contra Ataques Aéreos foi apresentado no Parlamento somente em novembro de 1937, e em janeiro de 1938 já havia sido rapidamente aprovado e convertido em lei."[14]

Conforme a situação europeia se deteriorava, o medo de um bombardeio acelerava os preparativos para uma guerra que a maioria ainda esperava que nunca acontecesse: foram desenvolvidos planos para a evacuação de crianças, realizados preparativos para ataques aéreos que incluíam a construção de abrigos, e a estocagem de milhares de caixões de papelão em depósitos nos arredores de Londres. Temendo que as comunicações entre o governo central e as províncias pudessem ser cortadas por ações inimigas, o Ministério do Interior estabeleceu, pouco antes da crise de Munique de 1938, treze delegados cujo trabalho seria assumir as rédeas do governo caso isso acontecesse. As relações entre esses delegados e os representantes do Departamento de ARP apontados pelas autoridades locais ficaram tensas durante a crise de Munique, entre outras razões pelo fato de o governo ter decidido manter

A HISTÓRIA POR TRÁS DO SEGREDO 29

a nomeação dos delegados em segredo.[15] Nem mesmo essas providências defensivas estavam imunes à opinião neopacifista, que argumentava que elas aumentavam a probabilidade de uma guerra, pois levavam as pessoas a imaginarem que era possível sobreviver a ela, e algumas autoridades de esquerda recusaram-se a cooperar por esta mesma razão.[16] O financiamento da defesa civil era outro problema: as autoridades locais urbanas queixavam-se de que proteger suas populações custaria muito mais que a proteção das populações rurais; de qualquer forma, o sistema de verbas não permitia distinções.

A questão levantada pelo comitê de Sir John Anderson uma década antes, com respeito à possibilidade de bombardeios aéreos devastadores tornarem impossível para o governo continuar operando no centro de Londres, passou a ser considerada urgente. Um pequeno Departamento de Guerra sediado nas proximidades do dos chefes de Estado-Maior de fato seria um alvo convidativo para bombardeiros inimigos. Houve uma hesitação em relação a planos conflitantes para a garantia da sobrevivência do alto-comando. Havia três opiniões diferentes: deixar a sede de Whitehall e instalar-se em um abrigo antiaéreo; evacuar Whitehall e os principais departamentos do governo, transferindo-os para os arredores da capital; ou, seguindo a autodenominada "Manobra Negra", deixar Londres completamente e estabelecer o centro do governo e do comando militar no sudeste.

O Comitê Warren Fisher e o Comitê Rae, em 1936 e 1937 respectivamente, consideraram o problema. Eles concordaram que a evacuação e a transferência de Londres seriam a solução, mas não acreditavam que haveria muito tempo: os bombardeiros poderiam chegar dentro de seis horas após a declaração da guerra. Nesse caso, fazia-se necessário chegar a um acordo, cujas alternativas eram a transferência ou a permanência em acomodações reforçadas em Whitehall.

O Comitê Rae acreditava que era necessário transferir o governo do centro de Londres para áreas menos vulneráveis a bombardeiros com base em campos de pouso continentais, embora não fosse ainda previsto na época que haveria campos de pouso próximos ao canal disponíveis para a Luftwaffe. Seu relatório recomendava que os oficiais fossem divididos em Grupo A e Grupo B — o primeiro consistiria naqueles que eram "essenciais" para a realização da guerra, enquanto o segundo seria formado por aqueles que não estavam diretamente relacionados às operações. Os ministros, o comando central e o Grupo A poderiam ser transferidos para os subúrbios do noroeste de Londres, mas se os prédios não fossem considerados seguros o bastante, uma segunda transferência para o sudoeste seria necessária. Uma vez que o Grupo A tivesse deixado Whitehall, o Grupo B seria transferido diretamente para Midlands e o noroeste. Recomendou-se também que fossem tomadas providências para a evacuação da família real, bem como do Parlamento, da BBC, do Banco da Inglaterra e de instituições essenciais e tesouros nacionais. Na época, a família real fez pouco caso da evacuação, mas a coleção da Galeria Nacional passou a guerra em uma mina no norte de Gales, e o Banco da Inglaterra não apenas foi transferido para a vila de Overton, em Hampshire, como também enviou 2 mil toneladas de ouro para o Canadá. O departamento de variedades da BBC foi para Bristol e os altos funcionários foram para uma mansão perto de Evesham, enquanto a alta administração dos correios levantou acampamento para Harrogate.

Olhando em retrospecto, é fácil ver os diversos planos como preparativos pouco entusiasmados e cheios de contradições. Os planejadores, entretanto, trabalhavam dentro de um cronograma desconhecido para uma guerra que ainda podia ser evitada. O fato de nenhuma decisão definitiva ter sido tomada para a adoção de uma das alternativas significa, todavia, que não se buscou uma decisão com consistência eficiente. Somente em maio de 1938, ciente de que soluções complexas tomariam tempo — um tempo que lhe parecia escasso —, Ismay deu ordens para que o Departamento de Construção Civil realizasse uma avaliação em Whitehall a fim de determinar que local seria mais seguro para ser convertido em centro de emergência. Inicialmente, o plano consistia

A HISTÓRIA POR TRÁS DO SEGREDO

em destinar esse centro de comando de emergência ao uso dos chefes de Estado-Maior, dos chefes adjuntos de Estado-Maior, do Comitê Conjunto de Planejamento e do Comitê Conjunto de Inteligência. A intenção não era torná-lo um centro de operações, e as decisões dos chefes de Estado-Maior seriam executadas pelos centros de comando dos serviços individuais. Foi somente em maio de 1939 que se decidiu que o Gabinete Nacional também ficaria sediado no Centro de Operações.

O Centro de Operações ganha forma

O Departamento de Construção Civil concluiu que as instalações mais adequadas de Whitehall ficavam no porão dos New Public Offices, na esquina da Great George Street com a Storey's Gate, que possuía uma estrutura de aço. O CID concordou que essas instalações seriam apropriadas, Ismay foi colocado no comando do projeto e o trabalho para a conversão teve início. Os compartimentos desse porão, tema central deste livro, estavam destinados a se tornar o centro do comando nacional na Segunda Guerra Mundial, porém a sua conversão e sua fortificação não foram vistos na época como nada além de medidas temporárias e emergenciais, um improviso até que uma sede fosse especificamente construída em Londres para esse fim, que as cidadelas dos arredores ficassem prontas ou que uma evacuação completa da capital fosse devidamente planejada. Foi apenas em 1939 que a alternativa de se permanecer em Whitehall pelo tempo mais longo possível, mesmo sem abrigos definitivos, ganhou defensores. No final de 1938, o Departamento de Construção Civil recebeu ordens para equipar os departamentos de Whitehall com salas protegidas, amplas o bastante para que uma equipe básica de cem a 150 pessoas pudesse continuar trabalhando durante ataques aéreos; além do Centro de Operações do Gabinete Nacional, deveria haver salas reforçadas para o quartel-general das forças armadas e para o comitê de ARP, as quais

32 O BUNKER DE CHURCHILL

seriam protegidas por placas de concreto e sacos de areia, bem como à prova de gás e capazes de resistir ao desmoronamento dos prédios que ficavam acima delas.

Uma transferência do Gabinete Nacional e dos principais departamentos de defesa para cidadelas nos subúrbios teria a vantagem de manter o governo em Londres, embora não na movimentada Whitehall, mas em locais dispersos que os bombardeiros teriam dificuldade de localizar. Contudo, havia também o temor de que os efeitos de um bombardeio pudessem levar à desordem civil e ao colapso da infraestrutura de Londres. Seriam os subúrbios realmente mais seguros? Além disso, será que as atividades ali realizadas para a fortificação de redutos poderiam alertar o inimigo para sua existência?

Apesar desses questionamentos, havia fortes argumentos para a evacuação e a dispersão. O Ministério da Força Aérea estava completamente pessimista em relação à possibilidade de o Gabinete Nacional, os chefes de Estado-Maior e os ministérios das forças armadas terem condições de continuar exercendo controle sobre uma cidade que se esperava ser devastada. Mesmo se continuassem seguros nos bunkers subterrâneos, eles poderiam ser isolados do restante do país. Por outro lado, a evacuação seria uma operação extremamente complexa; se fosse realizada antes do início da guerra, teria de ser feita com descrição, para não chamar a atenção de um inimigo e talvez até incitar um ataque preventivo, e assim não desmoralizar a população. Caso a evacuação e a dispersão fossem deixadas para ser realizadas apenas quando o conflito parecesse iminente, a própria ação poderia acelerar uma crise secundária e transformá-la numa guerra. Como a estratégia Rae de evacuação levaria ao menos sete dias para ser executada, sua implementação no início de uma guerra causaria confusão e prejudicaria a eficiência num momento crucial.

O plano "Garantia" era uma variação do plano Rae, recomendada por uma conferência interdepartamental, e de acordo com ele cada departamento essencial deveria estabelecer um "Núcleo Essencial

A HISTÓRIA POR TRÁS DO SEGREDO 33

de Operações". Quando a guerra parecesse iminente, esses núcleos deixariam Londres e partiriam para lugares mais seguros: o núcleo naval seria transferido para Rosyth, enquanto o Exército, a RAF e o Departamento de ARP iriam para Bentley Priory, sede do Comando de Caças, perto de Harrow. Desses locais mais seguros, eles poderiam controlar as operações caso os departamentos principais fossem destruídos. Durante a Crise de Munique, uma versão desse plano foi testada quando a Marinha e a RAF enviaram núcleos operacionais para localidades fora de Londres. O plano não foi exatamente um sucesso: houve muita confusão, com funcionários de departamentos diferentes quase "trocando socos em suas tentativas de conseguir uma das faculdades [de Oxford]".[17] A atividade comprometeu a segurança, e descobriu-se que havia conflitos entre o plano e as providências para a evacuação civil. O plano Rae foi, portanto, mais uma vez modificado em outubro de 1938. A equipe do Grupo A ficaria em Londres durante pelo menos dez dias, e o Grupo B seria removido primeiro. Os núcleos de garantia seriam transferidos para acomodações protegidas no noroeste de Londres, e os preparativos no sudoeste deveriam ser acelerados.

O Departamento de Construção Civil estava compreensivelmente confuso e irritado. Os planos mudavam o tempo todo, e o departamento tinha que localizar acomodações à prova de bombas nos subúrbios, bem como encontrar prédios para o governo e os funcionários públicos na área rural, enquanto ainda se debatiam propostas para novos prédios reforçados ou abrigos subterrâneos em Whitehall. O porão do centro de pesquisas do escritório-geral dos correios em Dollis Hill foi designado para o Quartel-General Emergencial de Guerra; ele deveria tornar-se uma "cidadela" para abrigar o Gabinete Nacional e os chefes de Estado--Maior. As salas localizadas sob os New Public Offices deveriam ser replicadas. Protegido por uma placa maciça de concreto, esperava-se que o porão estivesse pronto no início de 1940. Em agosto de 1939, o CID recebeu a informação de que o Almirantado e o Ministério da Força Aérea em Cricklewood e Harrow logo estariam concluídos.

O Departamento de Construção Civil sempre preferira a ideia da evacuação e deixou claro que ser forçado a trabalhar nos subúrbios do noroeste de Londres o impediria de montar um centro de operações adequado no sudoeste. No início de 1939, o Gabinete Nacional aceitou seu conselho e concordou que, se fosse expulso de Whitehall por um bombardeio, o Grupo A deveria ir diretamente para o oeste, mas insistiu que os preparativos nos subúrbios seguissem em frente. Em julho, esperava-se que no final do ano houvesse quatro porões nos subúrbios capazes de suportar um ataque direto de 230kg de bombas. Os centros de operações do subúrbio da Marinha e da RAF deveriam estar concluídos no outono, e a cidadela do Gabinete Nacional em Dollis Hill também estava quase concluída.

A busca por locais adequados no noroeste e em Midlands também prosseguiu, e, em janeiro de 1939, o CID autorizou os preparativos em Worcester, Gloucester, Malvern, Cheltenham e Evesham. Esses planos formavam uma nova camada de complexidade, pois havia agora dois planos: um de longo e um de curto prazo. No que diz respeito ao de longo prazo, o Gabinete Nacional seria transferido para Cheltenham, o Gabinete de Guerra para Tewkesbury, e o Ministério da Força Aérea e de Segurança Interna para Gloucester. No plano de longo prazo, concordou-se, afinal de contas, que o Gabinete Nacional ficaria em Hindlip Hall, na estrada de Worcester para Droitwich, enquanto o Almirantado iria para Malvern, o Ministério da Força Aérea para Hartlebury e o Gabinete de Guerra para Droitwich. A Câmara dos Comuns iria para Stratford-on-Avon.

Se a guerra tivesse demorado apenas mais um ano para começar, poderia haver uma série de opções em aberto para o governo, com um bom número de quartéis-generais fortificados nos arredores do noroeste e instalações prontas no oeste. Da forma que as coisas aconteceram, os preparativos nos subúrbios foram acelerados e esperava-se que estivessem concluídos em 1940, havendo planos de contingência para a "Manobra Negra", como Spetchley Manor, perto de Hindlip Hall, designada para

A HISTÓRIA POR TRÁS DO SEGREDO 35

a instalação do primeiro-ministro e dos funcionários imediatos, e outras casas alocadas para a secretaria e outros ministros.

O que foi cogitado por último, na verdade, foi a opção que acabou sendo escolhida em setembro de 1939: permanecer em Whitehall. Relativamente poucos preparativos haviam sido feitos, além do trabalho no Centro de Operações sob o NPO e o aprovisionamento de outras salas no porão de Whitehall. Os grandiosos planos para uma Whitehall protegida, discutidos já em 1933 — quando a opção do aprovisionamento de outras acomodações à prova de bombas para o Gabinete Nacional havia sido levantada pela primeira vez —, não tinham chegado a lugar algum. Um suposto Quartel-General Emergencial de Guerra, construído especificamente para o propósito, com um porão protegido com espaço funcional para mil oficiais e salas para o Departamento de Guerra, havia sofrido oposição com argumentos relativos ao custo e ao dano psicológico que sua mera existência poderia causar ao moral. Outra proposta dizia respeito a um sistema de túneis de retenção, que teria envolvido o aterramento de tubos semelhantes aos usados pelo metrô de Londres, nos quais haveria espaço para que setecentas pessoas pudessem trabalhar. Após a recomendação de evacuação pelos comitês Rae e de Warren Fisher, esses planos foram deixados de lado.

Apesar da afirmação de Chamberlain de que o acordo de 1938 de Munique significava "paz para os nossos tempos", os planos para a fortificação de Whitehall foram retomados. A essa altura, o CID era a favor de que o futuro Departamento de Guerra fosse mantido em Londres pelo máximo de tempo possível — embora, de qualquer maneira, não se esperasse que as cidadelas fossem concluídas antes de 1940. Debateu-se uma série de planos para túneis e porões protegidos, mas poucas atitudes práticas haviam sido tomadas quando a guerra teve início.

Enquanto isso, as obras continuavam no porão do edifício do NPO, no que se tornaria o CWR. Ismay fora encarregado pelos chefes de Estado-Maior da responsabilidade de supervisionar essa preparação, mas delegou a tarefa a Hollis — que, por sua vez, teve a assistência de Eric de Normann, do Departamento de Construção Civil, e Lawrence Burgis, do Escritório do Gabinete Nacional. As salas do Centro de Operações ficavam 3 metros abaixo da superfície, dispostas ao longo de um corredor central, e eram usadas para guardar arquivos: o trabalho teve início em junho de 1938 com o esvaziamento. No final daquele mês, várias salas já haviam sido esvaziadas. As salas 61A-65A foram reservadas: a 65A para o uso do Gabinete Nacional e a 64 para os chefes de Estado-Maior, enquanto uma sala mais ampla entre as duas, a sala 65, seria a Sala dos Mapas. Havia uma quantidade imensa de trabalho a ser feito. Os meios de comunicação foram instalados, com uma série de telefones codificados por cores; as salas tinham de ser à prova de som e receber uma proteção maior, e fizeram-se planos para tornar o complexo inteiro à prova de gás. Mais salas eram necessárias, de forma que o complexo foi ampliado para dar origem às salas 60, 60A e 61. A BBC forneceu dois conjuntos de equipamento de transmissão, tendo sido estabelecidas conexões com seus estúdios de Maida Vale e com a Broadcasting House. A Crise de Munique acelerou a atividade, e um sistema mecânico de ventilação foi instalado, enquanto a perspectiva iminente de que o complexo recebesse um grande número de pessoas para trabalhar por longos períodos de tempo levou Hollis a solicitar instalações melhores.[18] Em dezembro de 1938, o teto foi reforçado com uma viga mestra de aço, mas as salas do Centro de Operações nunca foram completamente à prova de bombas, e proteções adicionais foram continuamente acrescentadas ao longo do avanço da guerra.

Embora a importância de Leslie Hollis não possa ser subestimada, seu relato da preparação do Centro de Operações é um tanto capcioso. Ele sugere que havia um plano definitivo "para criar uma sede de guerra que propiciaria a maior proteção possível contra bombardeios, e de onde o país poderia ser governado e a guerra dirigida mesmo sob ataques aéreos", e que, desde o início, aceitou-se que "as acomodações oferecidas deveriam incluir ar-condicionado, comunicações seguras, uma

A HISTÓRIA POR TRÁS DO SEGREDO 37

fonte independente de água e energia elétrica, instalações hospitalares e dormitórios".[19] Na realidade, o Centro de Operações desenvolveu-se conforme a situação internacional deteriorava-se, e foram revisadas as estimativas referentes ao número de pessoas que deveriam utilizá-lo. O Departamento de Construção Civil considerava os arranjos apenas temporários e estava relutante em autorizar as despesas ou conceder mais espaço no NPO, enquanto "a questão das acomodações domésticas tornou-se um pomo da discórdia entre o Departamento de Construção Civil e a Secretaria do CID no início de 1939".[20] O fato de o Centro de Operações estar pronto para funcionar sete dias antes de a guerra ter início deve-se mais à determinação de Hollis, Burgis e de Normann, bem como ao apoio que eles receberam de Ismay, do que à presciência dos planejadores ou à consistência do seu trabalho. Desse ponto de vista, talvez possamos afirmar que as salas do Centro de Operações eram definitivamente britânicas.

Havia uma grande probabilidade de que toda essa atividade chamasse atenção e levantasse a questão da segurança. Decidiu-se que equipes das forças armadas deveriam fazer a limpeza em vez de faxineiros civis, e uma unidade do Corpo Real de Fuzileiros Navais sob o comando do capitão Adams foi destacada para fornecer guardas e ordenanças. Contudo, o que fazer em relação ao barulho e à movimentação, que era impossível manter em segredo? O envolvimento de George Rance, funcionário do Departamento de Construção Civil, teve uma importância crucial nessa questão. Ele era uma figura antiga em Whitehall, responsável por encomendar peças de mobília para vários departamentos do governo, e sob sua égide a limpeza e a mobiliação do Centro de Operações puderam parecer atividades de rotina: afinal de contas, ele fazia aquilo o tempo todo. Todo equipamento — incluindo os mapas — destinado ao Centro de Operações era simplesmente endereçado ao sr. Rance.

O Centro de Operações do Gabinete Nacional já foi considerado um segredo bem guardado, mas sua preparação não passou despercebida. O trabalho nos departamentos foi afetado pelo processo de conversão e fortificação, e foi tanto visível quanto audível:

Alexander Cadogan, [sub] secretário permanente do Ministério do Exterior, queixava-se de ter que deslocar funcionários o tempo todo para dar acesso ao novo "Centro de Operações" que estava sendo construído no porão; no início de janeiro [de 1939], o *Evening Standard* noticiou um "barulho violento de britadeiras e batidas" na King Charles Street e sob os pátios do Tesouro Nacional e do escritório do Ministério do Exterior.[21]

Outra razão para que o governo desejasse que os preparativos fossem discretos era a preocupação quanto aos efeitos que quaisquer abrigos para ministros e oficiais poderiam exercer sobre as atitudes dos civis para com o governo. Havia um antigo temor de que um bombardeio resultasse em desordem e num sentimento de revolta que poderia ser direcionado contra as autoridades. A proteção dos principais órgãos do Estado e do comando era essencial, mas os preparativos poderiam ser facilmente interpretados como medidas daqueles que ocupavam o poder para se protegerem enquanto não faziam o bastante para a população como um todo, especialmente os milhares que não possuíam jardins e, portanto, não podiam se beneficiar dos novos abrigos — projetados em 1938 e batizados em homenagem a Sir John Anderson, ministro responsável pelas Precauções Contra Ataques Aéreos, que trabalhou muito para esse fim.

Quando a guerra teve início em setembro de 1939, segundo Nigel de Lee:

[...] apesar da atividade febril da guerra anterior, as únicas instalações que estavam realmente prontas para serem utilizadas eram as salas temporárias de emergência preparadas às pressas no final da primavera de 1938 e expandidas, ainda que contra a oposição e as dificuldades, na primavera

A HISTÓRIA POR TRÁS DO SEGREDO   39

de 1939. O mais eficaz desses arranjos improvisados era o Centro de Operações do Gabinete Nacional, que funcionou ininterruptamente até a capitulação do Japão.[22]

Se, após anos de hesitação, a decisão tardia do governo de permanecer em Whitehall — em um CWR de forma alguma perfeitamente reforçado e contra a recomendação do Ministério da Força Aérea — havia sido acertada ou não era algo que ainda teria que ser descoberto. A Inglaterra entrou em guerra em setembro de 1939 com um quartel-general nacional que refletia claramente o amadorismo às vezes atribuído à sua abordagem da guerra. O romancista Dennis Wheatley, que trabalhou no Centro de Operações do Gabinete Nacional desde dezembro de 1941, comentou:

> Hitler nunca considerou a possibilidade de ter que usar um porão; dessa forma, quando a devastação de Berlim pelos disparos das armas russas finalmente o forçou, com sua equipe pessoal, a buscar refúgio na Chancelaria do Reich, eles tiveram que se refugiar num labirinto de salas de concreto frias e mobiliadas às pressas, que não possuíam nenhuma das amenidades de um Grande Quartel-General. Na Inglaterra, por outro lado, o Comitê de Defesa Imperial tomara precauções contra a aniquilação de seus "cérebros" por bombardeios pesados.[23]

Ele foi, como já vimos, um tanto generoso: contudo, não nos esqueçamos de que era um autor que viajou pelos confins mais inimagináveis da ficção.

2

Deflagração da guerra

Foi uma das transmissões mais pungentes da história. No dia 3 de setembro de 1939, famílias em toda a Inglaterra se reuniram em volta de seus aparelhos de rádio sem fio às 11h15 da manhã e ouviram pesarosas o primeiro-ministro, Neville Chamberlain, anunciar, com uma voz monótona, quase sem modulação, que o país estava em guerra com a Alemanha. Um ataque aéreo maciço e imediato era uma expectativa quase geral, e em Londres sirenes de alarme soaram logo depois que o primeiro-ministro terminou seu discurso. Um civil do subúrbio se lembraria bem:

De jeito nenhum, eles não podem já estar vindo, e cheios de incerteza, sem saber direito que atitude tomar, nós todos fomos para a janela. A sirene havia parado e a rua lá fora estava deserta, exceto pela presença de dois senhores de meia-idade que corriam como o vento.[1]

Em Whitehall, não era muito diferente. Hastings Ismay chegou a seu escritório em Richmond Terrace e descobriu que sua equipe havia seguido rigorosamente as instruções:

42   O BUNKER DE CHURCHILL

[...] pela primeira e provavelmente última vez; e não havia
nada a fazer senão segui-los para o abrigo no porão. O
lugar estava apinhado, e uma ou duas moças estavam se
debulhando em lágrimas. Um ano depois, elas seriam vistas
saindo para a Blitz mais violenta sem demonstrar o menor
sinal de apreensão.[2]

John Colville, então um terceiro secretário no serviço diplomático,
havia sido nomeado para o novo Ministério da Economia de Guerra.
Ele estava sentado em sua sede temporária na Faculdade de Economia
de Londres quando as sirenes soaram:

> Acreditava-se amplamente que Londres seria reduzida a um
> amontoado de escombros dentro de minutos após a guerra
> ser declarada, conforme fora recentemente descrito para uma
> alarmada população no livro de H. G. Wells chamado *The
> Shape of Things to Come*; e ao que parecia, isso estava de fato
> prestes a acontecer. Assim, nós fugimos, preservando até onde
> podíamos a aparência de indiferença, para o abrigo antiaéreo.[3]

Havia sido um alarme falso.

Ismay e sua equipe vinham, entretanto, trabalhando, e os planos
para preparar o país para a guerra haviam sido postos em prática. Ismay
agora era secretário do Comitê de Defesa Imperial (CID), tendo sucedido um oficial que ocupara o posto por um breve período de tempo
depois de Hankey ter se aposentado em 1938. Ele assumiu somente
uma das funções de Hankey, já que fora reconhecido que o peso das
responsabilidades desse último era quase intolerável, e que Edward
Bridges — um brilhante funcionário público de carreira que, como
tantos outros de sua geração, havia servido com distinção na Primeira
Guerra Mundial — se tornaria secretário do Gabinete Nacional. No
mesmo ano, Inskip havia sido substituído como ministro da Coordenação da Defesa pelo lorde Chatfield, um ex-primeiro lorde do mar,

DEFLAGRAÇÃO DA GUERRA 43

de forma que em 1938 houve uma alteração considerável no quadro principal de funcionários. Hankey, no entanto, deixara um duradouro legado para Ismay: Leslie Hollis e Ian Jacob — filho de um marechal de campo comissionado nos Engenheiros Reais em 1918 — haviam sido identificados por ele.

A partir da primavera de 1939, a guerra passou a parecer cada vez mais provável, e o CID teve bastante trabalho. O *Livro de Guerra* foi cuidadosamente conferido e a Inglaterra poderia estar preparada para a guerra mais cedo se não houvesse esperanças de que a guerra ainda pudesse ser evitada e de que tomar providências mais efetivas para preparar-se para ela poderia torná-la mais provável. Como Ismay escreveu: "O envio de um único telegrama com três palavras, 'Etapa Institucional Preventiva', teria sido o ponto de partida para inúmeras medidas de uma variedade infinita ao redor do mundo."

Não obstante, ao longo do mês de agosto os líderes dos departamentos do governo reuniam-se diariamente e concordaram em pôr em prática as medidas preventivas que não podiam ser adiadas, as quais foram autorizadas pelo Gabinete Nacional. Em 31 de agosto, a etapa preventiva havia sido quase completamente concluída por meio de um processo incremental.[4]

O Centro de Operações, como ficou formalmente conhecido, foi aberto no dia 27 de agosto e visitado pelo rei em 30 de agosto. Em 3 de setembro, dia em que a guerra foi declarada, os chefes de Estado-Maior já se encontravam em conferência no prédio e, quando Ismay interrompeu sua reunião para dizer que o país estava em guerra, eles receberam a notícia sem fazer comentários. William Dickson, oficial da RAF que mais tarde foi promovido ao posto de vice-marechal, estava de serviço na Sala de Mapas quando as sirenes começaram a soar; as posições dos aviões inimigos já estavam sendo assinaladas nos mapas. Um telefone tocou e o secretário do primeiro-ministro perguntou se era seguro para Chamberlain deixar o nº 10 para ir à Câmara dos Comuns. Dickson dirigiu-se aos chefes de Estado-Maior para informar a pergunta e "[o primeiro marechal do ar Sir Cyril] Newall telefonou para

Dowding [C em C do Comando de Caças]". O alarme falso havia, na verdade, sido dado imediatamente após o radar ter sido ligado porque havia "varejeiras ou algo assim" na aparelhagem.[5]

Em vários aspectos, a Inglaterra aprendera com a experiência de uma guerra anterior. Um Departamento de Guerra nos moldes do de Lloyd George foi estabelecido. O CID foi dissolvido, com sua secretaria e a do Gabinete Nacional fundidas em um único corpo sob a presidência de Sir Edward Bridges, embora tivesse duas subseções. Uma delas deveria tratar de assuntos civis, e era presidida pelo próprio Bridges, com Sir Rupert Howarth como seu suplente e Lawrence Burgis no papel de seu assistente; a outra trataria de questões militares, sendo presidida por Ismay, com Hollis no posto de assistente sênior. Cada seção possuía oito ou mais secretários auxiliares. No início da guerra, o núcleo dos secretários assistentes militares era formado, de acordo com Ismay, pelo capitão Angus Mitchell RN,* o comandante de voo William Elliot, o major Ian Jacob, o capitão Cornwall-Jones e o tenente Coleridge RN.[6]

A primeira intenção de Chamberlain era ter um pequeno Departamento de Guerra formado por cerca de seis ministros. Contudo, como aconteceu ao Departamento de Guerra de Lloyd, ele cresceu. Hankey, agora membro da Câmara dos Lordes, que se tornou um ministro sem ministério e um membro do Departamento de Guerra, argumentara que este deveria ser composto de ministros veteranos não onerados por responsabilidades departamentais. Tendo decidido que Winston Churchill, um dos maiores críticos da sua política de apaziguamento, deveria, agora que a guerra havia começado, receber um cargo, Chamberlain a princípio considerou a possibilidade de colocá-lo no Departamento de Guerra como um ministro sem departamento. Todavia, a perspectiva de permitir que Churchill "perambulasse livremente por todo o âmbito da política" — como David Margesson, primeiro *whip*** do governo, colocou de forma precisa, era tão assustadora que se decidiu que ele

---

* *Royal Navy* — Marinha Real. [*N. da T.*]

** Responsável por preservar a disciplina partidária da bancada. [*N. da T.*]

DEFLAGRAÇÃO DA GUERRA 45

deveria ir para o Almirantado, ocupando o mesmo posto que ocupara no início da Primeira Guerra Mundial, mas também ter um assento no Departamento de Guerra. Isso exigia a inclusão de outros ministros das forças armadas, Leslie Hore-Belisha (secretário de Guerra) e Kingsley Wood (secretário da Força Aérea), que já se queixavam de que, caso não fizessem parte do corpo de controle da guerra, suas posições seriam enfraquecidas.[7] Assim, mesmo antes da sua primeira reunião em 3 de setembro de 1939, o Departamento de Guerra havia sido ampliado para nove membros. Havia o primeiro-ministro e três ministros sem departamentos — Sir Samuel Hoare (secretário de Estado), lorde Chatfield (ministro da Coordenação da Defesa) e lorde Halifax (ministro do Exterior) — além, é claro, dos três ministros da Força Aérea.

O Comitê de Chefes de Estado-Maior prometeu uma coordenação bem melhor entre as forças armadas do que a da Primeira Guerra Mundial. No início da guerra, os chefes eram o primeiro lorde do ar, almirante Sir Dudley Pound, o chefe do Estado-Maior geral imperial, general Sir Edmund Ironside, e o chefe do Estado-Maior da Força Aérea, primeiro marechal do ar Sir Cyril Newall. Os chefes de Estado--Maior reportavam-se diretamente ao Departamento de Guerra, mas isso tinha a desvantagem de envolver o Gabinete Nacional na formulação da política militar em um estágio inicial, com o risco de ela ser inundada por detalhes irrelevantes. Uma resposta foi encontrada no estabelecimento de um corpo intermediário, o Comitê Ministerial Permanente de Coordenação Militar, presidido pelo lorde Chatfield, mas isso trazia a desvantagem de duplicar discussões e, às vezes, contradizer as conclusões dos chefes de Estado-Maior. Havia essencialmente dois problemas, nenhum dos quais inteiramente solucionável, relativos às relações entre as forças armadas, cada uma das quais tinha suas próprias prioridades, e as relações entre os militares e o governo.

Providências também haviam sido tomadas para o estabelecimento de um Conselho Supremo de Guerra, formado pelos governos inglês e francês e seus principais conselheiros, o que facilitaria a cooperação anglo-francesa, e cuja primeira reunião deu-se depois do início da

46 O BUNKER DE CHURCHILL

guerra. A sua decisão de que, no caso de uma invasão alemã à Bélgica, as forças aliadas iriam para o país a fim de conter o avanço dos alemães o máximo possível na frente leste teria consequências de grande amplitude. O perigo de deixar defesas preparadas para entrar em uma guerra móvel contra um inimigo que talvez estivesse mais bem preparado foi considerado pelo tenente-general Alan Brooke, então comandante de uma unidade na Força Expedicionária Britânica (BEF), que se tornaria um notável chefe do Estado-Maior Geral Imperial e mais tarde seria nobilitado com o título de visconde Alanbrooke.[8]

A guerra de mentira

Depois dos preparativos frenéticos, a BEF e o Exército inglês tiveram poucos confrontos com os alemães durante os primeiros oito meses de conflito, chamados *drôle de guerre* pelos franceses e "guerra de mentira" pelos ingleses. O conflito real dava-se na Europa Central. A Inglaterra havia entrado na guerra ostensivamente pela integridade da Polônia, mas a Polônia logo foi invadida pelos alemães a partir do oeste e depois pela União Soviética a partir do leste, os dois invasores dividindo os espólios entre si. Não houve ajuda por parte da Inglaterra nem da França. O Exército francês, após um avanço simbólico, retirou-se para o que imaginava ser a segurança da "grande carapaça" da Linha Maginot, e depois disso tanto os franceses quanto a BEF permaneceram em território francês, incapazes nem mesmo de avançar para a categoricamente neutra Bélgica. A RAF bombardeou navios de guerra alemães nos portos de Brunsbüttel e Wilhelmshaven; contudo, visto que somente alvos militares deveriam ser atacados e as vítimas civis deveriam ser evitadas, ela teve de contentar-se com o lançamento de panfletos sobre a Alemanha. Houve alguns ataques aéreos alemães em Scapa Flow, e um avião alemão aventurou-se no estuário do Tâmisa em novembro, mas deu meia-volta ao deparar-se com o fogo antiaéreo. As únicas bombas eram provenientes do Exército Republicano Irlandês, cuja campanha

DEFLAGRAÇÃO DA GUERRA

pela unificação da Irlanda não foi afetada pela deflagração de uma guerra bem mais ampla. Entretanto, uma força militar foi envolvida em um combate sério. A Marinha Real perdeu o porta-aviões HMS *Courageous* para um submarino nos Acessos Norte-Ocidentais e o encouraçado HMS *Royal Oak* para outro submarino que ousadamente cruzou o ancoradouro de Scapa Flow, mas teve também uma vitória considerável quando o encouraçado de bolso *Graf Spee* foi afundado no estuário do Rio da Prata diante da perspectiva de um confronto com os cruzadores ingleses que esperavam por ele. O afundamento do *Graf Spee* promoveu a popularidade de Winston Churchill como primeiro lorde do Almirantado, também beneficiada pela interceptação, controvertida por ter acontecido em águas norueguesas, do *Altmark*, um navio de suprimentos alemão que levava prisioneiros ingleses.

O que ficaria conhecido como "Front Interno" permaneceu intacto. As crianças foram evacuadas da capital para depois retornarem, e todos passaram algumas semanas levando uma máscara de gás para onde quer que fossem, depois do que a maioria passou a deixá-las em casa. Os cinemas e teatros foram fechados e posteriormente reabertos. Reservistas e conscritos foram convocados, regimentos embarcados, e um blecaute entrou em vigor, levando a um aumento significativo do número de acidentes de trânsito, mas a vida logo retornou uma aparência de normalidade. Esse período, que foi de setembro de 1939 a maio de 1940, segundo nos dizem, foi o período da "guerra de mentira". No entanto, o termo foi criado por jornalistas americanos. Ismay, em suas memórias, emprega a alternativa mais elegante "guerra crepuscular", embora ela tenha sido evidentemente cunhada antes. "Não há nenhuma guerra real", escreveu o socialite, político e autor de diário "Chips" Channon. "Hitler é de fato astuto. Estará ele tentando nos levar à paz pelo tédio?"[9] Chamberlain gostava de dizer que era "melhor estar entediado do que ser bombardeado", mas a combinação entre todas as inconveniências da guerra e a ausência de ação deu origem a uma atmosfera de descontentamento e cinismo.

Em Whitehall, como em toda parte, as coisas pareciam ter voltado ao normal. Ministros do Gabinete Nacional e funcionários públicos de alto escalão seguiam sua rotina diária costumeira, almoçavam em seus clubes e deixavam Londres nos fins de semana, embora o primeiro-ministro tivesse decretado que três ministros deveriam permanecer em Londres. Chamberlain e a esposa podiam caminhar por St James's Park com um único detetive seguindo-os a uma distância discreta, e ele passava dois a cada três fins de semana em Chequers, raramente levando um secretário particular consigo.[10] Ilene Adams, então uma secretária de 18 anos, trabalhava na secretaria, em Richmond Terrace, e se lembraria de Chamberlain como um verdadeiro gentleman que sempre conversava com ela e, apesar da guerra, tirava o chapéu quando os dois se encontravam no parque.[11]

Tendo a guerra começado, o governo ainda precisava decidir se ficaria ou não em Londres, posto que o fato de ainda não ter havido ataques aéreos não significava que eles não fossem acontecer logo em seguida. No dia 6 de setembro, os chefes de Estado-Maior recomendaram que toda a equipe não essencial deveria ser removida de Londres e o Gabinete Nacional ordenou medidas preliminares para uma evacuação de todos os funcionários do governo, mas não foi adiante por receio de causar danos à moral civil. Uma medida "lenta e amarelada" foi, entretanto, posta em prática, e os integrantes do Grupo B — aqueles que não estavam diretamente ligados às operações — do Almirantado e do Ministério da Força Aérea foram respectivamente para Bath e Harrogate, enquanto a Seção de Mapeamento do Gabinete de Guerra foi para Cheltenham.

O planejamento de contingência de uma "Manobra Negra", uma transferência para o oeste, prosseguiu. As transferências para várias casas de Worcestershire aconteceriam em duas fases: na primeira, o Departamento de Guerra e os funcionários de cargos mais importantes iriam para Hindlip Hall, e o primeiro-ministro e sua equipe pessoal para Spetchley Manor; na segunda fase, o primeiro-ministro e Sir Horace Wilson, secretário permanente do Tesouro Nacional, seriam transferidos para Hindlip Hall, deixando sua secretaria em Spetchley, enquanto a secretaria do Gabinete Nacional iria para Bevere House e outros membros do Departamento de Guerra seriam acomodados nas casas de campo da área. O espaço disponível em Hindley Hall foi ampliado com a construção de cabanas de caça, logo em seguida camufladas, nas imediações. No início de outubro de 1939, o lugar estava pronto para ser ocupado. A "Manobra Negra" nunca foi posta em prática, mas as providências eram justificadas, visto que, a partir de junho de 1940, não eram apenas os bombardeios que seriam temidos, mas também a possibilidade de uma invasão.

Enquanto Chamberlain era primeiro-ministro, o Gabinete Nacional reuniu-se no Centro de Operações subterrâneo em apenas uma ocasião, em outubro de 1939. Na ausência de ataques aéreos, não havia muitas razões para se usar as apertadas acomodações subterrâneas enquanto o nº 10 da Downing Street estava disponível. A parte principal da equipe de defesa continuava em Richmond Terrace, tendo sido transferida de Whitehall Gardens pouco antes de a guerra ter início. Os chefes de Estado-Maior, no entanto, reuniam-se pelo menos uma vez por dia, e em certas ocasiões duas ou três vezes, geralmente no Centro de Operações, mas com frequência também em outros locais. O Comitê Conjunto de Planejamento (JPC) — e sua equipe usavam com regularidade o Centro de Operações, e em 1940 sua rápida expansão levara à superlotação do porão. Pouco antes da deflagração da guerra, a Sala de Mapas passou a ser usada 24 horas por dia por nove cartógrafos auxiliados por dois escreventes, os quais eram supervisionados por membros seniores do JPC. As informações chegavam à Sala de Mapas das salas individuais do Centro de Operações das três forças armadas para então serem marcadas nos mapas, com notícias importantes sendo transmitidas através de Hollis e Ismay para o JPC, os escritórios do Gabinete Nacional em Richmond Terrace e o Palácio de Buckingham: é impressionante ver como o direito do rei de ser mantido informado era rigorosamente

50   O BUNKER DE CHURCHILL

observado. Os cartógrafos deviam preparar diariamente um resumo para os chefes de Estado-Maior até as 9 horas da manhã, e ajudavam o JPC escrevendo relatórios. Em outubro, o acesso à Sala de Mapas foi limitado a 46 pessoas: o Departamento de Guerra e dois outros ministros, Sir Horace Wilson, os Chefes de Estado-Maior (COS), os Chefes Adjuntos de Estado-Maior (DCOS), a equipe de nove integrantes do JPC, seis representantes militares permanentes e suas equipes, e 13 integrantes da secretaria do Departamento de Guerra.[12]

A equipe que trabalhava no Centro de Operações, cujo nome foi mudado em dezembro de Centro de Operações para Centro de Operações do Gabinete Nacional, havia crescido gradualmente. Os secretários e a equipe administrativa vinham do Escritório do Gabinete Nacional e da secretaria militar de Ismay, além disso, vários mensageiros também foram designados para o CWR. A necessidade de segurança levou dois NCOs e oito fuzileiros reformados a serem designados como ordenanças, bem como um destacamento de Fuzileiros Navais a fornecer guardas para as entradas externas. Havia duas entradas externas até a da King Charles Street ser fechada, deixando apenas a entrada de St James's Park — atualmente uma entrada para o Tesouro Nacional —, além de um acesso interno através de um corredor da Great George Street. O responsável pela segurança geral era o fuzileiro naval capitão Adams.

O Comitê Ministerial Permanente de Coordenação Militar, estabelecido em outubro de 1939 sob a presidência do lorde Chatfield com três ministros das forças armadas e o ministro do Abastecimento como membros, não foi exatamente um sucesso. Um ministro para a coordenação da defesa sem autoridade executiva sempre fora uma anomalia, e em abril de 1940 Chamberlain pediu a renúncia de Chatfield e nomeou Winston Churchill presidente do comitê, embora a nomeação do primeiro lorde do Almirantado dificilmente seria bem aceita, quer pelos ministros da força aérea, quer por seus colegas uniformizados.

Os conflitos entre as forças armadas eram um problema constante. Ismay lembrava que, longe de o Comitê dos Chefes de Estado-Maior, no

DEFLAGRAÇÃO DA GUERRA   51

papel de "Quartel-general de Batalha", exercer responsabilidades como selecionar comandantes, lançar diretivas e instruções para comandantes e receber seus relatórios:

> O chefe do Estado-Maior Naval e o chefe do Estado-Maior Geral Imperial agiam com uma independência resoluta. Nomeavam seus respectivos comandantes sem consultar um ao outro; e, pior ainda, davam diretivas a esses comandantes sem colocá-los em cooperação. A partir daí, continuavam dando-lhes ordens separadas.[13]

No que diz respeito à RAF, o marechal do ar Arthur Barratt, comandante da "Força Avançada de Ataque Aéreo" na França, não apenas trabalhava de forma independente do general lorde Gort, comandante em chefe da BEF e do alto-comando francês, como também recebia suas ordens diretamente do comandante em chefe do Comando de Bombardeiros da Inglaterra. Depois de algumas discussões com Barratt durante uma visita às forças armadas inglesas na França, Ismay voltou com a impressão de que o Estado-Maior da Força Aérea "preferiria se submeter a Belzebu a qualquer um ligado ao Exército".[14]

Quaisquer vãs esperanças de que Churchill — que passara a maior parte dos anos entreguerras fora do governo e agora voltava cheio de ímpeto — se ateria às questões do Almirantado logo seriam frustradas. Ele submetia Chamberlain a uma enxurrada de missivas sobre todo e qualquer assunto — desde a necessidade de bombardear a Alemanha, passando pela equipagem detalhada do Exército na França, à necessidade urgente de reorganizar o governo. Como primeiro lorde, ele era dinâmico, mas precipitado. Seu plano de enviar uma unidade naval para o Báltico lembrava a proposta feita pelo almirante Fisher antes da Primeira Guerra Mundial — arriscada já na época, mas, sem uma cobertura de caças, suicida em 1939-40. Ela abalou o almirante Pound, que conseguiu embargá-la.

52   O BUNKER DE CHURCHILL

A presidência de Churchill no Comitê Ministerial de Coordenação teve início exatamente no momento em que a "guerra de mentira" se tornou uma guerra de verdade: quando a Alemanha invadiu a Noruega e a Dinamarca no início de abril de 1940. Como primeiro lorde, ele já vinha pressionando para que se iniciassem operações na Noruega e na Suécia, com o objetivo de cortar o suprimento do minério de ferro sueco — que era transportado por trem até o porto norueguês de Narvik — da Alemanha, após ter dirigido a instalação de minas explosivas no território marítimo norueguês — que, na verdade, precedeu o ataque alemão. Ele dominou a subsequente e malfadada campanha da Noruega, na qual tropas inglesas, francesas e polonesas, em sua maioria despreparadas para um ambiente hostil, desembarcaram na Noruega para confrontar o poder aéreo alemão. Seu período como presidente do comitê não foi um sucesso, e sua insistência em fazer as coisas à sua maneira produziu tamanho caos que Ismay precisou "implorar aos chefes da Força Aérea que se mantivessem calmos", e havia "muitas possibilidades de um confronto de primeira classe".[15] John Colville registrou em seu diário que, "como vimos quando Winston presidiu o Comitê de Coordenação Militar, sua verbosidade e imprudência geram uma grande quantidade de trabalho desnecessário, impedem que qualquer planejamento prático de fato seja realizado, e geralmente causam conflitos".[16]

Churchill orgulhava-se de seu conhecimento de assuntos militares, e isso muitas vezes o levava a contradizer ou ignorar oficiais superiores. Naturalmente, eles se ressentiam de tais atitudes, principalmente porque dúvidas sobre o discernimento dele e temores em relação a sua impulsividade já haviam se espalhado desde a campanha de Dardanelos de 1915. Diante do alarmante desgaste das relações entre Churchill e o comitê que este presidia, o próprio Chamberlain o assumiu em 16 de abril. No dia 24 de abril, Churchill disse a Chamberlain que queria ser ministro da Defesa — uma exigência surpreendente em vista do modo como ele conduzira o Comitê de Coordenação Militar e da considerável parte que tinha na responsabilidade pelo fracasso da campanha da Noruega. Firmou-se um compromisso em que Churchill presidiria o Comitê de Coordenação Militar na ausência de Chamberlain e também seria responsável por oferecer "orientação e liderança ao Comitê dos Chefes de Estado-Maior, com o poder de convocá-los quando necessário". Ele seria auxiliado por uma "Equipe Central" dirigida por Ismay, que se tornaria membro do Comitê dos Chefes de Estado-Maior.

Até mesmo Ismay, admirador de Churchill, comentou que "essas disposições pareciam bem estranhas". Já havia uma ala militar da Secretaria do Departamento de Guerra, portanto qual seria o papel da nova Equipe Central? Teria Churchill de fato poder para dar orientação e liderança, ou estaria ele apto a dar somente as orientações que o comitê aprovasse? Ficou claro que Churchill esperava que Ismay ocupasse um cargo próximo ao seu no Almirantado e já decidira que a "Equipe Central" consistiria em um grupo de seus aliados mais próximos: Oliver Lyttelton para assuntos de suprimento, [o major reformado] Desmond Morton para o âmbito político e o prof. Lindemann para as pesquisas científicas e o trabalho estatístico.[17] Isso deixou Ismay numa posição difícil, pois, embora estivesse ansioso por trabalhar sob a liderança de Churchill, ele era leal a sua própria secretaria militar e lembrou-se do "Garden Suburb" de Lloyd George, sua equipe especial sediada nas dependências do nº 10 da Downing Street, que em uma guerra anterior causara tantos conflitos com todos os departamentos governamentais. Os acontecimentos, entretanto, sucediam-se rapidamente, e o governo de Chamberlain já chegava ao fim.

É uma das ironias da história o fato de Churchill, que teve considerável responsabilidade na campanha norueguesa, ter se beneficiado do profundo descontentamento gerado por tal fracasso. O desastre da Noruega não foi, entretanto, a principal causa, mas uma causa secundária da renúncia de Chamberlain. Ele era um homem que desprezava o carisma e as palavras lisonjeiras, que odiava a guerra e havia, em plena consciência, feito o melhor que pôde para evitá-la. Contudo, Chamberlain não foi um líder inspirador quando a guerra de fato teve início. Ele havia feito mais para preparar a Inglaterra para a guerra do que se reconheceu por muitos anos, e sua estratégia para derrotar a Alemanha parecia totalmente lógica: empreender uma guerra defensiva ao lado do Exército francês, que muitos acreditavam ser o melhor do mundo, enquanto a Marinha Real impunha um bloqueio que privaria a Alemanha de suprimentos essenciais e aos poucos levaria as economias inglesa e francesa a superar a alemã. Todavia, os dois pilares dessa estratégia logo vieram abaixo: o pacto nazi-soviético limitou gravemente os efeitos do bloqueio, enquanto o Exército francês sofria fissuras por causa de divisões da sociedade francesa e, dessa forma, ainda perseguido pelos eventos de 1914-18, estava prestes a implodir.

As pesquisas de opinião ainda davam seus primeiros passos, mas sugerem que Chamberlain ainda gozava de apoio popular geral em março de 1940.[18] Não foi a opinião pública, mas um grupo restrito da elite, uma minoria dos membros conservadores do Parlamento, que se absteve ou votou contra o governo no debate sobre a campanha norueguesa. Depois de ganhar um voto de confiança, mas com uma maioria tão drasticamente reduzida que deixava claro que ele não poderia continuar, Chamberlain renunciou no dia 10 de maio de 1940.

Não havia nenhuma garantia de que Churchill o sucederia, embora o lorde Halifax, candidato favorito aos olhos de muitos, tenha sabiamente reconhecido que o país não podia ser administrado pela Câmara dos Lordes. Churchill não tinha a confiança de muitos membros do Parlamento, funcionários públicos e generais, mas possuía a atitude de um líder de guerra, era extremamente determinado e podia inspirar não apenas o Parlamento, mas todo um país desmoralizado. Se tinha a capacidade de irritar, e até mesmo enfurecer, aqueles que trabalhavam perto dele, Churchill também foi capaz de conquistar a lealdade de muitos daqueles que anteriormente se opunham a ele. "Jock" Colville é um exemplo: secretário auxiliar particular de Chamberlain e seu admirador, ele brindou ao desafortunado líder com lorde Dunglass, R. A. Butler e "Chips" Channon

DEFLAGRAÇÃO DA GUERRA

depois da renúncia de Chamberlain. Alguns dias depois de Churchill ter se tornado primeiro-ministro, ele foi às compras e comprou:

> [...] um terno azul-claro da Fifty-Shilling Tailors, barato e de aparência sensacional, que parecia apropriado para o novo governo. Contudo, evidentemente, devemos admitir que a administração de Winston, com todas as suas falhas, tem ímpeto.[19]

Colville ficou no novo regime, e logo era o maior admirador de Churchill, embora Colville nunca tenha perdido a capacidade de criticar seu mestre.

Entretanto, muitos daqueles que circulavam pelos corredores do poder ficaram descontentes com a mudança. Lorde Hankey considerava Chamberlain "quase indispensável" enquanto, por outro lado, descrevia Churchill como "não inteiramente confiável". Sir Alexander Cadogan considerava Churchill "incoerente, romântico, sentimental e temperamental", enquanto o general Sir John Dill, nomeado CIGS pelo novo primeiro-ministro, considerava-o simplesmente um "estorvo".[20] Muitos políticos, funcionários públicos de alto escalão e oficiais de altos postos levariam um ano para aceitar Churchill.[21]

O novo regime: Churchill no poder

Churchill teve a sorte de ter chegado ao poder exatamente num momento em que o estado de espírito do país estava mudando. A derrota na França, que aconteceu logo no seu primeiro mês no cargo, foi desestimulante, mas a evacuação bem-sucedida da maior parte da BEF de Dunquerque trouxe um raio de esperança. Para uma nação que estava tanto temerosa quanto obstinada, Churchill, com sua belicosidade, seu carisma e sua determinação visível, foi capaz de fortalecer os ânimos. Acima de tudo, ele transmitia um novo senso de urgência. A famosa charge de Low, *All behind you, Winston* [Todos seguindo você, Winston], que apareceu no *Evening Standard* em 14 de maio de 1940, mostra Churchill sendo seguido por membros de seu gabinete e um grande grupo do público geral, todos sem paletó e de mangas arregaçadas. Ela resume a ideia de um novo começo, uma nova urgência, uma nova unidade e um novo líder. A imagem talvez tenha exagerado a mudança no estado de espírito nacional, mas essa mudança era incontestavelmente genuína.

O novo Departamento de Guerra era um compromisso. Seus cinco membros consistiam no próprio Churchill, o líder do Partido Trabalhista Clement Attlee e seu vice Arthur Greenwood (posto que aquele era um governo de coalizão), Chamberlain (líder do Partido Conservador até que, sofrendo de uma doença terminal, renunciou alegando motivos de saúde) e Halifax (visto que o apoio da maioria do Partido Conservador era essencial). Embora os ministros das forças armadas não fossem membros, eles compareciam com regularidade às reuniões do Departamento de Guerra, assim como seus chefes de Estado-Maior, enquanto os ministros cujos departamentos estavam envolvidos em assuntos em discussão também compareciam quando necessário. Sir Edward Bridges, como secretário, estava presente em todas as reuniões, e Ismay, secretário suplente (militar), comparecia às reuniões cada vez mais frequentes para a discussão de assuntos militares. Geralmente, ao menos dois secretários auxiliares estavam presentes.

Churchill somou os cargos de ministro da Defesa e de primeiro--ministro. Isso fez dele quase um "generalíssimo" civil no comando do segmento militar da secretaria do Departamento de Guerra dirigida por Ismay, agora um major-general, que se tornou chefe do Estado-Maior do ministro da Defesa e membro do Comitê dos Chefes de Estado--Maior. O Comitê de Coordenação Militar era obviamente supérfluo, tendo sido substituído pelo Comitê de Defesa, presidido por Churchill. Esse comitê foi subdividido em dois outros que deveriam tratar, respectivamente, de operações e suprimento. O primeiro-ministro podia, portanto, supervisionar a condução da guerra não apenas em termos de grandes estratégias, mas também no que diz respeito à condução das operações. Ele podia convocar os chefes ao Departamento de Guerra,

DEFLAGRAÇÃO DA GUERRA 57

influenciar — através de Ismay — as deliberações dos chefes em seu próprio comitê e, dado o fato de ser presidente do Comitê de Defesa (Operações), supervisionar diretamente as decisões militares. O controle que possuía sobre o âmbito militar era muito mais amplo que o que Lloyd George tivera na Primeira Guerra Mundial.

A contraparte do Comitê de Defesa, e do controle de estratégia e operações do próprio Churchill, era o Comitê do Lorde Presidente, presidido a princípio por Neville Chamberlain, depois por Sir John Anderson e, por último, por Clement Attlee, que era responsável por quase tudo o que dizia respeito ao front interno. Uma desvantagem do controle quase total que o primeiro-ministro exercia sobre o âmbito militar da guerra era que ele precisava confiar não apenas assuntos vitais como a política econômica e a alimentação, mas também a política doméstica geral, a outras pessoas. Outro problema era que a nova estrutura permitia a Churchill, cuja abordagem direta apresentara uma propensão a causar dificuldades no passado, envolver-se muito mais nos detalhes da condução das operações do que seria sensato, bem como embarcar em aventuras — o envio de tropas para a Grécia em 1941 é um exemplo clássico — que deixavam muitos de seus assessores profissionais aterrorizados. Por mais que este autor seja admirador de Churchill, nenhum estudo sobre a condução da guerra pelos líderes do governo pode ignorar o fato de que ele se equivocava com frequência, e somente a dedicação e a coragem moral de seus aliados militares de altos postos, homens como Ismay e Brooke, conseguiram evitar que algumas de suas ideias mais delirantes fossem postas em prática. O novo sistema parecia-se muito com uma autocracia, mas essa autocracia era contrabalançada por uma assessoria resolutamente eficaz.

Membros da secretaria de defesa haviam ficado apreensivos de que ela pudesse ser dissolvida quando Churchill desse início a seu novo regime. Ismay certamente temera isso algumas semanas atrás, quando Churchill tornara-se presidente do Comitê de Coordenação Militar. "Pug" Ismay foi provavelmente crucial na decisão de Churchill de manter os serviços da antiga secretaria do CID, agora a secretaria militar do Departamento de Guerra. Não existia um departamento de defesa, de forma que, na prática, esse papel era exercido pela secretaria. Ismay havia muito admirava Churchill, que simpatizou com ele no primeiro encontro entre os dois. Ismay era um homem de quem aparentemente quase todos falavam bem: sua influência era notável, e sua importância tem sido frequentemente subestimada. Ele descrevia seu papel como "agente" de Churchill e "a sombra do meu chefe", mas também era um mediador entre Churchill e os chefes de Estado-Maior. Era um homem muito diplomático, que tinha abrandado com habilidade os ânimos inflamados com a nomeação de Churchill, e foi uma figura crucialmente importante, uma verdadeira eminência parda. O homem que define a pauta e escreve as minutas de uma reunião possui, notoriamente, a capacidade de influenciar o seu conteúdo. Ismay escrevia relatório após relatório, suavizando discussões complexas e frequentemente acaloradas, e encontrava-se, como ele mesmo disse, no "meio da teia". Ele era sempre cortês e cordial não apenas para com generais e políticos, mas também para com suboficiais, escreventes e secretários. Seu talento natural para a contemporização pode muito bem ter acompanhado um temor pela sua própria posição, e sua visão romântica do Departamento de Guerra como "uma irmandade" talvez fosse um tanto exagerada. No entanto, sem ele, as relações entre os principais habitantes do Centro de Operações poderiam ter sido muito mais antagônicas.

Talvez o motivo pelo qual Ismay pudesse se permitir, mais do que a maioria, essa coragem moral — tão útil no seu trabalho — estivesse no fato de que, na década de 1930, uma série de heranças havia enriquecido sua esposa, e, como Ronald Lewin observou, o fato de "não precisar de meios [...] elevou seu valor como assessor objetivo livre das restrições de um oficial *de carrière*. Ele era, de fato, o 'admirável Ismay'".

Logo abaixo do major-general Ismay na hierarquia da secretaria de Defesa vinham o coronel Leslie ("Jo") Hollis, que cuidava do âmbito das operações, e o coronel Ian Jacob, responsável pelos comitês de suprimento. Havia também cerca de oito secretários militares auxi-

DEFLAGRAÇÃO DA GUERRA 59

liares destacados das três forças aéreas. Os comitês mais importantes continuavam sendo o Comitê Conjunto de Planejamento e o Comitê Conjunto de Inteligência, mas ao longo da guerra os comitês — ou, mais precisamente, as Equipes Conjuntas —, cada qual com sua abreviatura, multiplicaram-se: Equipe de Planejamento Estratégico (STRATS); Equipe de Planejamento Executivo (EPS); e Equipe para Operações Futuras (FOPS); juntamente a comitês para logística, mão de obra e diferentes aspectos de suprimento, enquanto a Equipe Conjunta de Inteligência também estabeleceu inúmeros novos comitês.

O Centro de Operações já estava ficando superlotado, e essas novas equipes exigiam espaço, e outras exigências logo lhes seriam feitas. O receio de Ismay de que Churchill pudesse vir a substituir a secretaria de defesa pelo seu próprio corpo de assessores provara-se infundado, mas o rígido controle pessoal exercido pelo primeiro-ministro no que dizia respeito à guerra implicava o fato de que seus secretários particulares passaram a ser uma parte realmente integrante do time, estando diariamente em contato com membros da secretaria de Defesa. Tratava-se de um grupo relativamente jovem, formado em 1940 por Anthony Bevir (44), John Colville (25, e que, como já vimos, trabalhara anteriormente para Chamberlain), Eric Seal (42), John Peck (27, e que veio com Churchill do Almirantado) e John Martin (36), que trabalhara anteriormente no Gabinete Colonial e se tornou o principal secretário particular em 1941, quando Eric Seal foi enviado numa missão especial para os EUA. Havia a muito experiente Edith Watson, que praticamente fazia parte da mobília: "Se ela tinha uma origem departamental, ninguém era capaz de lembrar-se qual era, pois ela ocupava um assento na Downing Street desde a época de Lloyd George e Bonar Law, e havia sido promovida a secretária particular."[22]

Leslie Rowan juntou-se ao grupo como mais um secretário particular em maio de 1941.

Havia ainda os amigos pessoais e conselheiros de confiança do primeiro-ministro, seu "gabinete de cozinha": Brendan Bracken, seu secretário parlamentar particular em 1940-41,[23] o prof. Frederick Lindemann, seu assessor para assuntos científicos, e Desmond Morton, oficial de ligação nos serviços de inteligência. Outro velho amigo, o proprietário de jornal lorde Beaverbrook, foi nomeado ministro da Produção Aérea em maio e tornou-se membro do Departamento de Guerra em agosto.

A princípio, Churchill fez um uso considerável do Comitê de Defesa do Departamento de Guerra, que era formado por Attlee, Beaverbrook e os três ministros das forças armadas, mas passou a convocá-los cada vez menos, e instituiu uma direção muito mais pessoal da guerra. Como ele escreveu: "Essas reuniões formais tornaram-se pouco frequentes depois de 1941. Quando o funcionamento do mecanismo passou a fluir com mais facilidade, cheguei à conclusão de que as reuniões diárias do Departamento de Guerra com os chefes de Estado-Maior já não eram mais necessárias."[24]

Com o Comitê de Defesa sendo gradualmente deixado de lado, a condução da guerra passou a ficar cada vez mais nas mãos do primeiro-ministro e do Comitê dos Chefes de Estado-Maior. O Comitê dos Chefes reunia-se separadamente todas as manhãs, mas a presença de Hollis garantia que o ponto de vista de Churchill fosse sempre apresentado — e, em todo caso, o primeiro-ministro com frequência requisitava a presença dos chefes. Durante a Primeira Guerra Mundial, Lloyd George frequentemente se via em conflito com seus conselheiros militares, mas, uma geração depois, a proximidade e o contato diário entre o primeiro-ministro e os chefes passaram a garantir que, ainda que as relações nem sempre fossem harmoniosas, os chefes respeitassem a autoridade do primeiro-ministro e este, embora algumas vezes com relutância, aceitasse seus conselhos. Não obstante, isso não podia de fato ser denominado um "sistema" de condução de guerra, posto que era algo extremamente pessoal e idiossincrático. Averell Harriman, enviado especial dos Estados Unidos, comentou em 1941 que na Inglaterra "eram os políticos que conduziam a guerra [...], não os generais e almirantes".[25] Isso era verdade no que diz respeito ao fato de que a au-

DEFLAGRAÇÃO DA GUERRA

toridade de Churchill era proveniente do Parlamento, mas, numa grande proporção, a guerra era conduzida por apenas um político dominante.

Pouco depois de ter se tornado primeiro-ministro, Churchill, ao visitar o Centro de Operações subterrâneo do Gabinete Nacional, anunciou: "É desta sala que conduzirei a guerra."

Na realidade, ele estava relutante em ir para as instalações subterrâneas, não por receio de ficar preso ou por sofrer de claustrofobia, mas porque aquela medida parecia mais um reconhecimento da força do inimigo, sendo completamente contrária à sua natureza. Mesmo durante os ataques aéreos, ele gostava de subir no telhado do prédio de Whitehall a fim de ver como as coisas estavam indo. Ele preferia, antes de os ataques aéreos a Londres terem começado, fazer conferências no Almirantado ou no nº 10 da Downing Street e, mesmo durante a Blitz, realizar reuniões diárias em outros lugares e ir ao Centro de Operações subterrâneo do Gabinete Nacional somente para reuniões noturnas. Ele reconhecia, entretanto, a importância crucial de ter um quartel-general onde as equipes essenciais, o sistema nervoso central da guerra, pudessem trabalhar em relativa segurança, com um alto nível de confidencialidade e eficientes meios de comunicação.

Os primeiros meses do governo de Churchill não presenciaram muitos ataques à Inglaterra. O Departamento de Guerra reuniu-se no Centro de Operações no dia 29 de julho, mas não fez outras reuniões no local até a Blitz ter início em setembro. Apesar disso, as exigências de mais espaço, já persistentes, aumentaram a partir de maio e tornaram-se mais fortes em setembro. A necessidade de instalações melhores, mais proteção e um espaço maior já era evidente, mas uma nova urgência surgiu no verão e outono de 1940.

Não houve meses mais desesperados nem dramáticos na história britânica moderna do que aqueles que se sucederam à nomeação de Churchill como primeiro-ministro. A suástica já tremulava em Amsterdã, Bruxelas e Paris, e as opções da Inglaterra eram limitadas. No dia 2 de julho, Hitler ordenou que planos para a invasão da Inglaterra tivessem início, e no dia 19 de julho ele fez um discurso no Reichstag oferecendo paz aos ingleses. Os termos da oferta teriam implicado a aceitá-los da hegemonia alemã sobre a Europa. A Inglaterra teria que os aceitar ou enfrentar a ameaça de invasão com poucas esperanças de vitória na ausência de qualquer aliado continental.

Por um lado, a resposta de Churchill já havia sido dada quando, no dia 3 de julho, ele deu ordens para um ataque à frota francesa que estava ancorada em Orã, no norte francês da África, temendo que ela pudesse cair nas mãos dos alemães. Esse ato brutalmente realista atestou a determinação da Inglaterra de dar continuidade à guerra, deixando claro para os americanos que Churchill não faria concessões. Isso também deixou clara a importância da superioridade naval da Inglaterra sobre a Alemanha, que constitui, com a vitória esmagadora da RAF na Batalha da Inglaterra e à evacuação de tropas substanciais de Dunquerque, um dos três principais motivos da sobrevivência do país no que foram, por quaisquer parâmetros razoáveis, os seus dias mais negros. Havia discussões no Gabinete Nacional sobre as possibilidades de uma paz, mas está claro que o primeiro-ministro, ainda que fosse incapaz de evitar tal debate, garantia que não se considerasse seriamente qualquer possível acordo com os alemães. Embora seu otimismo natural fosse mesclado com períodos de receio, mais notavelmente no que diz respeito à ameaça submarina, ele voltava-se para o espírito e o etos nacional, e buscava conforto na história, em ocasiões anteriores nas quais a Inglaterra parecera estar à beira de um desastre. Todavia, ele admitiu para sua sobrinha, Clarissa Churchill, que havia "apenas uma pequena chance" de a Inglaterra realmente conseguir vencer.

O verão e o outono de 1940, que o próprio Churchill considerava a "melhor época" da Inglaterra, são um exemplo extraordinário da habilidade de um líder carismático de transmitir sua convicção para uma nação. Mais tarde, Churchill diria que era o povo inglês que tinha coração de leão: tudo o que ele lhes dera fora o rugido. Essa afirmação é uma subestimação do seu próprio papel, visto que ele usava palavras para inspirar confiança, invocando a linguagem de Shakespeare, conforme foi dito, e enviando-a para a batalha. Sua oratória, aparentemente natural,

DEFLAGRAÇÃO DA GUERRA 63

mas preparada — como sabemos — com um cuidado infinito, tocava diretamente os corações da nação. Como escreveu o historiador Paul Addison: "Em algum ponto entre maio de 1940 e a Blitz a Londres de setembro, a carreira de Winston Churchill fundiu-se com a história do povo britânico."[26]

Churchill era exigente. Embora tivesse 65 anos quando chegou ao poder, ele não se permitia — e não via razões para permitir aos outros — gozar de horas longas ou fins de semana perdidos. Ele exigia que as respostas para as questões levantadas fossem dadas numa rapidez impraticável, além de dedicação completa e eficiência: "Respeitáveis funcionários públicos seriam vistos literalmente correndo ao longo dos corredores."[27] Ele esperava que sua equipe pessoal, a secretaria de Defesa e os chefes de Estado-Maior estivessem sempre em sessão ou de plantão. Suas exigências eram com frequência absurdas, e algumas vezes provocavam ressentimento, mas ele logo era perdoado, em parte pela consciência da crise em que o país se encontrava, mas também por causa da lealdade que inspirava.

As relações entre os chefes de Estado-Maior e um primeiro-ministro que se considerava um especialista em estratégia e operações militares estavam fadadas a ser difíceis. A Inglaterra não possuía um primeiro comandante como os Estados Unidos tinham o almirante Ernest King, que acreditava que "os civis não deviam saber nada sobre a guerra até que ela terminasse, e mesmo então deviam saber apenas quem ganhou", mas, embora os comandantes ingleses aceitassem completamente o direito do primeiro-ministro e do Gabinete Nacional de tomar decisões estratégicas importantes com a assistência dos conselhos dos militares, eles também acreditavam que, com essa exceção, deveriam ser livres da interferência civil.

Churchill acreditava que o ímpeto e a determinação eram o segredo do sucesso, enquanto a maioria dos oficiais superiores passara a acreditar que a superioridade humana e bélica era um fator crucial. A única coisa que o primeiro-ministro tinha em comum com Hitler era a crença no triunfo da determinação. Ele considerava vários de seus generais conservadores e excessivamente prudentes. Os chefes de Estado-Maior, por sua vez, sentiam-se abalados com o entusiasmo de Churchill diante de pequenos ataques à Europa ocupada, ataques que eles acreditavam ter pouca eficiência a um custo considerável; com sua incapacidade de compreender a necessidade de uma cobertura aérea tanto para as operações navais quanto para as do Exército; e com seu favoritismo inato por comandantes fanfarrões e glamorosos, independentemente de, como o marechal de campo Sir Harold Alexander, serem bravos e charmosos, mas estrategicamente irrelevantes — ou, como o major-general Orde Wingate, possuírem a reputação de Chindit e demonstrarem um zelo religioso acompanhado por uma excentricidade notória.

Em maio, o CIGS general Ironside, que em geral não era considerado um grande sucesso, foi substituído pelo general Sir John Dill. Talvez de forma um tanto surpreendente, Ironside posteriormente se tornou comandante em chefe das Forças Internas[28] — provavelmente o posto mais crucial numa época em que se esperava uma invasão. Dill, então vice-CIGS e candidato natural a um alto posto no Exército, era pessoalmente capaz, possuía grandes habilidades sociais e era responsável pelo reconhecimento eficiente do alto-comando do Exército. Contudo, logo se tornou claro que Churchill considerava-o maçante e pouco inspirador, tendo-o apelidado de "Dilly Dally". Alan Brooke, após voltar de um exercício no carro de Dill em novembro de 1940, achou-o deprimido: "Ele acha muito difícil lidar com o primeiro-ministro."

Visto hoje, anos depois, ele comentou que "entrar num entendimento teria sido impossível para aqueles dois homens".[29] O almirante Sir Dudley Pound encontrou a resposta perfeita para alguns dos planos mais delirantes do primeiro-ministro ao concordar com eles e depois deixar que as evidências para sua impraticabilidade se acumulassem. Em outubro, durante a reorganização do Gabinete Nacional, Colville esperava a partida de um bom número dos chefes de Estado-Maior, "que são saudáveis, mas velhos e lentos".[30] Todavia, somente Newall saiu, tendo sido substituído como chefe do Estado-Maior da Força Aérea por Sir Charles Portal. Toda a tática de Ismay e Bridges fazia-se

DEFLAGRAÇÃO DA GUERRA

completamente necessária para manter as relações entre Churchill e os chefes relativamente harmoniosas.

A supremacia naval da Inglaterra e sua vitória na Batalha da Inglaterra afinal de contas levaram Hitler a suspender seu plano de invasão — a Operação Leão Marinho. Os historiadores ainda debatem a viabilidade de uma invasão através do canal, mas a ameaça parecia muito real até o ataque à Rússia em junho de 1941 ter dado à Alemanha outras prioridades. Clarissa Churchill, que mais tarde se tornaria esposa de Anthony Eden, recordou-se de ter descoberto, muitos anos depois, uma grande cápsula, bastante desbotada pelos anos, em um guarda-roupas. Ela a mostrou ao marido, que disse que se tratava de uma "pílula de cianeto" que haviam dado a ele e Churchill para o caso de serem capturados.[31]

Mesmo antes de o bombardeio intenso, apelidado de Blitz, ter início no dia 7 de setembro, havia ainda mais exigências de espaço no Centro de Operações. O primeiro-ministro e o Departamento de Guerra podiam por ora estar satisfeitos com seus escritórios habituais, mas arranjos tinham de ser feitos para a transferência quando os ataques aéreos esperados tivessem início. Em maio, Hollis observou que se o primeiro-ministro se transferisse para o Centro de Operações, sua equipe o acompanharia, passando a ocupar um espaço considerável. Em 27 de julho, a sala 65A foi reservada como escritório e aposento pessoal para Churchill, e tornou-se seu quarto de emergência. Essa sala havia anteriormente sido reservada para as reuniões do Departamento de Guerra, mas uma sala mais ampla, a 69, localizada na extremidade setentrional do corredor do porão e anteriormente abrigo do Departamento de Construção Civil, havia sido encontrada para esse propósito em setembro de 1939. A equipe imediata de Churchill, formada por Ismay e três de seus secretários particulares, também teve salas alocadas — a 66, a 66A e a 66B, que antes disso haviam sido o quarto-forte do Departamento de Construção Civil. A Sala 64, vizinha à Sala de Mapas (65), tornou-se seu anexo. O espaço existente era insuficiente, de forma que os Planejadores Conjuntos, que haviam se tornado mais numerosos, tinham de levar uma existência periférica, usando quaisquer salas que estivessem disponíveis no momento.

O problema da insuficiência de espaço aumentou consideravelmente quando os chefes de Estado-Maior decidiram, no final de maio, que um Quartel-General Avançado da Secretaria de Defesa Interna deveria ser instalado no Centro de Operações do Gabinete Nacional. Esse corpo havia sido criado às pressas quando a ameaça ganhava vulto.

As Forças Internas do Quartel-General, diretamente responsáveis pela defesa contra invasão, ocupara a princípio Kneller Hall, em Twickenham, depois tendo sido transferidas para a St. Paul's School, em Hammersmith, mas as circunstâncias de urgência sugeriam que seu comandante precisava estar próximo do primeiro-ministro: o que era uma faca de dois gumes na opinião do general Brooke, que em julho se tornou comandante em chefe das Forças Internas. O Centro de Operações, com seus eficientes meios de comunicação, era o lugar óbvio de onde poderia ser conduzida a primeira fase da defesa, caso a invasão da Inglaterra de fato acontecesse. A chegada do Estado-Maior das Forças Internas acarretou grandes dificuldades, uma vez que provocou uma grande movimentação. Ele ocupou várias salas no corredor principal, seis salas no porão e o Departamento Avançado de Comunicações; e os funcionários de Inteligência e Operações ocuparam o galpão, a seção mais baixa do Centro de Operações. A situação foi amenizada quando o QG Avançado por fim foi transferido para juntar-se ao restante do Quartel-General das Forças Internas, que na época ficava localizado no porão e no subporão, sob o pátio ocidental do NPO em janeiro de 1941.

O CWR expandiu-se "verticalmente para o nível do subporão e do galpão [o porão sob o porão], e mais tarde horizontalmente, para salas que ficavam localizadas sob os pátios ocidentais do NPO".[32] A Blitz conscientizou todos da fragilidade de muitas construções de Whitehall e da relativa resistência do NPO, construído com solidez no início do século XX, e os departamentos menos envolvidos na condução da guerra foram gradualmente removidos a fim de que a equipe central e a de defesa pudessem ocupá-lo, até que todo o prédio tornou-se efetivamente um quartel-general de guerra, com o CWR no porão desempenhando a função de cidadela.

DEFLAGRAÇÃO DA GUERRA   67

Previsivelmente, Churchill estava relutante em deixar o nº 10 da Downing Street, e foi necessário o bombardeio geral, em vez da mera ameaça de um, para fazê-lo sair. Os grandes ataques a Londres começaram no início de setembro e, embora as docas e o East End tenham sofrido o pior da Blitz, nenhum lugar era seguro e os centros do governo eram, evidentemente, alvos. Na noite de 12 de setembro, Whitehall foi atingida e o Ministério do Transporte sofreu danos. Com isso, o Departamento de Guerra decidiu reunir-se no dia seguinte no Centro de Operações subterrâneo. Durante a reunião, uma mensagem foi entregue a Churchill dizendo-lhe que o Palácio de Buckingham havia sido bombardeado: o rei George VI suspeitava que havia ficado exposto a fogo amigo da parte de um parente que estava servindo numa força aérea inimiga.[33]

O nº 10 da Downing Street era um prédio vulnerável. Um abrigo foi construído no jardim, e uma sala de jantar e outra de estar foram improvisadas no porão, e enquanto esse projeto estava sendo implementado, Churchill passou algum tempo no Hotel Carlton, nas vizinhanças de Belgravia. Decidiu-se, entretanto, que o nº 10 ainda era muito perigoso para que o primeiro-ministro continuasse usando-o como residência permanente. John Colville escreveu em seu diário no dia 16 de setembro:

> Um certo caos tomou conta do nº 10, causado pelo fato de que estão dizendo que o prédio não é seguro. O porão está sendo ajustado para que o PM possa morar e trabalhar nele, e enquanto isso a maior parte do tempo, tanto durante o dia quanto à noite, está sendo passada no desagradável ambiente do Centro de Operações.[34]

Churchill passou as noites do dia 16 e 18 nele — duas das poucas noites que passaria no CWR durante toda a guerra: era mais comum encontrá--lo em seu flat no anexo do nº 10 no próprio NPO, na superfície, mas em contato direto com o que ele considerava o sistema nervoso central

68   O BUNKER DE CHURCHILL

da guerra. Em setembro daquele ano, a maior parte da sua equipe pessoal dormiu no abrigo sob o nº 10, mas estava claro que o primeiro--ministro, o Departamento de Guerra e sua equipe principal teriam que ser transferidos para acomodações mais seguras, embora já estivesse decidido que o Centro de Operações subterrâneo se tornaria sua base. A recém-construída Church House de Westminster, que ficava bastante próxima da Abadia de Westminster — a qual vinha sendo usada como centro de conferências na época em que o registro mencionado foi escrito — foi sugerida como um prédio mais sólido para Churchill e sua equipe pessoal: a antiga questão referente a permanecer em Whitehall ou transferir-se para Dollis Hill foi levantada novamente, desta vez como uma questão de urgência. Outras opções incluíam rotundas de concreto na Horseferry Road (que recebeu o codinome de "Anson"), a Montagu House, o Faraday Building e a Curzon House, todos prédios reforçados razoavelmente próximos a Whitehall e já reservados para a equipe principal. Havia também planos para transformar a estação de metrô de Dover Street — atualmente estação de Green Park — numa fortaleza.

Churchill concordara, no dia 14 de setembro, com os planos para a evacuação de dignitários e ministros, e achava que esses planos deveriam ser postos em prática o mais rápido possível, considerando a evacuação de seiscentas pessoas em seis horas. No dia 16, entretanto, ele decidiu que "a hora de mudar-se não chegou ainda". No dia 20 de setembro, Colville acompanhou o sr. e a sra. Churchill numa inspeção da sede de emergência do Gabinete em Dollis Hill (codinome "Paddock"), os flats onde eles passariam a morar, e:

Os compartimentos profundamente subterrâneos, seguros contra as maiores bombas, onde o Gabinete Nacional e seus satélites (ex. eu) trabalhariam e, se necessário, também dormiriam. Eles são impressionantes, mas um tanto sombrios; suponho que se o atual bombardeio intenso continuar, teremos que nos acostumar a sermos trogloditas, ("trogs", como diz o PM). Estou começando a entender como os primeiros cristãos se sentiam vivendo nas catacumbas.[35]

Nunca tendo perdido o costume de desperdiçar uma frase que cunhara, no dia seguinte Churchill escreveu para Chamberlain: "Proponho levar uma existência troglodita com vários 'trogs'."

Em meados de setembro, os preparativos tiveram início para que a sede de trabalho de Churchill fosse transferida para o anexo do nº 10, que consistia em compartimentos especialmente preparados no NPO acima do Centro de Operações subterrâneos. A família Churchill mudou-se para lá em setembro de 1940, e o primeiro-ministro e sua esposa deveriam morar lá até o fim da guerra, mas ele continuou passando o dia no nº 10 e frequentemente passava a noite nos escritórios do metrô de Londres, na antiga estação de metrô da Down Street, enquanto o anexo do nº 10 estava sendo preparado. A estação ficava situada na Piccadilly Line, entre a Dover Street e Hyde Park Corner; não tendo, contudo, nunca sido muito utilizada, fora fechada em 1932. As laterais das plataformas haviam sido cobertas por tijolos, e o espaço resultante dera lugar a um bunker mais amplo, cujo ocupante principal era agora o Comitê Emergencial de Estradas de Ferro. Ele não apenas era seguro, embora fosse barulhento por causa do metrô que passava do outro lado da parede, mas confortável, possuindo uma sala de jantar onde a comida era considerada excelente. Os ministros do Gabinete Nacional e dignitários do serviço público a utilizavam, bem como o próprio Churchill.

Antes de se mudar para o anexo do nº 10 no NPO, o primeiro-ministro tinha a opção de escolher entre vários lugares onde passar a noite, e sua equipe tinha grande dificuldade de monitorar seus movimentos, especialmente dado o fato de que ele constantemente mudava de ideia. Isso, associado ao hábito de Churchill de intitular mensagens urgentes

70 O BUNKER DE CHURCHILL

como "Ação do Dia" e ao seu costume de começar as frases com "Favor...", levou um secretário particular, John Peck, a escrever uma minuta parodiando o primeiro-ministro:

AÇÃO DO DIA

Favor providenciar que seis novas salas sejam adaptadas para meu uso, em Selfridge's, Lambeth Palace, Stanmore, Tooting Bec, Palladium e na Mile End Road. Informá-los-ei às 8h todas as noites em que escritório jantarei, trabalharei e dormirei. Serão necessárias acomodações para a sra. Churchill, dois estenógrafos, três secretários e Nelson [gato preto do nº 10 de quem Churchill gostava muito]. Deve haver um abrigo para todos e um lugar para que eu possa assistir aos ataques aéreos do telhado. Isso deverá ser providenciado até segunda-feira. Não deverá haver marteladas durante o horário de trabalho, isto é, entre as 7 horas e as 3 horas da manhã.

W.S.C.
31.10.40.[36]

O fato de Morton, Jacob, Seal e Ismay terem ficado convencidos, de acordo com Colville, de que essa minuta era autêntica nos diz muito sobre o que a equipe de Churchill tinha que tolerar.

No dia 3 de outubro, o primeiro-ministro, o Departamento de Guerra e os chefes de Estado-Maior foram todos passar o dia no NPO para um teste. As salas no anexo do nº 10 não eram de forma alguma à prova de bombas, mas o prédio era muito mais resistentes que o próprio nº 10, e suas janelas possuíam persianas de aço, que podiam ser fechadas durante um ataque aéreo. O primeiro-ministro e sua esposa tinham um flat no andar térreo que consistia em duas salas anteriormente usadas por datilógrafos do governo. A situação, entretanto, permaneceu indefinida, e a opção de Dollis Hill continuou em aberto. Em outubro, Churchill havia decidido que o Departamento de Guerra e a secretaria deveriam

DEFLAGRAÇÃO DA GUERRA

permanecer em Whitehall, ao menos por enquanto. O nº 10 da Downing Street continuou mobiliado, e a Sala do Gabinete Nacional estava disponível para reuniões, mas a condução central da guerra passou a ser exercida do NPO. O pavimento sobre o CWR subterrâneo tornou-se o anexo do nº 10 e seguiu-se uma extensão do "Quartel-General de Batalha" para outras partes do prédio. Uma boa distinção deve ser feita entre essas várias localidades, pois todas faziam parte da rede do Departamento de Guerra, suas secretarias civil e militar e o número em expansão de seções e comitês aos quais elas deram origem. O Centro de Operações subterrâneo continuou sendo, entretanto, o refúgio sagrado e o lugar mais seguro para o Departamento de Guerra e os chefes de Estado-Maior se reunirem quando sob ataque aéreo.

Contudo, o quão seguro era este "Quartel-General de Batalha"? Até fevereiro de 1941, a Luftwaffe empreendeu quarenta ataques a Whitehall, mas somente 146 explosivos pesados haviam caído dentro do perímetro de 900 metros do Cenotáfio em Whitehall. O fracasso da Alemanha em investir em aeronaves de longo alcance capazes de carregar bombas pesadas restringiu consideravelmente os danos causados pela Blitz. Apesar disso, o perigo de um ataque direto ao Centro de Operações era real, e Churchill ficou preocupado ao descobrir que eles não estavam realmente protegidos contra tal possibilidade, tendo dado ordens para que as instalações fossem reforçadas. Isso levou o Departamento de Guerra a decidir formalmente, no dia 22 de outubro de 1940, que uma maior proteção deveria ser providenciada. Tal proteção foi implementada na forma de uma camada de 1-1,2m de concreto, reforçada por duas camadas de grades sobre o Centro de Operações. A partir daí teve início a saga do que Burgis chamou de "a interminável laje", que foi gradualmente expandida para cobrir tanto o Centro de Operações quanto as salas adjacentes que ficavam sob os pátios do NPO. O Ministério da Força Aérea, que ocupava algumas outras partes do prédio, solicitou imediatamente uma cobertura de concreto para cobrir a área frontal da King Charles Street e as salas subterrâneas onde o Quartel-General de Operações Aéreas estava localizado. No final de 1940, a laje cobria a área sob pátios que ficavam fora do perímetro do Centro de Operações. Ela também protegia o porão sob o Pátio Ocidental próximo ao centro do NPO, para onde o quartel-general operacional das Forças Internas havia sido transferido depois de deixar o Centro de Operações original.

Atualmente, o Centro de Operações pode parecer razoavelmente bem protegido, mas à medida que a guerra avançava os alemães produziram bombas cada vez mais poderosas, e sugeriu-se mais uma vez que o CWR era vulnerável. Em 1943, decidiu-se que não era possível providenciar mais proteções, e que se os ataques aéreos continuassem, o primeiro-ministro teria que dormir em outro lugar, enquanto aos moradores menos importantes restaria correr o risco de permanecer sob a proteção existente.

Embora a questão da proteção nunca tenha sido, felizmente, posta à prova, a superpopulação consistia num grande problema prático. Apesar da evacuação de centenas de funcionários públicos de Whitehall, havia uma escassez de espaço nos escritórios do governo. A condução da guerra pode, de fato, ter exigido uma administração complexa, mas a burocracia civil e militar possuía um ímpeto inerente de crescimento. Novas organizações e departamentos proliferavam, adquirindo também subsidiárias. Até mesmo — ou talvez especialmente — em tempos de crise, nossos instintos territoriais ditam que organizações e departamentos devem lutar por espaço, e a promoção e o status estão intimamente associados à sua expansão. Importância e influência pareciam proporcionais à proximidade do centro das coisas — e o centro era o primeiro-ministro, o Departamento de Guerra, e os chefes de Estado-Maior. Nenhum departamento queria ser exilado da Horseferry Road ou da Montagu House. Uma verdadeira batalha por território teve início no NPO. O Departamento de Construção Civil ressentia-se por ter perdido espaço, o Tesouro Nacional e o Ministério da Saúde resistiam à transferência, e o Ministério da Força Aérea lutava com unhas e dentes por acomodações.

Além do perigo que um possível bombardeio oferecia ao Centro de Operações, havia ainda outra preocupação séria. Fora sugerido, em

DEFLAGRAÇÃO DA GUERRA 73

outubro de 1939, que os alemães poderiam atacar Whitehall com tropas aerotransportadas. Churchill parece ter levado essa possibilidade muito a sério, e em maio de 1940 deu ordens para que o C em C das Forças Internas fizesse relatórios sobre as medidas de proteção que estavam sendo adotadas contra a possibilidade, e uma companhia de Voluntários para a Defesa Local — que posteriormente seria denominada Guarda Interna — foi estabelecida em Whitehall. Ficava evidente que existia pouca coordenação entre as forças situadas em Whitehall, visto que cada prédio possuía sua própria guarnição militar. Havia homens das Guardas de Granadeiros no Gabinete de Guerra, fuzileiros navais no Almirantado e homens da Aeronáutica no Ministério da Força Aérea, enquanto outros departamentos possuíam outras Unidades de Defesa Local. As Forças Internas do Quartel-General e o Comando da Guarnição Militar de Westminster estavam propensos a permitir que cada setor preparasse seu próprio plano de defesa sob a frouxa supervisão de um comandante-geral. A Guarda Interna estava insatisfeita com a ausência de um comando unificado e a inconsistente coordenação entre a Guarda Interna e as forças regulares. Ismay tomou providências para que as Forças Internas do QG nomeassem um comandante-geral para a defesa de Whitehall, e sua autoridade foi estabelecida.

Em julho, Churchill passou a achar que um ataque era muito provável, e um novo plano de defesa foi criado. Haveria um destacamento das Guardas de Granadeiros, com seu oficial comandante, dois outros oficiais e 158 homens de outros postos, com um quartel-general em Horse Guards, o qual teria o apoio de fuzileiros navais no Almirantado e da Guarda Interna. Pensava-se que os *Life Guards* poderiam oferecer um reforço adicional de seu quartel de Knightsbridge. Sentinelas e barreiras foram posicionadas, e um obstáculo de arame farpado foi instalado em St. James's Park. As forças do QG organizaram destacamentos móveis, cada um formado por cerca de 250 homens, para dar apoio à guarnição de Whitehall no caso de um ataque surpresa.

O Centro de Operações possuía sua própria estrutura de defesa, com ordenanças do Corpo Real de Fuzileiros Navais e guardas apoiados por

O BUNKER DE CHURCHILL

doze granadeiros, conhecidos como "Guarda de Rance", postados na entrada principal. Dentro do Centro de Operações, o plano de defesa era que o comandante de campo ou o oficial de serviço na Sala de Mapas deveria assumir o comando caso houvesse um ataque, e organizar a Sala de Mapas e a Equipe de Planejamento Conjunto como uma reserva para os fuzileiros navais que guardavam a entrada. Havia também um "Comandante de Fortaleza" para o NPO como um todo. Qualquer ataque alemão teria indubitavelmente de lidar com o próprio Churchill em pessoa, a não ser que seus assistentes usassem da força física para contê-lo. Lawrence Burgis comentou em seu diário que, se a Inglaterra houvesse realmente sido invadida, o primeiro-ministro "teria reunido seu gabinete e morrido com eles na casamata disfarçada de loja de livros da WHSmith da Praça do Parlamento".[37] Na verdade, ele já os havia avisado de que, se acontecesse o pior, todos terminariam "engasgando com o próprio sangue no chão".

Não obstante, as providências para a defesa do NPO ainda eram mal coordenadas e, em janeiro de 1942, parecia que, embora as Forças Internas do QG houvessem nomeado um comandante para a fortaleza, a guarnição militar de Westminster ainda estava propensa a deixar que cada departamento do prédio preparasse seu próprio plano. No fim, a questão foi resolvida com a nomeação do oficial comandante Sir Eric Crankshaw como comandante de Fortaleza do NPO. O historiador Nigel de Lee comenta que:

> O Centro de Operações teve pouca participação ativa nos planos de defesa do NPO. A função principal dos funcionários do Centro de Operações era a defesa da sua própria sede, auxiliados pela Guarda de Rance, que foi destacada de um pelotão de granadeiros posicionado dentro do NPO.[38]

A possibilidade de um ataque a Whitehall algum dia ter sido provável é discutível. O Comitê de Inteligência Conjunta acreditava que um ataque em larga escala por paraquedistas teria sido bastante difícil

DEFLAGRAÇÃO DA GUERRA 75

considerando as defesas aéreas da área, mas achava que um ataque poderia ser empreendido por um pequeno número de homens com o objetivo de paralisar o centro do governo, ainda que tivesse sido um ataque suicida. Provavelmente, o lugar mais perigoso para o primeiro--ministro e seu séquito era Chequers. Churchill fez amplo uso da mansão próxima a Aylesbury, Chilterns, a residência de campo oficial do primeiro-ministro desde 1921. Isso lhe deu a oportunidade de passar o fim de semana longe da atmosfera de estufa de Whitehall. Se havia oportunidade de relaxar, havia também fins de semana de trabalho com oficiais superiores, assessores e ministros. Uma casa de campo isolada era, em muitos aspectos, um alvo mais fácil para a Luftwaffe do que qualquer prédio de Whitehall, e a inteligência alemã provavelmente sabia que Chequers era onde Churchill e grande parte de sua equipe podiam ser encontrados nos fins de semana. Consciente disso, o primeiro-ministro algumas vezes ficava em Ditchley Park, a casa de Ronald Tree, membro do parlamento do Partido Conservador — que não ficava longe do local de nascimento de Churchill, Blenheim Palace —, principalmente em noites de lua cheia, que tornavam Chequers, com seu passeio facilmente visível, especialmente vulnerável. Havia também a possibilidade de que os alemães usassem paraquedistas ou forças especiais a fim de sequestrar ou matar Churchill, de forma que Chequers recebeu uma guarda militar para a sua proteção.

No final de 1940, não parecia possível que houvesse uma invasão, e a Inglaterra sobrevivera até então. Na época, a maioria dos principais elementos do quartel-general que o NPO havia se tornado já estava em ação, bem como muitos dos elementos individuais que ajudariam Churchill a conduzir a guerra da Inglaterra. O Centro de Operações subterrâneo fazia parte do complexo dentro do NPO de onde a guerra era conduzida. Conhecido pelos especialistas como "o Bunker" ou "o Buraco", ele era a parte mais segura, embora também mais desconfortável, do quartel--general. Churchill, sua equipe pessoal, seus assessores, o Departamento de Guerra, a secretaria e os chefes de Estado-Maior preferiam reunir-se

76   O BUNKER DE CHURCHILL

na superfície, mas realizavam as reuniões nas acomodações subterrâneas quando ataques aéreos eram esperados, geralmente à noite.

Em decorrência da Blitz, de setembro de 1940 a maio de 1941, e novamente em 1944, com a "pequena Blitz" no início do ano, e mais tarde quando as V1 e as V2 passaram a representar um risco, o bunker foi amplamente usado por altos escalões, mas em 1942 e 1943 a frequência de utilização sofreu uma grande queda.[39] Os moradores permanentes do Centro de Operações eram aqueles que trabalhavam na Sala de Mapas, os Planejadores Conjuntos, a Equipe de Inteligência Conjunta e sua equipe auxiliar, os telefonistas, datilógrafos e estenógrafos, bem como os ordenanças e os guardas dos Fuzileiros Navais.

A equipe principal do âmbito militar da secretaria do Departamento de Guerra permaneceria em seus postos ao longo da guerra. Em tese, as secretarias militares auxiliares seriam criadas e dissolvidas, e muitos estavam, na realidade, ávidos por voltar às unidades nas quais estavam lutando na guerra; porém, trabalhar no CWR era considerado uma ocupação de especialista, e parecia um desperdício transferir homens que haviam adquirido experiência no Centro de Operações para navios, regimentos ou esquadrões, de forma que havia, na prática, uma continuidade considerável. Sir Edward Bridges permaneceu no controle da secretaria como um todo ao longo da guerra. O trabalho mais prático era realizado por seu diretor suplente (civil) Sir Rupert Howarth, que se aposentou em 1942 e foi substituído primeiramente por Norman Brook, e, depois de Brook ter sido promovido a secretário permanente do Ministério da Reconstrução em dezembro de 1943, por dois secretários auxiliares: Sir Gilbert Laithwaite e W.S. Murrie.

Tal como o Departamento de Guerra de Lloyd George, o de Churchill havia se expandido consideravelmente a partir dos cinco membros originais e, no final de 1940, era formado por oito pessoas. Beaverbrook chegou em agosto, e Ernest Bevin, ministro do Trabalho e do Serviço Nacional, em outubro. Como a nomeação de Bevin quebrou o equilíbrio partidário, o chanceler do Partido Conservador, Sir Kingsley Wood,

DEFLAGRAÇÃO DA GUERRA 77

tornou-se membro. Chamberlain, que passou por uma operação de câncer no estômago em julho, deixou efetivamente de ser um membro depois disso, embora não tenha se aposentado até 30 de setembro — apenas um mês antes de sua morte —, tendo sido substituído pelo lorde presidente do Conselho, Sir John Anderson. Anthony Eden, secretário de guerra do Estado, substituiu lorde Halifax como ministro do Exterior e membro do Departamento de Guerra quando Halifax, muito a contragosto, foi persuadido a tornar-se embaixador de Washington em dezembro.

Entre os chefes de Estado-Maior, Sir John Dill permaneceu no cargo de CIGS (mesmo apesar de ter divergências cada vez maiores com Churchill), Sir Dudley Pound ainda era primeiro lorde do mar e Sir Charles Portal havia substituído Sir Cyril Newall como chefe do Estado-Maior da Marinha. O general Alan Brooke estava demonstrando ser um C em C dinâmico nas Forças Internas e, quando o primeiro-ministro perdeu as esperanças em relação a Dill, "Brookie" era a substituição óbvia, embora relutante, para um homem que ele admirava profundamente.

A posição de Churchill tornara-se mais forte. Ainda havia, entretanto, alguma resistência em relação a ele no Parlamento, mas Churchill tornou-se líder do Partido Conservador em outubro, o que consolidou sua posição; além disso, gozava de grande popularidade com o público. Uma das contribuições positivas de Churchill era sua determinação de contornar a burocracia e os procedimentos-padrão. Entre os elementos negativos da Inglaterra — mesmo da Inglaterra em guerra — encontravam-se o crescimento do gerencialismo, a inviolabilidade da hierarquia e a mão morta da cartilha. Durante a Primeira Guerra Mundial, Lloyd George achara necessário fazer modificações e empregar "homens de iniciativa e eficiência". Uma geração mais tarde, as urgências dos tempos de guerra mais uma vez tornaram necessário o recrutamento das habilidades dos heterodoxos e aventureiros. Churchill era, ao mesmo tempo, extremamente conservador, nutrindo um amor pela tradição e por antigas instituições, e extraordinariamente impaciente em relação a convenções e regras quando elas se tornavam obstáculos para a ação.

78 O BUNKER DE CHURCHILL

A condução da guerra agora tinha um dinamismo que era fruto de uma síntese bem-sucedida entre essas qualidades arrebatadas e o profissionalismo e planejamento cuidadoso da secretaria e dos chefes de Estado-Maior. Tratava-se de uma combinação inebriante e, algumas vezes, instável, mas que serviu muito bem à Inglaterra.

Embora a Inglaterra houvesse permanecido preparada para o combate até 1940, a questão que surgiu no final do ano referia-se à real probabilidade de o país, com seus recursos limitados, conseguir ir além da mera sobrevivência. Em guerras anteriores, quando sob grande pressão, a Inglaterra pudera contar com aliados europeus, ou ao menos com a perspectiva de encontrar um, além de confiar no seu controle sobre o mar e nos recursos de seu império. No inverno de 1940, o continente foi isolado e, embora as colônias houvessem aderido a sua causa, somente o Canadá teria condições de empregar sua crescente força em apoio à Europa Ocidental, e mesmo isso levaria algum tempo. Churchill, filho de mãe americana e possuidor de uma estima pelos Estados Unidos que não era, como ele colocava, "sufocada por antigas amizades", acreditava genuinamente que havia algo de especial nos povos de língua inglesa, e convencera Roosevelt a levá-lo a sério. Em março de 1941, o Ato de Empréstimo e Arrendamento permitiria que os EUA fornecessem equipamento militar para a Inglaterra, mas, antes disso, tudo o que Churchill podia esperar era um apoio tácito. Churchill concordou com bombardeio estratégico como única forma de atacar a Alemanha, e a campanha no norte da África ofereceu, no final do ano, a perspectiva de causar um sério dano aos italianos. Contudo, nada disso era nem de longe um elemento capaz de levar à vitória na guerra. No inverno de 1940-41, os habitantes do CWR — sua atmosfera impregnada pela densa fumaça de cigarro e pelo odor dos lavatórios químicos do galpão — estavam cientes de que aquela era uma guerra na qual a sobrevivência parecia mais provável que uma vitória. Não à toa o lema de Churchill era "KBO" — "*keep buggering on*" [continue aporrinhando]. Parecia haver pouco mais a fazer do que isso.

3

Hora do show

De um ponto de vista puramente inglês, 1940, ano em que a própria sobrevivência da nação encontrava-se em risco, foi o ano mais crucial da guerra. Apesar de nossa tendência ao exagero, a Inglaterra na verdade não estava sozinha, pois tinha o apoio do império e das colônias. Não obstante, depois de junho, faltava-lhe um aliado continental, e as rotas marítimas que a ligavam ao restante do mundo estavam sob a ameaça dos submarinos alemães: sua situação era realmente precária.

Uma perspectiva mais ampla sugere que 1941 seria um ano mais apropriado como "divisor de águas do século XXI". No final do verão, não havia mais ataques aéreos constantes a Londres. Isso decorria, em parte, de a Luftwaffe ter reconhecido que os danos infligidos não compensavam a perda de aeronaves que vinha sofrendo, mas também é uma indicação de que Hitler voltava agora sua atenção para o leste. A invasão da União Soviética pela Alemanha naquele ano ampliara a guerra na Europa, dando à Inglaterra uma improvável — embora não completamente palatável — espada continental. No final do ano, o ataque do Japão a Pearl Harbor — bem como ao império francês no Extremo Oriente, às descentralizadas colônias da França e da Holanda — levou, por causa de quase incompreensível decisão de Hitler de declarar guerra ao país, os Estados Unidos a entrarem em guerra não somente com o Japão, mas também com a Alemanha. O conflito havia se tornado realmente uma "guerra mundial" ou, mais precisamente — visto que havia pouca coordenação efetiva entre o Japão e a Alemanha e que até 1945 não haveria conflitos militares entre a Rússia e o Japão —, duas guerras ligadas pela participação em ambas da Inglaterra e dos EUA.

No início de 1941, esses desenvolvimentos dificilmente poderiam ser previstos. A Alemanha e a União Soviética pareciam manter a mesma relação amigável que tinham desde o Pacto Ribbentrop-Molotov, de 1939; o presidente Roosevelt acabara de ser reeleito com uma plataforma política que tinha por intenção manter os Estados Unidos fora de uma guerra; e o Japão parecia preocupado com sua própria luta na China, embora estivesse, na verdade, preparando-se para invadir a Indochina francesa, a Indonésia holandesa, e para uma subsequente guerra com a Inglaterra e os EUA. Churchill, entretanto, continuava otimista em relação à perspectiva de que os EUA acabariam sendo persuadidos a entrar no conflito, e, apesar de seu desprezo genuíno pelo comunismo, esperava que aqueles dois gigantes totalitários — a Alemanha e a União Soviética — afinal de contas entrassem em divergência. Enquanto isso, todavia, a única possibilidade real que a Inglaterra tinha de fazer guerra no continente era opor-se à Itália e defender a posição inglesa no Mediterrâneo e no norte da África. Ali, os primeiros êxitos das tropas inglesas sob o comando do general Sir Archibald Wavell foram seguidos de uma derrota quando, por ordens de Churchill, a Inglaterra enviou tropas que não podiam ser afastadas no norte da África em auxílio à Grécia, que fora invadida pela Alemanha em abril. A Grécia foi invadida e, em maio, depois de um violento combate, a ilha de Creta — onde muitos dos sobreviventes da expedição à Grécia tinham ido parar — foi tomada pelos alemães em um custoso ataque aéreo. Em uma repetição em Dunquerque em escala menor, as forças da Inglaterra e da Comunidade Britânica tiveram que ser evacuadas, o que custou caro para a Marinha Real, confirmando algumas das suas

HORA DO SHOW

tradições mais ilustres sob um contínuo ataque aéreo. As tropas alemãs haviam chegado ao norte da África sob o comando de um tenente-general desconhecido chamado Erwin Rommel, e provaram-se muito mais ameaçadoras que suas aliadas italianas. Enquanto o pêndulo da guerra oscilava através dos desertos do Egito e da Líbia, a paciência de Churchill com seus generais seria duramente testada, e o CWR ecoaria suas críticas a comandantes fracos e ineficientes.

Um quartel-general central de comando

A grande laje de concreto estendeu-se sobre mais e mais porões do NPO no exato período em que os ataque aéreos dos quais ela deveria servir como proteção diminuíam em intensidade. Janeiro e fevereiro de 1941 presenciaram ataques cada vez menos frequentes a Londres e, embora a Luftwaffe tenha retornado com força total nos meses de março e abril, o ataque de 10 de maio — o pior de toda a guerra — marcou o fim da Blitz. Quaisquer dúvidas relativas ao aumento da proteção do CWR teriam sido eliminadas por esse ataque "de despedida", que matou 1,4 mil pessoas e causou danos ao Palácio de Westminster e à Câmara dos Comuns. A laje, como já vimos, não oferecia defesa total contra uma bomba antiblindagem, e Ian Jacob admitiu que sempre soube que o Centro de Operações não era à prova de bombas. Contudo, debaixo de vários pavimentos de um prédio com estrutura de aço, a laje proporcionava um nível razoável de proteção física e de conforto psicológico. Esse tipo de coisa nunca teve muita importância para Churchill, mas tanto a proteção quanto a tranquilização se tornariam mais uma vez importantes em 1944.

A maioria dos elementos centrais do NPO já havia sido posta em prática na primavera de 1941. A laje permitira uma expansão considerável nos compartimentos subterrâneos, cujo tamanho havia sido ampliado em três vezes. O novo espaço sob o Pátio Central foi ocupado pela sala de jantar de Churchill, um quarto para a sra. Churchill, uma cozinha,

82 O BUNKER DE CHURCHILL

uma sala de jantar e uma sala reserva de reuniões para os chefes de Estado-Maior. Havia escritórios/quartos para assessores e secretários particulares de Churchill e para os ministros do Departamento de Guerra abaixo do 12º Pátio; o grupo de compartimentos do extremo sul abrigava a central telefônica, uma sala de primeiros socorros e uma cantina; e um vasto complexo de cômodos — onde atualmente se encontra o Museu Churchill — passou a ser usado pela Equipe de Inteligência Conjunta e a Equipe de Planejamento Conjunto depois que as Forças Internas foram transferidas em 1942.

Muitos dos cômodos subterrâneos eram duplicatas daqueles reservados para Churchill, sua equipe, seus companheiros, sua família e os principais membros da secretaria na superfície e nos andares superiores do NPO, e em geral eram utilizados ocasionalmente por estes. O Gabinete Nacional possuía salas tanto no Centro de Operações subterrâneo quanto no segundo andar, e era ali que ficavam os principais membros da secretaria: Ismay, Hollis e Jacob. A afirmação de James Leasor de que "tendo como som de fundo o zumbido dos ventiladores, que bombeavam ar filtrado a milhas de distância, Hollis, Ismay e outros trabalhavam dezoito horas por dia, semana após semana, mês após mês, ano após ano"[1] é um exagero no que diz respeito aos membros da secretaria. É verdade que eles tinham uma enorme carga de trabalho, mas geralmente a cumpriam na superfície acima. O general Jacob se relembraria de que ocasionalmente comparecia a reuniões no Centro de Operações, mas que, na realidade, trabalhava no segundo andar do NPO — ainda que nunca o tenha chamado assim, referindo-se ao pavimento, em vez disso, como Great George Street. Ele descia até a Sala de Mapas quase todas as noites e jantava no Refeitório, onde havia companhias interessantes, às vezes dormindo lá embaixo. Churchill, de acordo com ele, podia às vezes ser encontrado no Centro de Operações após o começo da Blitz, mas, depois disso, quase não usou seu quarto, embora descesse até o porão a fim de repetir em murmúrios as palavras das tantas transmissões que ajudavam a manter vivas as esperanças da

Inglaterra, e, a partir do final de 1941, para dar seus cruciais telefonemas transatlânticos.[2] Churchill não morava de fato no CWR, mas dificilmente poderia ter vivido sem ele.

A partir de dezembro de 1940, o anexo do nº 10 tornou-se a base principal de Churchill. Em fevereiro de 1941, o primeiro-ministro convidou o general Brooke para ver seu novo flat: "[...] nós visitamos seu escritório, sua sala de estar, sua sala de jantar, o quarto da sra. Churchill, a sala, a cozinha, a copa etc." Depois da guerra, Brooke comentou que: "Ele parecia um garotinho mostrando seu brinquedo novo e tudo que este era capaz de fazer! Churchill certamente estava bem acomodado e equipado ali, e o flat ficava logo acima do Centro de Operações do Gabinete Nacional, da Sala de Mapas, da Equipe do Gabinete Nacional etc."[3]

Apesar do evidente prazer que suas novas acomodações lhe proporcionavam, Churchill ainda preferia o nº 10, passando durante o dia a maior parte possível do seu tempo ali — onde quase sempre eram realizadas as reuniões diurnas do Gabinete Nacional e, depois que os bombardeios se tornaram menos violentos, também as noturnas. A maior parte do nº 10 permaneceu mobiliada e, na primavera de 1941, John Colville e o irmão de Churchill, Jack, costumavam dormir no andar superior, nos aposentos anteriormente usados pelo primeiro-ministro e sua esposa.[4] Churchill, sua equipe e a secretaria viviam uma existência de certa forma peripatética, com as equipes secretariais e da cozinha nunca sabendo exatamente se as refeições e os compromissos do dia seriam realizados no nº 10 ou no anexo do nº 10 do NPO.

Elizabeth Nel, que se tornou secretária de Churchill em maio de 1941, escreveu que, embora presidisse reuniões vespertinas do Gabinete Nacional no Centro de Operações, Churchill depois retornava para o flat na superfície a fim de acabar a tarde em seu escritório. Ela mesma, depois de passar horas tarde da noite tomando ditados do primeiro-ministro, descia para os dormitórios abaixo do Centro de Operações a fim de tentar dormir um pouco. Elizabeth escreveu sobre o Centro de Operações: "Aqui, alguns dos mais brilhantes servidores públicos

84   O BUNKER DE CHURCHILL

britânicos passam seus dias respirando ar condicionado e trabalhando à luz de *daylight lamps*,* para subirem à noite com os rostos pálidos e passarem algumas horas piscando."[5]

Gladys Hymer, uma secretária que foi transferida para o Escritório do Gabinete Nacional em maio de 1941, descreveu sua primeira visita ao Centro de Operações. Ela passou por um "fuzileiro na entrada principal com uma baioneta calada" e dois pavimentos abaixo encontrou, sob vigas enormes, "uma pequena sala completamente apinhada de papéis — cinco ou seis mesas com máquinas de escrever, mimeógrafos, poltronas e rádios". A princípio, ela teve que trabalhar em um corredor estreito com comportas anti-inundação por cima das quais tinha que pular. Gladys tinha a sensação de uma grande atividade, e "via pessoas como Smuts, Churchill, Mountbatten, Attlee e outros membros do Gabinete Nacional entrarem e saírem". Uma das atribuições das datilógrafas era ir à Sala de Mapas todas as manhãs às 8 horas a fim de apanhar o resumo de tudo o que havia acontecido durante as 24 horas anteriores. O resumo era datilografado e faziam-se cópias na máquina de reprografia o mais rapidamente possível para que estivessem nas mesas dos oficiais de alto escalão até as 9 horas da manhã. Ela descreve a Sala de Mapas, que era usada 24 horas por dia por oficiais, o pequeno Refeitório, onde eram preparadas refeições para os funcionários de cargo mais alto a qualquer hora do dia ou da noite, o quarto de Churchill, o quarto da sra. Churchill, "onde Mary [Churchill] dormia com frequência", a "pequena sala de telefonia com trincos que diziam 'livre' ou 'ocupado', como num banheiro", os quartos para outros indivíduos de altos cargos e três quartos para a JPS — "as únicas pessoas que realmente trabalhavam lá o tempo todo".[6]

A Sala de Mapas era o coração do CWR e exibia o "placar" da guerra. Não é de surpreender que oficiais superiores e funcionários públicos na lista dos que tinham acesso a ela frequentemente costumassem procurar desculpas para entrar, visto que era nessa sala que

---

* Numa tradução livre, *lâmpadas diurnas*, que possuem uma faixa de comprimentos de onda similar à da luz natural. [*N. da T.*]

HORA DO SHOW 85

eram exibidas as últimas informações sobre o estado do conflito no mundo inteiro. Grande parte dessas informações era transmitida para a Sala de Mapas pelo "coral belo" — as linhas dos telefones coloridos conectadas ao Almirantado, ao Gabinete de Guerra, ao Ministério da Força Aérea e a outras organizações cruciais; os telefones tinham luzes que piscavam no lugar de campainhas, e três eram equipados com misturadores de frequência, de forma que, caso fossem grampeados, as conversas não pudessem ser compreendidas. Ali, de fato, o mundo estava em guerra, graficamente delineado nos mapas que ocupavam as paredes: um grande planisfério fixado a uma parede era pontuado por símbolos espetados representando as posições de navios de guerra e comboios. Em junho de 1941, outro mapa passou a permitir que o observador visualizasse as posições dos Exércitos alemães e russos na Europa Oriental e, a partir de dezembro de 1941, ainda outro passou a exibir a extensão do avanço japonês e, posteriormente, sua retirada através do Pacífico. O general Ismay escreveu que:

> Sempre que uma grande batalha ou movimento crucial estava em andamento, era uma tentação encontrar pretextos para ir à Sala de Mapas a qualquer hora do dia ou da noite a fim de obter as últimas informações. A sensação não era diferente da de quando visitamos um amigo no hospital. Nós entrávamos na sala esperando o melhor, mas temendo o pior. "Como o comboio de Malta está se saindo?", perguntava alguém, tentando não parecer ansioso demais. A natureza da resposta geralmente podia ser adivinhada pela expressão do oficial de serviço.[7]

Churchill tinha sua própria sala de mapas no anexo do nº 10, a qual era mantida pelo capitão Richard Pim, um RNVR [*Royal Naval Volunteer Reserve* — Reserva de Voluntários da Marinha Real]. Pim era um ex-funcionário público da Irlanda do Norte, e o primeiro-ministro

86   O BUNKER DE CHURCHILL

trouxera-o para o nº 10 do Almirantado. O conteúdo dessa sala de mapas era portátil, visto que, quando Churchill viajava a fim de reunir-se com os aliados, Pim o acompanhava com seus mapas e os fixava em salas apropriadas ou nas cabines dos navios.

Com tantos oficiais visitando a Sala de Mapas, o Refeitório vizinho na Sala 68 tornou-se muito popular. Aparentemente, o Refeitório sempre foi farto em bebidas, apesar de ter sido somente quando o fim da guerra já estava bastante próximo que uma ração diária de duas garrafas grandes de uísque e duas garrafas grandes de gim foi introduzida. As ordenanças dos Fuzileiros Navais preparavam as refeições no Refeitório. O cardápio era muito simples: frios, sopa, bacon, ovos, queijo, biscoitos e outros gêneros comuns. Jacob achava que "havia uma comida decente lá", mas Jock Colville, que ocasionalmente jantava no Refeitório e estava mais acostumado com a comida de seu clube, o Travellers and Whites, ou restaurantes como o Mirabelle, era um pouco mais crítico, tendo logo "se cansado de enlatados e linguiças".[8]

A gestão, não apenas da Sala de Mapas, mas do trabalho do alto-comando, estava em sua maior parte nas hábeis mãos da secretaria. O fato de o trabalho correr tranquilamente devia-se em grande parte às boas relações entre Sir Edward Bridges e o general Ismay. Bridges, presidente da secretaria, foi bem descrito por Joan Bright, do Escritório do Gabinete Nacional:

> Sir Edward Bridges, filho de um poeta [seu pai era o poeta laureado, Robert Bridges], com o cabelo indisciplinado de um poeta, um homem de charme tímido, ocupava seu alto cargo com tamanha modéstia que conseguia combinar seu intelecto considerável com um todo formado pela liderança discreta e por uma cooperação cautelosa com os colegas, apropriada para a guerra. Seu relacionamento com o general Ismay era caracterizado pelo respeito mútuo e pela tolerância que se faz necessária entre dois temperamentos

HORA DO SHOW

essencialmente diferentes, e não havia sequer sombra de deslealdade ou intriga entre eles. Eles eram imunes à epidemia do costume de empregar mais funcionários que o necessário, e mantinham os Escritórios do Departamento de Guerra compactos e flexíveis, tão eficientes quanto uma máquina bem lubrificada.[9]

Colville dá uma descrição um tanto diferente de Bridges: "Amigável, com o costume de dar socos de brincadeira no estômago [o que não é exatamente um charme 'tímido'!], ele era um homem rigoroso e franco, que possuía um elevado senso do serviço e da propriedade pública." Ele concorda, entretanto, que Bridges e Ismay eram os "pilares sobre os quais o primeiro-ministro se apoiava".[10]

Bridges era o principal vínculo entre Churchill e os principais departamentos civis e militares do Estado, assim como Ismay era o vínculo entre os chefes de Estado-Maior e seus vários comitês. Martin Gilbert descreve como, sob a liderança de Bridges, o Escritório do Departamento de Guerra tornou-se "algo como um departamento do primeiro--ministro, onde o secretário controlava ao mesmo tempo os ramos civis e militares" — um processo auxiliado pela prática de colocar equipes militares e civis importantes no mesmo escritório. O Tesouro, que havia tradicionalmente exercido algumas das funções assumidas por Bridges, era acompanhado de perto devido, principalmente, ao relacionamento precário existente entre seu líder especialista, Sir Horace Wilson e Churchill.[11] Embora Churchill tivesse Bridges em alta conta e confiasse em seus conselhos, não o considerava uma companhia tão agradável quanto Ismay. Norman Brook, que se tornou vice-secretário do Departamento de Guerra em 1942, também estava mais a seu gosto no que diz respeito a esse aspecto.[12] Para Churchill, nunca era o bastante um homem fazer seu trabalho de forma eficiente e consciienciosa: sua afeição e consideração por alguém eram conquistadas pelo desenvolvimento de uma empatia entre os dois — algo que não se criava facilmente.

O tenente-general Jacob descreveu a seção militar da secretaria como: "Um departamento muito unido e informal, sem protocolo nem nenhuma daquelas bobagens, e, do meu ponto de vista, extremamente eficiente." O trio que o conduzia realizava seu trabalho conjunta e harmoniosamente. Pug Ismay já foi descrito, e era ele, acima de tudo, que, com seu charme pessoal, inteligência e habilidade administrativa, dava à secretaria e ao Centro de Operações o espírito que os caracterizava. Leslie Hollis era também um homem de trato social notável. Colville afirma que "todos gostavam dele", e Ian Jacob, no verbete do *Dicionário da Biografia Nacional* sobre seu velho amigo, descreveu-o como "dotado de grande bom senso, completamente leal e reto como um cunho". Ele era informal, mesmo se encontrando numa idade que costuma tornar as pessoas austeras, e sua secretária, Olive Margerison, chamava-o de "Jo" em particular. Tanto Ismay quanto Hollis possuíam um senso do ridículo. Olive Margerison narra um episódio em que ao passar pela porta de Hollis durante um ataque aéreo viu:

> [...] os três chefes de Estado-Maior no chão, suas expressões tensas, com o brigadeiro Hollis embaixo de uma mesa.
>
> Olive surpreendeu-se ao ouvi-lo dizer, olhando para ela: "Por que você não está com medo? Você é a pessoa mais corajosa que eu já conheci!" Sua resposta foi: "Eu não estou assustada, sou apenas impetuosa!", então Hollis e os chefes saíram de seus abrigos. Ele riu e disse: "Vamos tomar um drinque", e abriu a garrafa de gim que mantinha escondida no escritório para emergências.[13]

Jacob era um tanto diferente e, embora fosse um soldado bastante profissional, era frequentemente chamado de "*donnish*",* em parte devido ao seu grande intelecto, mas também por causa de seus modos e sua

---

* Que lembra um acadêmico inglês (*don*); sério, meticuloso. [*N. da T.*]

HORA DO SHOW 89

aparência um tanto austera. Ele foi apelidado de "Calças de Ferro" pelo brigadeiro Anthony Head,[14] que trabalhava com os membros do Comitê de Planejamento Conjunto e, talvez por se concentrar completamente no trabalho que devia exercer, "seu cérebro claro não sentia necessidade de se incomodar muito com suas relações pessoais no departamento".[15] Por outro lado, ele certamente não era desprovido de emoções. Quando, em agosto de 1942, Churchill despediu Sir Claude Auchinleck, C em C no Oriente Médio, Jacob entregou-lhe a carta fatal. Foi como, relembraria, assassinar um amigo inocente.

O mecanismo para a condução da guerra, que Churchill presidia, tem sido visto como exemplo para uma organização de guerra, sendo comparado positivamente àqueles de outros combatentes e constituindo um modelo para o estabelecimento da União dos Chefes de Estado-Maior da América [*Combined Chiefs of Staff* — CCS] em 1942.[16] Há, entretanto, grandes dúvidas de que qualquer organização liderada por Churchill pudesse ser vista puramente nos termos de um sistema de administração. O mecanismo era real, mas o caráter de Churchill tornava sua operação idiossincrática e consideravelmente dependente do estilo de vida, das amizades, das animosidades e do entusiasmo do homem no comando.

Como vimos, Churchill herdou grande parte desse mecanismo do planejamento meticuloso do CID: um Departamento de Guerra, seu secretariado e o Comitê de Chefes de Estado-Maior. Ele acrescentou o Comitê de Defesa (Operações), que canalizou as recomendações dos chefes de Estado-Maior para o Departamento de Guerra. Mesmo o Comitê de Defesa tornou-se menos importante com o passar do tempo, e a condução da guerra foi deixada essencialmente nas mãos de Churchill e dos chefes de Estado-Maior, com reuniões ocasionais da equipe — o que uniu ministros com interesses particulares a Churchill e os chefes. O elemento mais importante dessa sólida e eficiente organização para a guerra era a combinação da autoridade civil com o conselho militar, e grande parte da sua eficiência provinha da centralização do controle supremo em Whitehall, especialmente no NPO.

Os chefes de Estado-Maior

É difícil exagerar a importância do que acontecia no NPO e no seu porão fortificado, o Centro de Operações. Se, por um lado, não houve uma reprise da guerrilha entre os "*frocks*" e os "*brass hats*" — os políticos e os generais —, que havia corrompido a estratégia inglesa durante a Primeira Guerra Mundial, por outro o clima de amizade também não era uma constante. A autoridade e a liderança do primeiro-ministro eram reconhecidas, mas sua interferência, seu entusiasmo e suas iniciativas frequentemente geravam ressentimento. De forma geral, o resultado era um compromisso fértil, uma síntese entre a ousadia e a cautela, o amadorismo total e o profissionalismo endurecido, o otimismo e o pessimismo. Todavia, as diferenças entre Churchill e os chefes de Estado-Maior eram mais sérias do que é frequentemente reconhecido. O fato de eles geralmente entrarem num acordo — embora às vezes com violentas explosões de um lado e aflição do outro — tinha grande relação com o fato de os chefes e o primeiro-ministro habitarem o mesmo quartel-general e se encontrarem quase diariamente, quer no andar de cima, no NPO, quer debruçados sobre os mapas lá embaixo, na Sala de Mapas. O processo também devia muito ao eficiente aparato da secretaria do Departamento de Guerra e da influência conciliadora de Pug Ismay e Edward Bridges.

Apesar da considerável autoridade de Churchill, havia freios e contrapesos implícitos ao poder que ele exercia sobre os chefes de Estado-Maior. A rejeição ao aconselhamento conjunto dos chefes das três forças armadas teria exposto o primeiro-ministro ao risco de perder o apoio do Parlamento, aquele do qual sua posição mais dependia, e um chefe de Estado-Maior que se opusesse terminantemente a uma decisão tinha o direito de apresentar sua discordância por escrito. Talvez as coisas tivessem sido diferentes caso o primeiro-ministro fosse outra pessoa, mas Churchill, quando vencido em seus argumentos ou confrontado

HORA DO SHOW 91

por uma resistência resoluta, geralmente estava preparado para ceder ao conselho profissional em questões estritamente militares. O fato de que, afinal de contas, o consenso ou compromisso prevalecia — ainda que frequentemente não sem os elementos essenciais: sangue, empenho árduo, suor e lágrimas — era um triunfo sobre as verdadeiras diferenças que estavam constantemente presentes.

A fé inabalável de Churchill em seu próprio destino e no de sua nação — os dois nem sempre facilmente distinguíveis — dava-lhe uma confiança exagerada na força da Inglaterra e apresentava um grande contraste com o reconhecimento racional dos seus principais assessores militares da fragilidade da nação. Eles viam que o Exército inglês sofrera um enfraquecimento decorrente de décadas de negligência, e tinham um considerável respeito pelo Exército alemão. Alan Brooke, por exemplo, esteve sempre consciente de que a Primeira Guerra Mundial havia causado um desgaste aos seus contemporâneos aptos à convocação, e que a combinação entre anos de investimentos reduzidos nas forças militares e uma mentalidade nacional que depreciara as virtudes militares implicava o fato de que o Exército inglês estava longe de ser a notável força de combate que fora no verão de 1918.

Churchill queria generais confiantes, agressivos e carismáticos, que perseverassem e produzissem resultados. Os comandantes superiores estavam menos convencidos de que estas eram necessariamente as qualidades capazes de garantir o sucesso, e preferiam uma preparação cuidadosa, a economia de homens e suprimentos, e o profissionalismo tenaz. Acima de tudo, eles se sentiam abalados diante da vontade de ação a qualquer custo exibida por Churchill, sua exigência de ataques à costa francesa, sua obsessão periódica por aterrissagens na Noruega e seu eterno entusiasmo — espelhando sua atitude na Primeira Guerra Mundial — por novos fronts. No dia 11 de novembro de 1940, o general Brooke escreveu em seu diário:

92 O BUNKER DE CHURCHILL

O PM fez uma reunião com os chefes de Estado-Maior para discutir a situação da Grécia. Iremos nós mais uma vez ter "apoio de Salonica", como na última guerra? Por que os políticos nunca aprendem o simples princípio da concentração de forças no ponto vital, e a evitar o desperdício de esforço?[17]

Tendo substituído o general Sir Edmund Ironside pelo general Sir John Dill como CIGS, Churchill voltara-se, no verão de 1941, contra Dill. Ele estava insatisfeito com Wavell, culpando-o por derrotas no norte da África ("Wavell etc. foi muito tolo na América do Norte [ele resmungava] e devia estar preparado para confrontar um ataque lá") e por não conseguir construir defesas adequadas em Creta. Na verdade, o que ele pedia a Wavell era demais para quem tinha recursos limitados, e quando ele o substituiu pelo general Sir Claude Auchinleck, o mesmo padrão repetiu-se. Agora ele rondava Dill, que apoiava Auchinleck. Dill havia sido descrito como alguém que possuía uma "mente rápida" aliada a "modos discretos que ocultavam uma forte determinação".[18] Contudo, Churchill, que tinha o costume de fazer julgamentos baseados em primeiras impressões, não ficou nem um pouco impressionado com seus modos discretos e o substituiu pelo general Sir Alan Brooke — um atirador que era, como tantos outros bons soldados, da linhagem dos Ulster, e cuja aparência quase hirsuta ocultava uma indomável coragem moral.

Brooke e Churchill tinham um relacionamento tempestuoso mas, sobretudo, profícuo. O CIGS — "Brookie", para seu chefe — raramente hesitava em confrontar o primeiro-ministro, e conseguia dissuadi-lo de alguns de seus planos mais insanos. É de duvidar que os dois realmente amassem um ao outro, como sugerem os melhores biógrafos de Alan Brooke,[19] visto que o agastamento que Churchill causava a Brooke ia além dos rompantes de raiva registrados em seu diário. Ademais, Churchill não tratava Brooke muito bem, deixando de apoiá-lo para o comando da Operação Overlord — ainda que, para sermos justos, e levando em conta

HORA DO SHOW

que a Overlord deu certo o bastante sem Brooke, sua atenção realmente não pudesse ser desviada da condução central da guerra — e é pouco eloquente em relação à sua contribuição para a vitória no seu livro *Memórias da Segunda Guerra Mundial*. Todavia, é evidente que existia um respeito mútuo, e a combinação entre a imaginação sem limites e a mente sistemática provou-se excepcionalmente produtiva. Não por acaso que o historiador Andrew Roberts salienta a importância do relacionamento entre Churchill e Brooke em sua obra *Mestres e comandantes* (2012).

O relacionamento entre Churchill e os almirantes foi corretamente descrito como "sempre delicado".[20] Bastante cientes do seu histórico como alguém que tinha o hábito de intervir nas operações navais, eles achavam sua interferência difícil de suportar. Churchill achava o comportamento de Sir Andrew Cunningham, C em C da Base Mediterrânea durante grande parte da guerra, exageradamente defensivo e o submetia ao que o almirante denominava "alfinetadas constantes". Havia aspectos importantes das operações navais modernas que ele nunca compreendeu completamente. Ele não apreciava os métodos da proteção do comboio, pois nunca se sentia satisfeito com a defensiva e achava que vasos de guerra de apoio deveriam ser empregados como combatentes de cavalaria. Não menos importante era a sua incapacidade — que era compartilhada, não podemos deixar de dizer, por muitos oficiais da Marinha — de compreender que navios de primeira importância precisam de cobertura aérea. Esta última deficiência — sobre a qual os acontecimentos de 1940 na Noruega devem seguramente ter lançado alguma luz — levou à perda do HMS *Prince of Wales* e do HMS *Repulse* no dia 10 de dezembro de 1941. O almirante da frota, Sir Dudley Pound, conseguiu conservar sua confiança o suficiente para manter-se na posição de chefe do Estado-Maior até muito tempo depois do ponto em que sua saúde deteriorada deveria ter-lhe rendido sua aposentadoria. Ele estava com um tumor no cérebro, e quando faleceu, em 1943, continuava na ativa, mas poderia muito bem ter se aposentado antes se não temesse que Churchill fosse impedir a nomeação de seu sucessor óbvio, Cunningham. Este, por sua vez argumentava firmemente que, apesar de os navios terem de ser arris-

94 O BUNKER DE CHURCHILL

cados para chegar à vitória, a frota deveria ser preservada, caso contrário o controle sobre o mar poderia ser perdido.

De forma geral, o relacionamento de Churchill com seus marechais do ar era mais harmonioso que o relacionamento com seus generais e almirantes. Como secretário do Estado de Guerra e da Força Aérea, em 1919 ele apoiara o estabelecimento de uma força aérea independente e fora defensor do conceito de que bombardeios poderiam render a vitória numa guerra. Em seu primeiro ano como primeiro-ministro, o bombardeio era o único meio pelo qual era possível chegar ao inimigo principal, e o Comando dos Bombardeiros gozava de seu apoio total. Como primeiro marechal do ar, Sir Charles Portal era o mais taciturno entre os chefes de Estado-Maior, contribuindo para discussões somente quando necessário, e Churchill, que se sentia menos confiante em relação ao seu conhecimento sobre operações aéreas do que no que dizia respeito às questões navais e militares, raramente interferia em seus planos, embora tenha havido um rompante explosivo quando, depois de a União Soviética ter entrado na guerra, Portal discordou da oferta do primeiro-ministro de mandar esquadrões da RAF em seu auxílio. A confiança de Churchill na eficiência do Comando dos Bombardeiros e no dano que este era capaz de causar à Alemanha foi, entretanto, abalada pelo *Butt Report* de 1941, que revelou a baixa eficiência da RAF. Influenciado por Lindemann, o assessor de assuntos científicos de Churchill, o relatório apontara para o fato de que somente cerca de um terço dos bombardeiros de fato havia alcançado a área geral do seu alvo. No entanto, o marechal do ar Sir Arthur Harris, o focado líder do Comando dos Bombardeiros, teve o apoio de Portal e Lindemann para dar continuação à campanha de bombardeios usando novas tecnologias e bombardeiros mais pesados, mas agora aplicando a técnica do bombardeio maciço a áreas específicas com o objetivo de "desalojar" os trabalhadores alemães e solapar a produção para a guerra. Churchill, com ocasionais exceções, apoiava o que mais tarde se tornaria um aspecto controvertido da guerra travada pela Inglaterra.

O tipo de comandante que ele admirava era o de homens com um histórico de bravura profissional e um zelo pelo ataque ao inimigo. A dis-

HORA DO SHOW 95

crição e a preparação cuidadosa envolvendo a reunião de forças superiores eram vencidas em sua admiração pela impetuosidade e a tenacidade. O almirante Sir Roger Keyes, que em 1918 havia comandado o ousado ataque às bases de submarinos em Ostend e Zeebrugge, possuía elã em quantidades copiosas. Sendo parlamentar, ele tivera uma participação essencial no debate que derrubou o governo de Chamberlain e exigia incessantemente que Churchill lhe desse um papel proeminente na guerra. Keyes foi nomeado para o novo posto de conselheiro em Operações Combinadas, mas como tinha a tendência de ofender e irritar, foi substituído pelo lorde Louis Mountbatten, e a nomeação foi elevada em 1942 para a de chefe de Operações Combinadas. Mountbatten certamente possuía um histórico arrojado, embora este contivesse navios afundados e danificados, e muitos oficiais da Marinha consideravam-no exibicionista, pretensioso e inclinado a gabar-se de ser um membro da família real. O estudioso de história naval Richard Ollard sustenta que: "Certamente não havia nada em seu histórico como oficial da Marinha que justificasse uma nomeação tão inexplicável."[21]

Um mero capitão quando de sua nomeação para as Operações Combinadas, ele foi repentinamente promovido a vice-almirante atuante, recebeu um exército e soldados da Força Aérea, e tornou-se membro do Comitê dos Chefes de Estado-Maior. Ele ocuparia o comando supremo no Oriente Médio, levando Alan Brooke a escrever, em 7 de agosto de 1945: "Em raras ocasiões um comandante supremo foi mais desprovido dos atributos principais de um comandante supremo que Dickie Mountbatten."

Tivesse Churchill autoridade ilimitada sobre os chefes, o resultado teria quase com certeza sido desastroso, com exércitos e navios sendo arriscados apenas em nome da ação e não na busca prudente de objetivos estratégicos. Por outro lado, se as coisas tivessem sido deixadas inteiramente nas mãos dos chefes de Estado-Maior, a cautela poderia ter impedido muitas iniciativas úteis. No final, o equilíbrio entre o combate energético e a avaliação realista da força era geralmente mantido. Acima de tudo, Churchill possuía responsabilidades maiores e a visão

96 O BUNKER DE CHURCHILL

mais ampla. Considerando os esforços como um todo, até mesmo a estratégia do melhor general estava limitada a vencer a guerra; Churchill, contudo, tinha que considerar a dimensão diplomática, além do cenário impiedosamente assolado pelo conflito, a forma que o mundo tomaria no pós-guerra e a posição que a Inglaterra teria nele.

A corte de Churchill

Se a estrutura teórica da condução da guerra pode ser considerada um sistema de gestão exemplar, na prática a sua operação era executada tanto com dinamismo quanto com excentricidade. Ao seu lado, e inserindo-se nas estruturas formais, nos comitês e na tomada de decisões, encontrava-se o que melhor pode ser denominado como "a corte de Churchill". Esta não inclui somente seus secretários particulares, sua família e seus amigos e assessores favoritos, pois se estendia a seu círculo de ministros, funcionários públicos e oficiais superiores, todos magnetizados. Tal como numa corte medieval, os cortesãos tinham que dançar conforme a música que o monarca escolhia a cada dia: os membros de seu círculo íntimo eram convocados ao quarto do primeiro-ministro para confrontar o grande homem enquanto ele trabalhava em suas caixas de correspondência, ou ficavam acordados até altas horas da noite ouvindo com sono suas conclusões.

Sua rotina diária era pouco convencional. Sempre que possível, ele acordava por volta das 8h30 e tomava um café da manhã "apropriado", que com frequência consistia em frios, antes de passar grande parte da manhã na cama, lendo os jornais matutinos e os documentos em suas caixas de correspondência. Depois, ele tomava um banho; os banhos eram muito importantes para Churchill e ele geralmente tomava outro no final da tarde; a falta de banho no Centro de Operações era uma das razões pelas quais ele nunca se acostumou ao lugar. Fortalecido por um lauto almoço, ingerido invariavelmente às 13h30 e acompanhado por seu champanhe favorito, Pol Roger, ele dormia um pouco antes do jantar, depois do qual dedicava várias horas de trabalho a reuniões e conversas informais com colegas antes de, em várias noites, fazer ditados para os secretários que chegavam a estender-se até as 4 horas. Ele detestava ser incomodado, tendo solicitado um tapete a fim de que as cardas das botas da sentinela dos Fuzileiros Navais que ficava postada do lado de fora do anexo do nº 10 não fizessem barulho, e tinha uma aversão em particular pelo assobio do qual tanto gostavam os mensageiros e funcionários mais jovens.

Poucos homens, conforme temos ouvido, são heróis para seus próprios valetes; Churchill, contudo, permaneceu um herói não apenas para seu valete, Frank Sawyers, mas para um número considerável de homens que o viram vestindo-se ou coberto somente por uma toalha. Talvez desde as *levées* do século XVIII nem mesmo um monarca tenha tido tantos homens poderosos atendendo-lhe em seu *boudoir* ou durante vários estágios de *déshabille*. Ismay passava várias manhãs cuidando dos assuntos do dia sentado ao lado de sua cama, e Brooke era frequentemente convocado ao quarto, onde encontrava Churchill deitado com seu robe vermelho, verde e dourado, fumando um charuto. Certa vez, Churchill recebeu-o logo após sair do banho:

> [...] parecendo um centurião romano vestido com nada além de uma grande toalha de banho enrolada em volta do corpo! Ele apertou minha mão cordialmente e me disse para sentar enquanto se vestia. Num processo bastante interessante, primeiramente ele vestiu uma camiseta, depois ceroulas de seda branca, andando de um lado para outro nesses trajes, parecendo "Humpty Dumpty" com seu tronco corpulento e suas pernas curtas e magras![22]

O flat do anexo do nº 10 também era a entrada para o escritório de sua equipe, e os visitantes que chegavam logo cedo para compromissos às vezes ficavam "estupefatos ao se depararem com uma figura enrolada numa enorme toalha de banho branca atravessando o recinto do

98   O BUNKER DE CHURCHILL

banheiro para o quarto [...] e o visitante era posto à vontade por um cumprimento altivo da figura envolta na toalha".[23] Churchill adquirira um certo número de confidentes que, durante seus "anos turbulentos" fora do poder, haviam lhe proporcionado o tipo de assistência que um ministro costuma receber de funcionários de Whitehall. Esses "amigos" compunham um grupo talentoso e heterodoxo, embora não totalmente confiável. Como vimos, Ismay havia temido que essa *coterie* pudesse substituir a secretaria e, embora a maioria de seus membros houvesse recebido nomeações formais, eles certamente eram vistos por políticos renomados, funcionários públicos e oficiais superiores como uma ameaça a sua autoridade, uma alternativa aos canais habituais do comando, e até mesmo como rebeldes à solta nos escorregadios deques de Whitehall. Os principais entre eles eram Frederick Lindemann, Brendan Bracken e Desmond Morton, todos os quais tiveram quartos reservados no CWR e no anexo do nº 10. Os três eram solteiros e, como sugere Geoffrey Best, estavam "mais inclinados a dar-lhe [a Churchill] toda a sua atenção".[24]

Frederick Lindemann, a quem o primeiro-ministro referia-se como "o prof.", era membro do círculo de Churchill desde 1920. Ele era professor de física experimental em Oxford, havia estudado na Alemanha e herdara uma fortuna. Um tipo de polímata, Lindemann era incrivelmente inteligente e tinha pontos de vista sólidos sobre quase todos os assuntos. Ismay expressou a opinião de que "Ele parecia não dar muito crédito ao intelecto de ninguém, exceto pelo lorde Birkenhead, o sr. Churchill e o professor Lindemann.[25]

Como o lorde Birkenhead — antes conhecido como F. E. Smith, o advogado sagaz, *bon vivant* e amigo de Churchill em sua juventude política — agora estava morto, restavam apenas Churchill e o próprio professor. Antes da guerra, ele alertou Churchill para a necessidade de um rearmamento, e pode muito bem ter sido responsável por convencê-lo de que os bombardeios eram a chave para a vitória. Quando Churchill se tornou primeiro lorde do Almirantado em 1939, convidou o professor para juntar-se a ele, e Lindemann abriu a "Seção S", um departamento de estatística ao qual convenceu seu colega de Oxford, Roy Harrod

HORA DO SHOW 99

— um distinto economista — a se juntar. Quando se tornou primeiro-ministro, Churchill tomou Lindemann como seu assistente pessoal, e em 1942 ele assumiu o cargo de ministro das Finanças.

Sua pretensiosa arrogância não lhe rendia a simpatia dos assessores para assuntos científicos do governo ou dos especialistas militares, mas Churchill confiava inteiramente em seu julgamento. Ele nem sempre acertava, pois subestimava a habilidade da Alemanha de desenvolver armas de projéteis, e tem sido criticado por não ter apoiado o desenvolvimento de radares pelo assessor para assuntos científicos do governo Sir Henry Tizard, mas chamou a atenção de Churchill para a importância da ciência na "guerra mágica".

Lidemann estava sempre impecavelmente trajado — "como um mordomo", disse Roy Jenkins —, dirigia um Hispano-Suiza e era tremendamente esnobe. Vegetariano e quase abstêmio, ele dificilmente podia ser considerado um amigo íntimo de Churchill, mas seus conselhos em assuntos científicos e as informações estatísticas que ele colhia eram vistos como inestimáveis. Não é de surpreender que Lindemann tivesse muitos inimigos, entre os quais o lorde Beaverbrook e o genro de Churchill, Duncan Sandys, e ele retribuía a animosidade implacavelmente; Lindemann também não tinha mais admiradores em Whitehall do que em Oxford. Quando Lindemann estava prestes a receber um título de nobreza em junho de 1941, Colville fez a ácida observação de que "isso provocará revolta em muitos lugares, especialmente em Oxford, mas não tanto quando souberem que ele pretende autodenominar-se lorde Cherwell de Oxford".[26] Lindemann, entretanto, fez muito para garantir que as forças armadas desenvolvessem um armamento apoiado em inovações científicas, e sua Seção Estatística fornecia auditorias da eficiência da produção bélica e dos danos causados pelo Comando dos Bombardeiros. Lidemann, como Churchill, também preferia e defendia homens fora dos padrões, que, embora desprezados ou ignorados por seus superiores, tinham contribuições a dar. Eram homens como o oficial de engenharia Millis Jefferis — que inventou a mina *limpet* e a "bomba adesiva", que aderia ao alvo — e o

100 O BUNKER DE CHURCHILL

major-general Percy Hobart — que desenvolveu os veículos blindados especiais, conhecidos como *"Funnies"* [engraçadinhos], para serem utilizados nas aterrissagens na Normandia, onde constituíram uma contribuição inestimável por permitirem que os ingleses rompessem os obstáculos litorâneos.

Brendan Bracken era uma figura excêntrica, em cuja existência seria difícil acreditar mesmo em obras de ficção. Nascido na Irlanda, ele havia passado a adolescência na Austrália antes de, aos 20 e poucos anos, se reinventar ao fingir ser mais jovem do que era e convencer o diretor da Escola Sedbergh a admiti-lo no *sixth form*,* que devem ser cursados por alunos que têm entre 16 e 18 anos. Tendo sido ousado o bastante para apresentar-se a Churchill, ele conquistou um lugar entre seus discípulos e assessores. Na década de 1930, ele era um parlamentar de South Paddington, bem como um editor de sucesso em jornais que incluíam o que se tornaria o *Financial Times*. Com seu revolto cabelo ruivo, óculos de lentes grossas e dentição cheia de defeitos, ele não tinha uma aparência atraente, mas era dono de um grande charme, uma inteligência considerável e uma memória enciclopédica. Em 1940, Bracken tornou-se secretário parlamentar particular de Churchill, e em 1941 foi convencido, embora contra sua vontade, a assumir o posto de ministro da Informação, um cargo no qual Sir John Reith e Duff Cooper haviam sido malsucedidos, mas no qual Bracken se sobressaiu e permaneceu até o fim da guerra. Mesmo depois de ter alcançado a posição de ministro, ele continuou passando suas noites no anexo do nº 10 e a ser uma companhia regular de Churchill. Bracken era um exímio contador de histórias, embora muitas de suas recordações sejam mais fruto da sua imaginação do que da sua experiência. Ninguém tinha uma capacidade maior de tirar Churchill de seu mau humor que Bracken. A maioria das pessoas acabava por gostar dele, e um ministro da Agricultura do pré-guerra levou a Câmara dos Comuns às gargalhadas ao dizer que não existia "nenhum método conhecido capaz de refrear Bracken".

---

* No sistema educacional inglês, os dois últimos anos opcionais da escola secundária. [*N. da T.*]

HORA DO SHOW 101

O major Sir Desmond Morton — investido com o título de cavaleiro em 1945 — era um dos poucos homens a ter sobrevivido a um tiro no coração. Depois de ter se recuperado do ferimento, que ganhara quando servia na França durante a Primeira Guerra Mundial, ele tornou-se ajudante de ordens do marechal de campo Haig. Em 1934, Morton foi nomeado diretor do Centro de Inteligência Industrial, uma organização equivocadamente batizada que era vinculada ao CID e cujo propósito era coletar informações sobre o rearmamento alemão. Ele morava próximo à casa de Churchill — Chartwell, em Kent — e transmitia-lhe muitas dessas informações, numa clara violação do Ato de Sigilo Oficial. A declaração feita mais tarde por Churchill de que isso foi feito com a permissão do primeiro-ministro da década de 1930 é, no mínimo, contestável. Talvez Ramsay Macdonald, Stanley Baldwin e Neville Chamberlain tenham adotado uma complexa estratégia para buscar acordos negociados para os descontentamentos da Alemanha, enquanto ao mesmo tempo forneciam a Churchill as informações de que ele precisava a fim de que o Parlamento e o público pudessem ser alertados sobre a necessidade de um rearmamento para o caso de as negociações falharem. É possível que a capacidade de Churchill de apoiar seus argumentos sobre o programa de rearmamento da Alemanha em fatos se devesse em grande parte à ajuda de Morton. Em maio de 1940, ele recebeu o papel um tanto vago de assessor de Churchill em assuntos de inteligência. Em 1940 e 1941, alguns o consideravam o membro mais influente do círculo íntimo do primeiro-ministro. Henry "Chips" Channon, que seguramente não era amigo de Churchill ou fazia parte da sua *coterie*, escreveu:

> Em sua [de Churchill] corte quase papal, o novo cardeal, Morton, é um personagem tipo Oppenheim. Seu rival, o professor Lindemann, o cientista esnobe nascido em Berlim, continua sendo, para seu descontentamento, nada além de

um Bispo-in-Partibus, mas aspira a um chapéu cardinalício. Roy Harrod, um teórico oriental que se assemelha a um *don*, é o monsenhor da conclave churchilliana.[27]

Em parte por exercer influência sobre Churchill, e em parte por sua ligação com a inteligência secreta — assunto que exerce um eterno fascínio —, o papel de Morton tem sido exagerado. Ele era, não obstante, útil para Churchill na manutenção do relacionamento entre o Gabinete do primeiro-ministro e o Ministério do Exterior, bem como entre o Serviço Secreto e os governantes exilados, particularmente a França Livre de Charles de Gaulle.

Tanto a inteligência quanto o ardil — o logro deliberado do inimigo — foram importantes facetas da Segunda Guerra Mundial. Embora Churchill fosse o responsável pela fundação do Departamento de Operações Especiais, com a sublime descrição do trabalho como "pôr fogo na Europa", Jock Colville, que estava em posição para saber, achava que seu interesse pelo departamento arrefeceu assim que ele foi criado. "O Departamento de Operações Especiais e outras organizações clandestinas, por mais eficientes que fossem, não atraíam sua atenção", afirmou ele.

Tampouco a atraíam os movimentos de resistência da Europa — com a exceção dos guerrilheiros titoístas da Iugoslávia, com quem seu filho Randolph estava envolvido.[28] Ele interessava-se, no entanto, pelo tipo de inteligência que se podia adquirir escutando as comunicações do inimigo. O Comitê de Inteligência Conjunta, estabelecido em 1936, era responsável por fazer comparações e avaliações da inteligência militar. O fato de cometer falhas (em grande parte por causa de rivalidades interdepartamentais e entre as três forças armadas), que impedia uma avaliação abrangente da informação, foi demonstrado pelo fracasso na previsão das intenções alemãs na Noruega e na França na primavera de 1940. Sir Harry Hinsley, historiador especialista na história da inteligência inglesa, comentou que o Comitê de Inteligência Conjunta era "apenas razoavelmente eficiente antes do verão de 1941", e que, não fosse pelo interesse pessoal de Churchill, "o desenvolvimento de um sistema

HORA DO SHOW

eficiente para a coordenação da avaliação da inteligência e para dar uma direção geral a sua utilização teria levado mais tempo do que de fato levou".[29] Felizmente, contudo, Churchill tornou-se primeiro-ministro exatamente no momento em que o primeiro progresso real na decodificação de mensagens criptografadas com a máquina alemã "Enigma" tinha lugar na Sede das Comunicações do Governo em Bletchley Park.

O estabelecimento de uma equipe brilhante em Bletchley Park, predominantemente excêntrica, de indivíduos com diversas formações acadêmicas é um exemplo da capacidade, ainda que longe de ser invariável, da Inglaterra de reunir o conhecimento certo para o interesse do seu desempenho numa guerra. O apanhado essencial do material — a princípio chamado de "Boniface", mas logo em seguida rebatizado de "Ultra", codinome usado pelo Ministério da Força Aérea e pelo Almirantado — era transmitido a Churchill por Desmond Morton e pelo brigadeiro Stewart Menzies, ou "C" — o mentor do Serviço Secreto de Inteligência. Tendo sido alertado para o que chamava de "esse ganso que pôs ovos de ouro", Churchill, impaciente em relação à forma com que o Comitê de Inteligência Conjunta parecia peneirar o material com grande meticulosidade, insistia em que lhe mandassem os relatórios decodificados. O fascínio que ele tinha pelo material original possivelmente provinha de sua experiência no Almirantado durante os primeiros meses da Primeira Guerra Mundial, e do seu trabalho de vários volumes sobre seu ilustre ancestral, o "duque John", o primeiro duque de Marlborough, que devia seu sucesso em grande parte às informações de inteligência reunidas por toda a Europa. Os códigos Ultra decodificados chegavam a Churchill em caixas de cor amarelo desbotado e seladas com a inscrição VRI (Victoria Regina Imperatrix). O segredo era tão bem mantido, e apenas um grupo seleto tinha acesso às informações, que o assistente pessoal de Ismay achava que "Boniface" era o nome de um espião que fora plantado no Estado-Maior Geral da Alemanha.[30]

O fascínio de Churchill pela inteligência Ultra era uma faca de dois gumes. As informações interceptadas chegavam com rapidez, mas em

104 O BUNKER DE CHURCHILL

sua forma crua, o que algumas vezes o fazia tirar conclusões precipitadas. Isso aumentava as tensões entre ele e os chefes de Estado-Maior, que preferiam esperar por relatórios mais elaborados do Comitê de Inteligência Conjunta. No verão de 1941, havia um volume tão grande de informações decifradas que mesmo Churchill teve que passar a se contentar na maioria das vezes com resumos, enquanto uma combinação entre a quantidade insuficiente de material Ultra e a irritação dos chefes de Estado-Maior por serem confrontados em algumas questões pelo primeiro-ministro levava ao superpovoamento do Comitê de Inteligência Conjunta e a uma consequente aceleração na produção de relatórios. O reconhecimento por Churchill da importância do projeto Ultra foi um dos principais fatores que colaboraram para a reunião do vasto time de especialistas que trabalhavam no CWR discutindo, analisando e condensando a torrente de informações reunidas em Bletchley Park.

Churchill também trouxe para seu círculo íntimo e para o Departamento de Guerra o antigo colega lorde Beaverbrook. Canadense de nascimento, tendo sido ministro da Informação no final da Primeira Guerra Mundial, Beaverbrook já havia, em períodos diferentes, sido tanto amigo quanto oponente de Churchill. Figura irascível e imprevisível, sua nomeação em maio de 1940 para ministro da Produção Aérea não foi bem recebida por todos. Beaverbrook não era adepto do trabalho em equipe, e seu desprezo pelas relações trabalhistas levou a divergências com Ernest Bevin, ministro do Trabalho, quando ele entrou em conflito com o ministro da Força Aérea, o qual ficou abalado com suas exigências pelo que teria sido, na prática, uma força militar particular para a proteção de fábricas de aviões. Não obstante, ele realizou muitas coisas e prestou uma grande contribuição à Batalha da Inglaterra, visto que sua atitude draconiana resultou num grande aumento da produtividade da indústria aérea e, em meados de agosto de 1940, depois de Dunquerque, o total de Spitfires e Hurricanes disponíveis para o Comando de Caças havia aumentado de 331 para 620.[31] Naquele mês, ele tornou-se membro do Departamento de Guerra.

HORA DO SHOW 105

A lista dos que teriam acompanhado Churchill a Spetchley House caso os planos da Manobra Negra houvessem sido postos em prática é reveladora. Haviam sido preparados quartos para Churchill, sua esposa, sua filha, Sawyers (seu valete), a sra. Landemare (a cozinheira), bem como para outras seis pessoas: Desmond Morton, Eric Seal, Anthony Bevir (que tratava de questões de patrocínio), Kathleen Hill (estenógrafa sênior), o prof. Lindemann e seu valete, o sr. Harvey. A lista é uma síntese da natureza parcialmente pública da equipe doméstica de Churchill.

Os movimentos de Churchill eram imprevisíveis, e os planos eram frequentemente mudados sem aviso prévio, com novos arranjos tendo de ser feitos para o primeiro-ministro e seu numeroso séquito e sua volumosa bagagem. Isso era da competência do comandante Charles Thompson, que havia sido ajudante de ordens de Churchill no Almirantado. Ele acompanhava Churchill em suas viagens, parecendo mais seu gêmeo siamês, e era, de acordo com Colville, tratado "como um cocker spaniel levemente mimado".[32] Também sempre presente estava outro Thompson, o guarda-costas de Churchill — detetive sargento Walter Thompson, mais tarde promovido a inspetor, que cuidara da proteção de Churchill no início da década de 1920, quando ele estava em negociação com o IRA, e que o serviu durante muitos anos. Este Thompson havia travado relacionamento com o homem que protegia numa ocasião em que Churchill havia saído sozinho, depois do que ele queixara-se:

"Veja bem, senhor, não podemos continuar assim. Como posso cuidar do senhor se o senhor me trata dessa forma? O senhor está tornando meu trabalho quase impossível." "No futuro, eu farei tudo que puder para ajudá-lo, Thompson. Nós estamos apenas começando a nos entender.[33]

Ao se aposentar, ele havia aberto uma mercearia, mas, em 1939, depois de ter sido alertado sobre ameaças de assassinato, Churchill enviou-lhe um telegrama: "Encontre-me no Aeroporto Croydon 16h30 quarta Churchill", tendo-o contratado como guarda-costas particular.

106 O BUNKER DE CHURCHILL

Quando a guerra começou, Thompson voltou à polícia e assumiu o posto de guarda-costas de Churchill durante o conflito. Cuidar do primeiro-ministro nunca era uma tarefa simples. Certa vez, em 1940, Churchill prometera à esposa, Clementine, que iria dormir em seu quarto no Centro de Operações subterrâneo, mas, depois de sentar-se na cama, chamou o detetive. "Muito bem, Thompson, traga minhas roupas", disse ele. "Cumpri a promessa que fiz à sra. Churchill: desci e vim para a cama, mas agora vou subir para dormir."[34]

"O total menosprezo [do primeiro-ministro] pelo perigo ao andar pelas ruas enquanto bombas eram lançadas" ou por St James's Park no escuro com uma lanterna presa à sua bengala por uma fita de couro tornava-o difícil de proteger. Certa ocasião, ele chegou muito perto de ser gravemente ferido quando, em meio a uma conversa com Sir John Anderson na entrada do anexo, uma bomba antiaérea atingiu a grade do lado oposto e explodiu, tendo um de seus fragmentos ferido a coxa de outro guarda-costas, o detetive sargento Cyril Davies, que estava de pé próximo a ele. Considerando que Davies era mais alto que seu protegido, Churchill teria sido atingido no estômago caso o fragmento o tivesse alcançado.[35]

Família, equipe particular, secretários particulares, secretaria, ministros e oficiais superiores levavam existências misturadas. A esposa e a filha mais nova de Churchill, Mary, moravam com ele no anexo do nº 10, com Mary frequentemente dormindo no quarto reservado para a sra. Churchill no CWR. Jack Churchill, seu irmão mais novo, ficava ou no nº 10 ou no anexo, enquanto seus filhos mais velhos — Randolph, Diana e Sarah — eram visitas frequentes no anexo e em Chequers quando seus deveres, visto que todos trabalhavam para o governo, lhes permitiam. Randolph — inteligente, mas mimado e arrogante — era impopular com a maioria do restante da corte; a guerra para ele foi uma aventura, tendo Randolph primeiramente se tornado oficial do antigo regimento de seu pai, o 4º de Hussardos, e depois se voluntariado para os Comandos e posteriormente para o SAS, indo juntar-se a Tito — e ao romancista Evelyn Waugh — na Iugoslávia,[36] depois de ter sido eleito parlamentar de Preston. Diana era oficial da WRNS [*Women's Royal Naval Service* — Serviço Naval Real Feminino]

HORA DO SHOW   107

até renunciar a seu posto em 1940 depois que o marido, Duncan Sandys, foi gravemente ferido em um acidente de carro. Depois do fim de seu casamento com Vic Oliver, Sarah entrou para a WAAF [*Women's Auxiliary Air Force* — Força Aérea Auxiliar Feminina], e Mary, a mais nova, juntou-se ao ATS [*Auxiliary Territorial Service* — Serviço Territorial Auxiliar]. Os secretários particulares, e num grau menor a secretaria e até mesmo os chefes de Estado-Maior, viam suas responsabilidades sociais fundirem-se à vida da família Churchill quando trabalhavam para o primeiro-ministro.

Os Churchill eram próximos, mas nem sempre estavam em harmonia. Embora às vezes difícil, Clementine Churchill era uma esposa devota; por outro lado, Churchill podia ser um marido extraordinariamente difícil. Tendo sido durante a vida toda uma liberal, ela desaprovara o retorno de Churchill ao Partido Conservador e, criada por sua mãe um tanto boêmia — cujo casamento com seu ostentador marido havia durado pouco —, ela vivera com pouca segurança financeira em sua juventude, de forma que estava o tempo todo — e por boas razões — preocupada com a extravagância do marido. Churchill, que não costumava se satisfazer facilmente com o melhor de tudo, comprara uma casa de campo — Chartwell — que mal podia pagar e perdera um montante considerável depois da quebra da bolsa. Clemmie tinha muitos afetos e desafetos; a maioria dos assessores mais próximos de Churchill ficava na última categoria. Lindemann era uma exceção, mas Bracken — talvez devido aos persistentes, embora infundados, rumores (que Bracken não tentava negar de forma alguma) de que ele era filho ilegítimo do primeiro-ministro — foi por muitos anos uma *persona non grata*. O relacionamento de Clementine com seu filho Randolph e a filha mais velha Diana era conturbado e, por mais que ela pudesse ser cordial com os secretários particulares, qualquer sinal de crítica ou presunção poderia resultar numa reprimenda glacial. Sua ardorosa lealdade para com o marido levou-a a ordenar que o general Montgomery se retirasse de sua casa quando ele fez a observação, típica da sua natureza, que todos os políticos eram desonestos.[37]

108 O BUNKER DE CHURCHILL

Churchill exigia muito daqueles que trabalhavam para ele, quer no nº 10, no Centro de Operações, em Chequers, quer até mesmo de seus generais e datilógrafos. Ele não via razão para que um homem ou mulher empregados em algo tão importante e interessante como uma guerra pudesse querer interromper o trabalho, passar um fim de semana em casa ou ir para a cama cedo. Quando Ismay, que havia tido apenas três horas de sono na noite anterior, perguntou a Churchill — que trabalhava a todo vapor — se podia ser dispensado, visto que precisava de uma boa noite de sono, o primeiro-ministro respondeu: "Bem, se você não se importa com o resultado da guerra, vá em frente."

Brooke não era o tipo de homem que podia ser intimidado, e isso não seria diferente numa ocasião, em meados de setembro de 1942, em que ele estava fora caçando faisões, aproveitando seu único feriado do ano, e Churchill telefonou-lhe acusando-o de "não estar mantendo contato com a situação estratégica" por não ter visto um telegrama, enviado pelo general Alexander, que adiava o ataque a Rommel. Brooke respondeu: "Eu ainda não encontrei um meio de permanecer em contato com a situação estratégica dentro da bunda de um faisão." Quando Churchill perguntou-lhe se ele tinha consigo um oficial especialista em criptografia, Brooke retorquiu: "Não, eu não costumo levar um oficial especialista em criptografia para carregar a arma para mim quando vou caçar faisões."[38]

Quando discordava do marido, a pobre Clementine costumava com frequência escrever-lhe em vez de falar com ele frente a frente. Ela escreveu uma carta já muitas vezes citada, poucas semanas depois de Churchill ter sido nomeado primeiro-ministro, dizendo que ele estava agindo sem consideração pelos outros: "[...] há riscos no fato de você ser de forma geral malquisto por seus colegas e subordinados devido ao seu jeito áspero, sarcástico e autoritário."

Na verdade, a maioria das pessoas que trabalhavam para Churchill estava consciente das responsabilidades que carregava sobre os ombros, colocando-se ao seu dispor para trabalhar por longas horas e aceitando as explosões súbitas, não havendo maldade nos duros comentários que

HORA DO SHOW

faziam quando as coisas não saíam bem — ainda que possamos dizer que eles não seriam humanos se algumas vezes não houvessem ficado irritados.

Uma nova secretária precisava de nervos de aço, entre outras coisas porque Churchill detestava mudanças em sua equipe. Elizabeth Nel contou sobre seu medo de cometer erros nas primeiras semanas em que trabalhou para ele. Churchill insistia em que os textos fossem datilografados com espaçamento duplo, e na primeira ocasião em que teve de anotar um ditado dele, ela sentou-se de frente para a barulhenta máquina de datilografia especial e esqueceu-se de conferir se o espaçamento que estava marcado era o duplo. "Não demorou muito para que, ao passar por trás da máquina de datilografia, ele notasse que eu estava usando espaçamento simples", ela escreveu. "De repente, ele explodiu como um foguete. Eu era uma tola, uma estúpida, uma idiota. Ele disse que era para eu desaparecer da sua frente e outra de nós deveria me substituir."[39]

Ela refletiu sobre outro incidente, em que o primeiro-ministro ficou ultrajado ao descobrir que, mesmo sendo ainda muito nova no trabalho, ela fora escolhida para ir a Chartwell com ele: "Ele não teve a intenção de ser indelicado. Ele apenas estava dedicado de corpo e alma a vencer a guerra."[40]

Para muitos daqueles que trabalhavam no anexo do nº 10 e no CWR, Chequers tornou-se mais um anexo de fim de semana. Churchill usou mais a casa oficial do primeiro-ministro que qualquer outro ocupante do cargo, muito raramente indo para a sua própria casa, Chartwell — que ficava a apenas alguns minutos de avião da costa meridional —, durante a guerra. Naturalmente, ele gostava de sair de Whitehall nos fins de semana, e muitas vezes partia na quinta-feira, mas levava consigo seu trabalho, suas caixas de correspondência, um secretário particular, um datilógrafo e um estenógrafo. Havia também convidados para passar o fim de semana inteiro, uma noite ou apenas almoçar ou jantar. Geralmente eram membros da secretaria, generais, almirantes ou marechais do ar, ministros e um ou dois de seus conselheiros mais próximos. Ismay estava regularmente presente, bem como Lindemman, embora este costumasse ir para casa, em Oxford,

110 O BUNKER DE CHURCHILL

para dormir. Bracken, entretanto, raramente ia a Chequers, e mantinha sigilo sobre o local onde passava os fins de semana. Entre seus secretários particulares, Colville era o que comparecia com mais frequência, antes de ter persuadido Churchill a permitir-lhe juntar-se à RAF. Sua mãe, Lady Cynthia Colville, era uma das damas de companhia da rainha Mary, de forma que tinha pelo menos um conhecimento de segunda mão da vida na corte e dos protocolos envolvidos no trato com uma autoridade exigente.

Chequers também foi o cenário da solidificação de um relacionamento caloroso com os EUA. Averell Harriman, enviado pessoal de Roosevelt, Harry Hopkins, seu emissário extraoficial e o embaixador John G. Winant — que sucedera o anti-Inglaterra Joseph Kennedy — eram convidados frequentes; um resultado de seus longos fins de semana em Chequers foi um entendimento crescente entre a Inglaterra e os EUA. Outro, menos previsível, foi que Winant ao que parece acabou, como colocou Roy Jenkins, "extraordinariamente" apaixonado por Sarah Churchill, enquanto Harriman apaixonou-se pela esposa de Randolph Churchill, Pamela.[41]

Esses fins de semana proporcionavam grandes oportunidades de relaxamento; caminhadas por Chiltern Hills, partidas de tênis — que Clementine amava, e nas quais Lindemann se sobressaía — e o jogo sádico, mas aparentemente requintado, de *croquet*. A comida e a bebida eram sempre fartas e de excelente qualidade, visto que Churchill não acreditava na austeridade conspícua da "lata de conserva em prato de ouro" da família real. Uma parte de cada tarde era dedicada a um filme, sempre escolhido por Churchill — um de seus favoritos era *Lady Hamilton*, que ele exigia que fosse exibido uma vez atrás da outra, sempre chorando quando Nelson morria. Em Chequers, o foco — nas refeições e após os filmes — era sempre a guerra. Churchill — a essa altura já vestido com seu robe enfeitado, numa mão uma taça e na outra um charuto, que era aceso uma vez após a outra — ruminava sobre os desenvolvimentos e possíveis aventuras, divagava sobre paralelos his-

HORA DO SHOW

tóricos e tecia complexas previsões do futuro. Edith Watson descreveu essas sessões da madrugada como "tolices à meia-noite de Winston". A maioria dos convidados se sentia inspirada, mas alguns, como Brooke, ansiavam por ir para a cama e desejavam poder estar em suas próprias casas. Para Churchill, não havia uma divisão clara entre o trabalho e o prazer. "É claro que eu trabalho onde quer que eu esteja e como quer que esteja", afirmou ele. "É isso que me faz bem."[42]

A forma boêmia com que Churchill conduzia a guerra provavelmente receberia avaliações negativas em qualquer manual de administração, que poderia apontar suas deficiências segundo a teoria administrativa. A realidade, porém, é que ela era extremamente eficiente. Ele exercia sua autoridade tanto nas reuniões informais com sua equipe em Chequers, em altas horas da noite no anexo do nº 10, quanto em comitês formais. Por fim, nunca houve da parte de ninguém qualquer dúvida, nenhuma dúvida sequer, quanto a quem estava no comando.

A guerra ampliada

De volta à Sala de Mapas, ocupada 24 horas por dia pelos membros da JPS, novas setas e símbolos foram espetados nas paredes quando a Alemanha atacou a União Soviética em junho de 1941. A Operação Barbarossa pegou Stalin de surpresa, o que certamente não deveria ter acontecido. Churchill, com informações sólidas colhidas nos relatórios Ultra, enviara-lhe um alerta, embora não pudesse revelar suas fontes, e Stalin também tinha alertas dos seus próprios serviços de inteligência e do espião soviético em Tóquio, Richard Sorge. Informações de inteligência raramente ganham crédito, exceto quando parecem confirmar convicções já existentes, de forma que Stalin recusou-se a admitir a possibilidade de que Hitler pudesse atacá-lo. Em sua pesquisa para o livro *Absolute War* [Guerra absoluta] (2007), Christopher Bellamy descobriu um rabisco típico de Stalin num memorando que afirmava que

112   O BUNKER DE CHURCHILL

a invasão era iminente, declarando que a informação era simplesmente uma "provocação". O destino daqueles que atravessavam o caminho de Stalin era muito bem conhecido para que qualquer funcionário arriscasse contrariá-lo duas vezes. Nem Hitler nem Stalin eram capazes de tolerar a leal oposição proporcionada por tipos como Brooke, e o prejuízo foi inquestionavelmente deles.

Em princípio, o ataque da Alemanha à Rússia deveria ter colocado a Inglaterra num dilema moral. Esta entrara ostensivamente em guerra com a Alemanha para proteger a integridade da Polônia, e a União Soviética unira-se à Alemanha no propósito da sua destruição. As informações provenientes da Rússia eram comparativamente limitadas, e ainda havia muitos na Inglaterra que acreditavam que a União Soviética era, de fato — numa frase amplamente usada na época — o paraíso dos trabalhadores. Churchill adotou a posição pragmática de que, se a Alemanha o atacasse, ele se colocaria ao lado do demônio, embora tenha se provado necessário menosprezar as crescentes evidências da natureza diabólica do regime russo, mesmo a ponto de fingir acreditar que a União Soviética não era responsável pelo assassinato de milhares de oficiais poloneses, muitos cujos corpos foram descobertos em 1943 numa cova coletiva na floresta de Katyn. A Inglaterra havia finalmente encontrado uma espada continental, mesmo que parecesse pouco afiada, pois poucos esperavam que as forças soviéticas fossem capazes de aguentar um conflito. Contudo, a máxima de que a Rússia nunca é tão fraca nem tão forte quanto parece se provaria verdadeira, e Churchill estava determinado a fornecer-lhe a ajuda necessária para mantê-la na guerra. No momento, tal ajuda limitou-se ao envio de armas e suprimentos, circundando o Cabo do Norte até Murmansk e Arcangel. Cerca de 14 mil navios mercantes tomaram parte nos comboios do Ártico, e 85 deles, juntamente a dezesseis de suas escoltas da Marinha Real, foram perdidos. Em apenas quatro anos os historiadores anglo-americanos minimizaram o impacto do Front Oriental na guerra como um todo, levando os historiadores soviéticos a também minimizar o efeito que os suprimentos ocidentais tiveram no momento em que a Rússia mais precisou.

HORA DO SHOW   113

Este foi o início de uma guerra menos heroica, menos inocente e mais pragmática, uma luta na qual o poder e a habilidade da Inglaterra de controlar seu próprio destino seriam reduzidos. As reações de Guy Crouchback na trilogia de Evelyn Waugh *A espada de honra* constituem uma resposta: a vergonha pelo fato de a guerra não mais consistir numa luta limpa contra o mal, mas, em vez disso, na questão referente à aliança entre dois males; a recuperação do Partido Comunista Britânico e a elevação de seu número de participantes para cerca de 60 mil membros, em conjunto com a bajulação ampliada de um "glorioso aliado soviético" e do seu patriarca "tio Joe", consiste em outra. O sentimento da maioria era, provavelmente, assim como o de Churchill, de alívio pelo fato de a Inglaterra ter finalmente encontrado um aliado, e de que não se podia ser exigente demais em relação ao seu caráter. Entretanto, o primeiro-ministro tinha um projeto paralelo: fazer a corte à América.

Churchill possuía uma estima genuína pelos EUA e, quando convocado a falar numa reunião conjunta do Congresso em 1941, refletiu, de forma não inteiramente frívola, que se seus antepassados tivessem sido um pouco diferentes — um pai americano e uma mãe inglesa, e não o contrário — ele poderia estar lá por conta própria. Por ser alguém que acreditava profundamente no poder de sua personalidade e das relações pessoais entre líderes, ele achava ser capaz de conquistar e convencer o presidente dos EUA. Quando retornara ao governo como primeiro lorde do Almirantado em 1939, Churchill havia recebido um bilhete cortês de Roosevelt, que mencionava que eles haviam se conhecido num jantar oficial em Gray's Inn em 1918, quando Roosevelt era secretário auxiliar da Marinha, e sugeria que mantivessem contato. Mais tarde, Churchill admitiria ter se esquecido da ocasião, mas uma correspondência teve início, com ele assinando como "Ex-Pessoa Naval", e suas cartas tornaram-se muito mais frequentes depois deste ter se tornado primeiro-ministro.

Não há dúvidas de que Churchill superestimava tanto a intimidade de seu relacionamento com Roosevelt quanto a congruência entre os interesses ingleses e os americanos. Por outro lado, os Estados Unidos

O BUNKER DE CHURCHILL

tinham boas razões para temer as consequências de uma derrota da Inglaterra e da destruição da Marinha Real, e, por seus próprios motivos, a administração de Roosevelt estava rumando em direção a uma posição de apoio à Inglaterra, cada vez mais próxima de entrar na guerra. Em setembro de 1940, um acordo foi firmado no tocante à locação de bases nas Índias Orientais e em Terra Nova aos americanos em troca de destróieres ultrapassados. Se os EUA haviam tirado mais vantagens desse acordo do que os ingleses, aquele ao menos era o começo de uma cooperação maior, e depois da eleição presidencial em novembro de 1940, Roosevelt não precisava mais preocupar-se muito com a oposição a laços mais próximos com os ingleses, mesmo que ainda tivesse que lidar com cautela com o Congresso. Em dezembro, Churchill enviou a Roosevelt uma longa carta listando os suprimentos necessários para manter o esforço de guerra da Inglaterra e, em março de 1941, o projeto de lei de "Empréstimos e Arrendamentos" proposto pelo presidente foi aprovado pelo Congresso. A lei provou-se uma verdadeira tábua de salvação para a Inglaterra — embora essa tábua tenha saído bastante cara — e, em 1942-43, cerca de um quarto da munição da Inglaterra vinha da Lei de Empréstimos e Arrendamentos. Na verdade, Hitler citou a lei como uma das razões pela qual declarou guerra aos Estados Unidos em dezembro de 1941.

Os representantes oficiais e extraoficiais dos Estados Unidos na Inglaterra — o embaixador John G. Winant, Averell Harriman e Harry Hopkins — eram todos simpatizantes da posição da Inglaterra e admiradores de Churchill, enquanto jornalistas e locutores de rádio americanos, liderados por Ed Murrow, enviavam para a América relatos positivos da determinação inglesa em resistir. Não obstante, as pesquisas de opinião nos EUA ainda mostravam que a grande maioria dos americanos estava convencida de que as tropas do país não deveriam "ir para lá" outra vez, e o Congresso parecia também contrário ao envolvimento numa guerra europeia.

Foi contra essas circunstâncias que Churchill e Roosevelt marcaram um encontro. A conferência foi mantida em sigilo total, com Roosevelt

HORA DO SHOW

saindo numa "viagem de pesca" ao Maine e depois embarcando em um cruzador a fim de chegar ao ponto de encontro — a baía de Placentia, em Terra Nova. A comitiva inglesa partiu no trem especial de Churchill — um verdadeiro hotel, escritório e centro de comunicações móvel — da estação de Marylebone. Ele parou em Wendover para apanhar o primeiro-ministro — vestindo seu "macacão azul cinzento" — e depois seguiu a todo vapor para Thurso, onde os passageiros embarcaram para Scapa Flow a fim de subirem a bordo do encouraçado HMS *Prince of Wales*. Integravam a comitiva: o general Dill, o almirante Pound, o primeiro marechal do ar Sir Wilfred Freeman, Lindemann, Hollis, Jacob, John Martin (principal secretário particular de Churchill), o brigadeiro "Dumbie" Dykes (diretor de planejamento no Gabinete de Guerra) e Sir Alexander Cadogan (secretário permanente e subsecretário no Ministério do Exterior), juntamente à equipe particular do primeiro-ministro (seu valete, seu detetive e seu ajudante naval), além de dois escritores, Howard Spring e H. V. Morton — os quais Brendan Bracken, como ministro da Informação, selecionara para acompanharem o encontro histórico. Harry Hopkins juntou-se ao grupo em Scapa Flow. Tratava-se de uma comitiva que "o próprio cardeal Wolsey provavelmente teria invejado", segundo o comentário de Jock Colville.

A viagem até Terra Nova foi tranquila apesar do mar agitado. O sardônico diário de Alexander Cadogan registra refeições excelentes, "um tonel de um caviar admirável que lhe fora dado [a Churchill] por Joe Stalin (...) com um bom tetraz jovem", com Churchill perdendo dinheiro para Harry Hopkins no gamão e a exibição de filmes escolhidos pelo primeiro-ministro, a maioria dos quais não atraía o perfil mais intelectual de Cadogan.[43]

Quando chegaram à baía de Placentia, o primeiro-ministro e sua comitiva — à qual agora se juntava o lorde Beaverbrook, que atravessara o Atlântico de avião — embarcaram no cruzador pesado USS *Augusta*. Churchill e Roosevelt retiraram-se para um almoço *tête-à-tête*, e o restante saboreou o que Hollis chamou "um excelente almoço a garfo"[44] e

116

O BUNKER DE CHURCHILL

Alexander Cadogan, em contraste, considerou "um *dejeuner à la fourchette* seco e muito insatisfatório".[45] A reação de Churchill à lei que proibia o consumo de álcool em navios — talvez felizmente — não foi registrada.

O encontro certamente teve bons resultados, mas talvez tenha rendido menos do que Churchill esperara. O resultado prático mais importante foi o fato de os EUA terem assumido a responsabilidade de proteger a marinha mercante na faixa americano-islandesa do Atlântico, mas, com essa exceção, tudo que resultou do almoço foi o Pacto do Atlântico, uma declaração conjunta de princípios — um documento tão vago que até Stalin mais tarde foi capaz de aderir a ele. Churchill divulgou os resultados da melhor forma que pôde, tendo sido lançado um filme com os principais momentos do encontro, incluindo a celebração religiosa da manhã de domingo a bordo do *Prince of Wales*, no qual as duas delegações, a tripulação do navio e 250 marinheiros e fuzileiros cantaram *Onward Christian Soldiers* [Avante, soldados cristãos] e *O God, Our Help in Ages Past* [Ó Deus, nosso auxílio em tempos idos].[46]

No início do inverno de 1941-42, a Inglaterra passara a receber uma valiosa assistência dos EUA, mas Roosevelt parecia longe de estar inclinado a entrar na guerra. Restava a Churchill, nas palavras de Andrew Roberts — como fora o caso do sr. Micawber de Dickens —, "esperar que algo acontecesse".[47] O que aconteceu foi o ataque japonês a Pearl Harbor em 7 de dezembro e, com ele, o início da guerra no Pacífico. Mesmo isso poderia não ter sido o bastante para levar os EUA a entrar na guerra europeia, não fosse a Alemanha e a Itália terem declarado guerra ao país quatro dias depois. Havia agora, finalmente, uma "Grande Aliança" tão formidável quanto aquela que o duque John usara para frustrar as ambições de Luís XIV. Churchill estava de volta ao seu elemento, e a equipe da Sala de Mapas tinha mais trabalho do que nunca.

4

A vida no bunker

Uma das características mais marcantes da Inglaterra da Segunda Guerra Mundial era a capacidade de seu povo guardar segredos. Gabinetes e departamentos do governo — na realidade, toda a estrutura do Estado e da sociedade — haviam se tornado, mesmo antes do início da guerra, muito menos "vazados" que seus sucessores modernos. A imprensa, por sua vez, era mais cautelosa do que na atualidade. Ainda que alguns dos que tinham conhecimento de segredos fossem ocasionalmente tagarelas e incautos, uma combinação entre uma integridade inata notável, alertas bem divulgados de que "Hitler está ouvindo" e o medo das consequências da indiscrição garantia que a maioria das pessoas tivesse a consciência de que conversas imprudentes poderiam custar vidas, mantendo suas bocas firmemente fechadas. O código de sigilo era tão levado a sério que casais namoravam e se casavam para só depois descobrirem que haviam trabalhado em prédios vizinhos, ou até mesmo, talvez, em corredores diferentes do mesmo prédio. O papel extremamente importante de Bletchley Park e a decifração do código alemão "Enigma" talvez seja o mais famoso exemplo dessa discrição, posto que a existência da inteligência Ultra de alto nível que

O BUNKER DE CHURCHILL

ele produziu não foi revelada ao público até meados da década de 1970. Aqueles cujo trabalho era confidencial continuavam relutantes em falar sobre o assunto muito depois que a guerra havia se tornado história: este autor sempre considerou o silêncio patriótico uma das qualidades mais admiráveis dessa notável geração.

O CWR era, conforme tem sido dito, um "segredo bem mantido", e o trabalho realizado ali só era conhecido por aqueles "que precisavam saber". Era nele que estava localizada a Sala de Mapas, que registrava os avanços e retiradas das tropas, as localizações de navios de guerra e frequentemente o doloroso progresso dos comboios que supriam a nação. Ali os planejadores trabalhavam nas operações seguintes e a equipe de inteligência ponderava sobre a força do inimigo e tentava antecipar seus próximos movimentos. Contudo, o Centro de Operações parecia-se mais com a movimentada ala doméstica de uma casa eduardiana, tendo no andar de cima o glamoroso mundo do anexo do nº 10, onde Churchill morava e trabalhava, e onde ficavam os principais escritórios da secretaria do Gabinete Nacional. O prédio do NPO como um todo, ao qual seus ocupantes geralmente se referiam como Storey's Gate ou Great George Street,[1] constituía um quartel-general de guerra, contendo departamentos cruciais para sua realização, de forma que o sigilo era algo que se fazia necessário em toda a sua extensão — tanto no porão quanto na superfície. Ainda assim, ele não ficava localizado no meio de uma floresta distante ou escondido em um subúrbio afastado: ele ocupava o coração da capital, fazendo parte do mesmo panorama que o Palácio de Buckingham e as Casas do Parlamento, com os táxis que se deslocavam continuamente ao longo da Birdcage Walk.

A Ilene Adams — estenógrafa que trabalhava para Bridges, Ismay, Hollis e a JPS — disseram: "Tão logo você termine uma parte do seu trabalho, esqueça-a."[2]

Todos eram aconselhados a não escreverem diários, e as cartas eram censuradas. Por trás do conselho havia a ameaça implícita de punições

A VIDA NO BUNKER 119

caso alguma informação vazasse. Até mesmo a leitura de jornais era desestimulada, e Olive Christopher (mais tarde Margerison) recebeu o conselho: "Evite ler o que a imprensa diz, pois seria fácil confundir o que você faz em seu trabalho com o que está nos jornais diários."[3]

Ilene Adams lembra-se de dois homens que ela pensava serem detetives terem vindo ao Centro de Operações e levado uma moça que estava aos prantos: "Nós todos realmente tínhamos muito medo", admitiu ela.

De forma geral, apesar da ocasional conversa solta nos clubes, pubs ou travesseiros, o trabalho — até mesmo o local de trabalho — era mantido em segredo. Olive Christopher, assistente pessoal do general Hollis, se relembraria de que os generais achavam que "os ocupantes dos cargos menos importantes sabiam guardar segredos melhor, ao passo que os dos cargos superiores iam aos clubes e 'abriam a boca' enquanto jogavam!"[4] e a oficial de esquadrão Joan Williams (mais tarde Lady Llewellyn), encarregada do Departamento de Criptografia do Escritório do Gabinete Nacional (COCO), de vez em quando se sentia horrorizada diante das conversas indiscretas que ouvia em hotéis e restaurantes elegantes.[5] No que diz respeito aos diários, os escalões mais altos eram seguramente os maiores transgressores da regra que os proibia. Os historiadores têm boas razões para serem gratos, visto que, sem os diários do lorde Alanbrooke, John Colville e outros, o nosso conhecimento da Segunda Guerra Mundial seria muito mais pobre.

O próprio Churchill, previsivelmente, não tinha o costume de seguir regras e acumulava documentos que deveriam ter ficado nas mãos das autoridades apropriadas. Seu relato, notavelmente idiossincrático, da guerra foi lançado entre 1948 e 1954, e incluía um material que deveria ter sido sujeito às regulamentações aplicáveis aos registros públicos. Lawrence Burgis, desafiando totalmente as regras, escreveu relatos que transcreviam palavra por palavra as reuniões do Departamento de Guerra.[6]

Para muitos, o hábito da discrição continuava prevalecendo muito depois de não ser mais necessário. Nora Colville (mais tarde Hunter)

120 O BUNKER DE CHURCHILL

era uma funcionária do Departamento de Criptografia da WAAF, e sua filha se recorda de que foi somente no final da década de 1980 que ela sentiu ser apropriado discutir o trabalho que fizera no Departamento de Guerra com a família.[7] Os diários e memórias de ministros, funcionários públicos e oficiais superiores começaram a aparecer nos anos 1950: o *One Marine's Tale* [Conto de um fuzileiro], de Hollis, foi publicado em 1956, e *War at the Top* [Ponto alto da guerra], de James Leasor, baseado nas experiências de Hollis, em 1959, enquanto as *Memoirs* [Memórias] de Ismay foram lançadas em 1960. *The Inner Circle* [O círculo íntimo], de Joan Bright — o relato mais evocativo e incisivo da vida na secretaria —, foi publicado somente em 1971. Foi, contudo, apenas depois da restauração do CWR pelo Museu Imperial da Guerra nos anos 1980 que um esforço concentrado foi feito para reunir informações de muitos daqueles que haviam trabalhado nele, uma pesquisa ainda em andamento. Uma imagem mais completa, não apenas da estrutura do centro e da sua relação com outras partes do centro de comando, mas também da natureza do trabalho, das condições e do ambiente — tanto físico quanto psicológico — no qual o trabalho era feito podia agora ser montada.

Muitos que não trabalharam para o Escritório do Gabinete Nacional ou no CWR devem ter tomado conhecimento da sua existência. A laje, por exemplo, não poderia ter sido construída sem o envolvimento de muitos profissionais, e havia sempre a necessidade de manutenções diárias e melhorias ocasionais. Esses trabalhadores e técnicos, entretanto, fizeram juramento de sigilo e está claro que a prática era usar o mesmo grupo de mão de obra em trabalhos secretos a fim de minimizar o risco da indiscrição. William Heath, um eletricista, passou nove meses trabalhando em projetos secretos que incluíam a instalação do telefone com misturador de frequência que dava a Churchill uma linha direta para Roosevelt — a qual era segura na maior parte do tempo, mas que foi interceptada pelos alemães pelo menos em uma ocasião, no dia 28 de julho de 1943. Ele também ajudou a instalar a máquina misturadora

A VIDA NO BUNKER

de frequência no porão da loja de departamentos Selfridges, em Oxford Street. Além disso, Heath trabalhou nos túneis embaixo de Dover Castle, que tiveram um papel muito importante no planejamento e na condução da evacuação de Dunquerque em 1940 e que continuariam sendo importantes depois — na verdade, muito depois — da guerra. Ele nunca conversou com ninguém, nem mesmo com a esposa ou os filhos, sobre o trabalho, mas confidenciou a seu filho Alan que fizera um juramento de sigilo, e que se o quebrasse seria fuzilado.[8]

No mundo troglodita do Centro de Operações, apenas o relógio era capaz de dizer se era dia ou noite, e as condições climáticas da superfície eram informadas àqueles que ali trabalhavam por um quadro de notícias: uma campainha elétrica dava o alerta de ataque aéreo. Os sempre presentes fuzileiros navais que montavam guarda acabaram caindo no costume dos habitantes do CWR, mas impressionavam visitantes e recém-chegados que desciam as escadas em direção ao que alguns chamavam de "Buraco no Chão". "É exatamente como uma estátua de cera", disse uma nova secretária ao passar por um guarda de pé no meio da escadaria em espiral, mas essas estátuas de cera logo se mostravam bastante humanas, provocando as mulheres que passavam correndo de seus quartos, vestindo camisolas e usando rolos no cabelo, a caminho dos banheiros. A srta. Joy Hunter, na época secretária, lembra-se que um guarda era conhecido por passar seu tempo livre fazendo delicados bordados.[9]

O CWR era um ambiente artificial, fortemente iluminado por uma combinação de lâmpadas tubulares e centenas de lâmpadas incandescentes, com o ar sendo canalizado das rotundas, apelidadas de "Anson", da Horseferry Road. Essas três estruturas circulares de concreto, construídas em espaços outrora reservados a gasômetros, abrigaram uma variedade de organizações durante a guerra, incluindo o Ministério da Força Aérea, o Ministério da Segurança Interna e o Departamento dos Bombeiros do Ministério do Interior. Uma delas fora considerada como base alternativa para o Departamento de Guerra e sua secretaria, e afinal de contas foi

122 O BUNKER DE CHURCHILL

equipada para receber o primeiro-ministro. Por baixo da crosta de aço e concreto das rotundas, há corredores ligados ao seu próprio gerador de energia, seu suprimento de água e sua estação de rádio. As rotundas constituíam o sistema de suporte à vida, visto que suas bombas sugavam o ar e o bombeavam para o Centro de Operações, onde o ar conservava um odor peculiar de metal.

Graças à laje, o Centro de Operações era reforçado, embora não completamente seguro, contra bombardeios. Havia, contudo, outra ameaça: inundações. Uma rede completa de túneis estende-se sob Whitehall ligando o Centro de Operações a outros departamentos do governo. Alguns pertencem ao pós-guerra, outros ainda estão sendo construídos agora mesmo, e outros têm séculos de idade. Muitos foram construídos pelo engenheiro William Halcrow na década de 1930. Os planos para grandes abrigos nos túneis nunca foram postos em prática, mas o túnel dos correios de Halcrow leva cabos entre departamentos importantes, incluindo o porão do Escritório do Gabinete Nacional, o nº 10 e o Gabinete de Guerra, e o túnel de retenção de Whitehall para a Horseferry Road foi concluído em agosto de 1942. Havia sempre o perigo de que, visto que o Centro de Operações fica localizado abaixo do nível do rio Tâmisa, um bombardeio pudesse resultar na entrada de água nos túneis e na inundação das passagens e compartimentos. Como medida contra essa possibilidade, comportas foram fixadas e bombas instaladas. Joan Bright (mais tarde Joan Bright Astley) foi transferida do Departamento de Guerra — onde trabalhara para a Inteligência Militar — para o Centro de Operações em dezembro de 1940. Em seu novo cargo, ela estava ligada ao Comitê de Planejamento Conjunto sob a autoridade do tenente-coronel Cornwall Jones. Ela descreve um:

> [...] labirinto de compartimentos e passagens envernizados, sua tubulação de ar pintada num tom alegre de vermelho [...]. Nesse complexo, havia escritórios, salas de reunião, cantinas e quartos de dormir guardados e tripulados por

A VIDA NO BUNKER   123

fuzileiros navais vestindo uniformes azuis. O Comitê de
Planejamento Conjunto, o Comitê de Inteligência Conjunta, a Seção de Planejamento Estratégico [sic], a Seção
de Planejamento para Operações Futuras, a seção dedicada
à avaliação das intenções do inimigo, a seção para o desenvolvimento de meios para enganar o inimigo sobre as
operações projetadas, coronel Combe e seus codinomes:
todos estavam lá, enterrados nas profundezas.[10]

A remodelação do CWR

Como local seguro para as reuniões do Departamento de Guerra,
os compartimentos subterrâneos tiveram o seu auge no outono e no
inverno de 1940-41. Depois disso, o Departamento de Guerra passou
a reunir-se geralmente no nº 10 da Downing Street ou na Câmara
dos Comuns, com talvez 115 sessões — cerca de uma em dez de suas
reuniões — tendo sido realizadas no Centro de Operações durante o
curso da guerra. Depois que o pior da Blitz passou, os chefes de Estado-
-Maior também preferiam reunir-se em outros lugares, especialmente
lá em cima no NPO.

A necessidade de acomodações seguras tornou-se mais uma vez importante em 1943, quando — embora a Luftwaffe não mais acreditasse
possuir recursos para montar outra Blitz — informações chegaram em
agosto de que a Alemanha estava preparando um novo ataque, desta
vez usando armas V — bombas voadoras e foguetes. Mais uma vez, a
adequação do NPO como centro de comando da guerra foi questionada.
O Comitê Crossbow foi estabelecido para avaliar as medidas de defesa
contra as novas armas e garantir que o funcionamento do mecanismo
do governo pudesse ser mantido. Sua decisão foi contrária à restauração da "Manobra Negra", mas recomendou que fossem procuradas
acomodações para serem usadas como cidadela.[11] Estava claro que o

124 O BUNKER DE CHURCHILL

CWR não era seguro contra uma bomba de 500kg com um fusível de ação retardada, e uma pesquisa para identificar cidadelas disponíveis apontou para as rotundas da Horseferry Road como as mais adequadas. Duas das opções possíveis identificadas em 1943 eram:

(a) Que o Escritório do Gabinete Nacional continue onde se encontra atualmente, usando as acomodações do andar inferior quando houver uma Blitz, mas que o PM, ao anoitecer, fique, digamos, na cidadela da Horseferry Road, ligada ao Escritório do Gabinete Nacional por um túnel. Reuniões noturnas entre ministros ou COS também devem ser realizadas lá.

(b) Que os principais departamentos do Escritório do Gabinete Nacional sejam transferidos para a nova cidadela da Horseferry Road.[12]

No fim, nenhum dos planos foi implementado, e o Escritório do Gabinete Nacional continuou onde estava. Quando o ataque com bombas voadoras V1 teve início em junho de 1944, o Departamento de Guerra passou novamente a reunir-se no CWR, e realizou ali várias reuniões até setembro, quando poucas das V1s conseguiam passar. O risco certamente fora grande. No dia 8 de junho, uma V1 atingiu a Guards Chapel, na Birdcage Walk, em um dos horários de maior movimento pela manhã, quando as pessoas estavam a caminho do trabalho: 112 integrantes da congregação foram mortos, e 141 ficaram gravemente feridos. Contudo, o primeiro foguete V2 atingiu a Inglaterra no dia 8 de setembro e, como o risco aumentou, o Gabinete Nacional passou a reunir-se com frequência no subterrâneo até o último V2 ter alcançado Londres no dia 28 de março de 1945.

A partir de 1941, vários fatores levaram a modificações tanto na configuração do Centro de Operações quanto ao uso que se fazia dele. Aos poucos, os compartimentos passaram a ser utilizados como acomodações

A VIDA NO BUNKER

de emergência para os funcionários que trabalhavam principalmente no andar de cima, houve a liberação de espaço com a transferência do QG do Comando Interno primeiramente para o anexo do CWR, onde atualmente se encontra o Museu Churchill, e depois para a Horseferry Road, ao mesmo tempo que houve um aumento na necessidade de espaço em decorrência do crescimento das seções e comitês subordinados ao Comitê de Planejamento e ao de Inteligência Conjunta.

Os departamentos do porão original foram realocados. Assim, Hollis ficou com a sala anteriormente reservada a Sir Findlay Stewart (a 69A), chefe civil do Comando Interno, para usá-la como sala de emergência. A sala 67, não mais necessária para os chefes de Estado-Maior, foi reservada à equipe do Gabinete Particular do primeiro-ministro, enquanto a sala vizinha (a 66B) ficou com John Martin, o secretário particular principal, e a sala 62 foi reservada como sala de emergência para secretários pessoais e datilógrafos da secretaria. O comandante de acampamento — o oficial responsável pela administração rotineira do lugar — ocupou a sala 63, e a 62A tornou-se um refeitório para os fuzileiros navais, que agora compunham um total de 49.

Mais ao sul no corredor, as salas também foram reservadas a funcionários de alto escalão — Bridges, Ismay e seus secretários particulares, Lawrence Burgis e outros membros civis da secretaria — especialmente para uso de emergência, e ao coronel Capel-Dunn, secretário do Comitê de Inteligência Conjunta. A mesa telefônica do Departamento de Guerra foi temporariamente transferida para o corredor do pátio. Depois disso, foi agregada à mesa do nº 10, ocupando toda a sala 60 — que havia sido subdividida —, o que lhe deu uma capacidade três vezes maior.[13] Com exceção da Sala de Mapas (o verdadeiro sistema nervoso central do Centro de Operações), o refeitório da sala 68 e a mesa telefônica, a maior parte do corredor no porão do oeste não estava em uso contínuo. Uma pequena sala em frente à Sala de Mapas possuía uma importância que não condizia com seu tamanho, posto que era lá, por trás da porta cuja tranca indicava "livre" ou "ocupado", levando

126 O BUNKER DE CHURCHILL

os ocasionais passantes a lhe atribuírem uma função completamente diferente, que Churchill dava seus telefonemas transatlânticos.

Grande parte das salas sob o pátio também eram pouco ocupadas. Elas haviam sido preparadas durante a Blitz para o primeiro-ministro, sua esposa, sua equipe pessoal, ministros e assessores, e eram mantidas para o caso de os bombardeios pesados serem retomados. O fato de tantas salas serem subutilizadas é justificado, uma vez que ninguém era capaz de dizer quando poderia haver uma necessidade urgente para elas. O que isso significava, entretanto, era que, exceto pela Sala de Mapas, seu anexo e a mesa telefônica, um ritmo de atividade incessante foi transferido para o anexo do CWR. A equipe dos Comitês de Planejamento e de Inteligência Conjunta cresceu em número ao longo da guerra, dando origem a novas seções e comitês. Até o anexo ser desocupado pelo Comando Interno em 1942, seus funcionários tinham que se espalhar por todo o NPO, mas agora eles podiam ficar concentrados na parte mais discreta do prédio.

A remoção das Forças Internas e o aumento do número de funcionários dos Comitês de Planejamento e de Inteligência Conjunta no Centro de Operações marcaram uma mudança significativa no foco da guerra, com a defesa da pátria dando lugar ao planejamento da invasão do norte francês da África, da Sicília, do continente italiano e da França. O volume de trabalho gerado pelos planejadores era algo prodigioso. Desde o início ao final da guerra, a JPS produziu planos para incontáveis operações, muitos dos quais nunca passaram de minuciosos documentos de pesquisa, que foram rejeitados pelos chefes de Estado-Maior ou pelo Comitê de Defesa da JPS, embora outros tenham servido de base para campanhas inteiras. A Equipe de Pesquisa Conjunta era um corpo do qual, conforme estudos recentes apontaram, "Churchill nunca chegou a gostar, em grande parte porque atestava a dificuldade ou a impraticabilidade de alguns de seus projetos favoritos. Ele resmungava que ela representava 'todo um mecanismo de contradição'".[14] O Comitê de Inteligência Conjunta, presidido por Victor Cavendish-Bentinck (mais tarde 9º duque de Portland), trabalhava também continuamente, fosse

A VIDA NO BUNKER 127

noite ou dia, analisando informações de inteligência reunidas a partir de uma variedade de fontes, incluindo espionagem e escutas eletrônicas, e reunia-se com os chefes de Estado-Maior toda terça. Era na natureza dessa tarefa que o Comitê de Inteligência Conjunta nem sempre estava certo — por exemplo, ele foi exageradamente otimista ao concluir que o moral alemão estava ruindo em setembro de 1944 —, mas seus relatórios cuidadosamente pesquisados e equilibrados eram muitas vezes rejeitados pelos chefes de Estado-Maior sob argumentos pouco apropriados. Provavelmente havia muitos dedos no bolo da inteligência: cada serviço possuía sua própria seção de inteligência, enquanto algumas seções eram subordinadas ao Ministério da Economia de Guerra. Os chefes de cada serviço recebiam decodificações Ultra — assim como, evidentemente, Churchill.

Seções de planejamento mais especializadas foram formadas: a Equipe de Planejamento Estratégico (STRATS); a Equipe de Planejamento Executivo (EPS); a Equipe de Planejamento Administrativo Conjunto (JAPS); a Equipe de Planejamento de Operações Futuras (FOPS); e, mais tarde, em virtude de um certo otimismo, a Equipe de Planejamento Pós-Hostilidades (PHP). A Inteligência Conjunta também se expandiu, dividindo-se entre a Equipe de Inteligência Conjunta, o Quadro de Segurança Interserviços e as Operações Conjuntas de Inteligência. A Seção de Controle de Londres era o codinome do Grupo de Planejamento de Contrainformação, que desenvolvia planos para confundir e enganar o inimigo. Entre as suas realizações estava a criação do "homem que nunca existiu", obtida pelo método de vestir um cadáver com o uniforme de major dos fuzileiros navais e deixar com ele uma mala contendo informações falsas sobre os objetivos seguintes da Inglaterra. O corpo e a mala eram lançados ao mar e, quando o mar os deixava na orla espanhola, os documentos logo acabavam em mãos alemãs e ajudavam a convencê-los de que haveria pousos na Sardenha e na Grécia, não na Sicília. Um plano de engano maciço denominado Operação Fortitude ajudou a garantir que os alemães não chegassem à conclusão de que a invasão aliada de 1944 se daria na Normandia.

128 O BUNKER DE CHURCHILL

Uma pequena subdivisão desse projeto consistia na utilização, pela Seção de Controle de Londres, dos serviços de um tenente da Unidade de Pagamento — que possuía grande semelhança física com o general Montgomery e que foi ator antes e depois da guerra — para persuadir os alemães de que o "general" estava sendo homenageado em Gibraltar, área notoriamente exposta, encorajando-os a acreditar que haveria pousos no sul da França antes de as tentativas serem feitas em outros lugares.

Dimensões literárias

No romance *The Military Philosophers* [Os filósofos militares], o alter ego do autor Anthony Powell, Nicholas Jenkins, comparece a uma reunião do Comitê de Inteligência no CWR. Jenkins é escoltado escadaria abaixo por um fuzileiro naval, cujos "'Sim, sim, senhor' [...] aumentavam a sensação de se estar submergindo no convés de um navio" para "uma sala nas profundezas da Terra", com mobílias e decorações mais desgastadas que as dos escritórios do quartel-general e do governo". Powell descreve a atmosfera desse mundo subterrâneo:

> Nessa masmorra bem iluminada havia a sensação de que ninguém podia desperdiçar uma única palavra, nem mesmo uma sílaba, e muito menos um gesto que não tivesse claramente valor para a realização do trabalho em questão. O princípio do poder era quase palpável, zunindo e vibrando como os toques de um teletipo. O sentimento resultante era opressivo, e até mesmo um tanto alarmante.[15]

Durante um curto período de tempo, Powell foi um secretário militar auxiliar no Escritório do Gabinete Nacional, de forma que sua descrição baseia-se na experiência própria. Aparentemente, sua nomeação

A VIDA NO BUNKER   129

ocorreu de forma bastante casual em março de 1943, a pedido do
tenente-coronel Denis Capel-Dunn, secretário do Comitê de Inteligência Conjunta, que conhecia havia pouco tempo. Capel-Dunn era um
homem formidável, que Noel Annan — o qual trabalhava no Comitê
de Inteligência Conjunta — achava "evasivo e misterioso"[16] e Joan Bright considerava "inteligente e estranho".[17] Advogado na vida civil, ele
era tido em alta conta pela elegância com que elaborava documentos,
uma habilidade de que um autor talentoso como Powell certamente
compartilhava.[18] Capel-Dunn foi apelidado de *Papal Bun* ["Pão papal"]
pelo colega de Powell na Coordenação da Inteligência Militar, capitão
Alick Dru — uma brincadeira com seu "sobrenome duplo, seu credo,
sua atitude, sua aparência pessoal". Powell comentou em suas memórias
sobre a habilidade de Capel-Dunn como secretário das reuniões:

> Visto que os pontos de vista muitas vezes conflitantes das
> três forças armadas e de dois departamentos do governo
> estavam em questão, não era fácil chegar a um acordo.
> Uma variedade de argumentos podia surgir sobre a dife-
> rença entre o que havia sido dito e o que fora posto no
> "papel". Bun possuía o dom prematuro de promover a
> aquiescência.[19]

A aprovação de Powell por Capel-Dunn logo foi anulada. Powell achou
que ele demonstrou pouca consideração, mas admite em sua autobiografia que: "Para falar a verdade, não fui nem um pouco bem-sucedido
em meu novo emprego."[20]

Sua nomeação durou apenas nove semanas, depois do que ele retornou ao seu trabalho anterior junto à Coordenação de Inteligência
Militar, que envolvia lidar com os representantes militares dos governos
aliados e neutros. Capel-Dunn, entretanto, vive nas obras de Powell,
pois serviu ao menos em parte como modelo para seu personagem
Widmerpool.

130 O BUNKER DE CHURCHILL

O fato de Powell não ter se encaixado nas atribuições da JIS nem do Centro de Operações é demonstrado em comentários feitos em sua autobiografia. Os comitês da JIS produziam torrentes de documentos sobre cada aspecto e esfera da guerra, e, como seu secretário, geralmente auxiliando Capel-Dunn, ele tinha que resumir as conclusões do comitê, o que, como os comitês só costumavam terminar de madrugada e os resumos tinham de estar prontos para circulação na manhã seguinte, implicava longas catorze horas de trabalho por dia. Powell perguntava-se se "era possível que homens cansados, debruçados sobre documentos complicados noite após noite até o amanhecer, pudessem produzir os melhores resultados". Também não o impressionava a importância atribuída ao sigilo absoluto. O conhecimento de questões operacionais cruciais poderia, ele admitia, ser útil para o inimigo, mas Powell era um tanto cético em relação à verdadeira importância de grande parte do material estatístico que os comitês avaliavam e verificavam.[21]

Outro romancista, Dennis Wheatley — cujos livros que abordavam o satanismo e o oculto custaram a este autor muitas noites de sono quando estava na escola — teve uma carreira mais longa e bem-sucedida no Centro de Operações.[22] Aos 40 e poucos anos, no início da guerra, Wheatley bombardeava seus contatos em Whitehall com artigos com sugestões para a realização da guerra. Seu artigo sobre "Resistência à invasão" chamou a atenção do comandante de voo Lawrence Darvell, que lhe pediu que escrevesse um artigo sobre planos de invasão do ponto de vista alemão e mandá-lo para "a sala do sr. Rance no Departamento de Construção Civil" — que, embora Wheatley não soubesse na época, era o codinome da base das equipes de planejamento conjunto no CWR. A esse artigo sucederam dois outros, intitulados "Outras medidas para a resistência à invasão" e "Defesa da vila". Dotado de uma energia incrível, esse homem escreveria cerca de 500 mil palavras sobre os vários aspectos da guerra, e sua fértil imaginação daria origem a muitos planos engenhosos e incríveis. Sua criação bizarra, o Salva-Vidas Atlântico — um gigantesco aglomerado de balsas atadas uma às outras e impelidas

A VIDA NO BUNKER

na corrente do Golfo para levar suprimentos até a costa atlântica da Escócia —, nunca foi posta em prática, mas também não foi dada preferência ao porta-aviões feito de gelo artificial defendido pelo lorde Mountbatten, enquanto os portos artificiais "Mulberry" e a tubulação de petróleo no fundo do mar (PLUTO), ambos usados na Normandia, poderiam facilmente ter sido rejeitados como extravagantes.

Wheatley e sua extraordinária esposa tinham uma extensa rede de contatos sociais: ele era um anfitrião generoso com uma excelente adega de vinhos,[23] e em dezembro de 1941 foi encontrado um lugar para ele na base da Seção de Controle de Londres, no anexo do CWR, que, como vimos, tratava de planos de contrainformação. Ele foi comissionado na Reserva de Voluntários da Força Aérea Real (RAFVR) e, em seguida, promovido a comandante de voo. Com o coronel J. H. Beven, chefe da Seção de Contrainformação Europeia, ele ajudou a cobrir o plano para a Operação Torch — a invasão do norte francês da África — e foi um dos sete oficiais de Estado-Maior que ajudaram a enganar o alto-comando alemão sobre o lugar onde se dariam os desembarques do Dia D.

"As batidas dos saltos altos"

A Whitehall do pré-guerra adaptara-se lentamente ao recrutamento de mulheres, embora as banquetas dos funcionários masculinos houvessem desaparecido para dar lugar às mesas das estenógrafas femininas. O funcionalismo público estava, não obstante, à frente de seu tempo ao oferecer trabalho como secretária a mulheres com exames competitivos que levavam a empregos seguros, mas no Departamento de Guerra as datilógrafas eram supervisionadas de perto por mulheres mais velhas com ruidosas canetas nas mãos, que monitoravam cuidadosamente de quais oficiais elas tomavam ditados com mais frequência, a fim de evitar a formação de laços perigosos. A ideia de uma mulher assumir o papel

132 O BUNKER DE CHURCHILL

de assistente pessoal de um oficial de alto escalão e, consequentemente, tomar conhecimento de informações era quase inconcebível no início da guerra. Porém, dali a um ano, como Joan Bright Astley escreveu:

> (...) a decadência estabelecera-se. No momento em que as bombas começaram realmente a cair na Inglaterra, havia poucos oficiais superiores que não possuíssem sua "assistente pessoal" (uma funcionária civil temporária para a duração da guerra), o barulho de seus saltos constituindo eficientes e provocativas batidas que se deslocavam de um lado para outro nos sombrios corredores, entrando e saindo das salas deterioradas.[24]

Joan Bright retrata com perfeição o impacto que as funcionárias civis, ao mesmo tempo eficientes e femininas, tiveram durante a guerra sobre Whitehall, e particularmente na secretaria. Ela era uma exceção, não apenas no cargo único que veio a ocupar como arquivista dos chefes de Estado-Maior e comandantes em chefe e como administradora-chefe das delegações inglesas em conferências aliadas, mas também no exótico caminho que percorreu para juntar-se à secretaria do Departamento de Guerra. Seu recrutamento para um ramo sigiloso da inteligência militar, cuja especialidade era garantir que os campos petrolíferos romenos não caíssem em mãos alemãs, havia, à moda dos mais aclamados romances de espionagem, envolvido uma espera na estação de metrô de St. James's Park usando um cravo vermelho a fim de ser identificada por uma mulher que a escoltou, mudando várias vezes de direção, a um escritório anônimo. No início da guerra, seu departamento, MI(R), perdeu o D da categorização que assinalava o trabalho secreto, incluindo espionagem e sabotagem, e foi transferido para o Escritório do Departamento de Guerra, onde Joan passou o ano seguinte. Ela gostava do Departamento de Guerra e do trabalho emocionante que realizava nele, o qual envolveu conhecer figuras glamorosas como Peter e Ian Fleming, e o

A VIDA NO BUNKER

ator David Niven. Ocasionalmente ela saía com Ian Fleming e, embora tenha afirmado que não houve nenhum romance tórrido, é creditado a ela um dos modelos para a incrível srta. Moneypenny na série James Bond. Ela recebeu de seu chefe de departamento, que estava partindo para um novo cargo, o conselho de que o Escritório do Gabinete Nacional era o melhor lugar para se estar. Após uma desencorajadora entrevista com Ian Jacob, que lhe disse que o Escritório do Gabinete Nacional não empregava mulheres como secretárias particulares, ela fez, em agosto de 1940, outra entrevista com o tenente-coronel Cornwall Jones, secretário da JPS. A entrevista aconteceu no porão-restaurante do Hatchett, em Piccadilly, lugar bastante frequentado por acreditar-se ser seguro contra bombardeios. Ao som dos "tã-tãs de uma banda", Joan recebeu a oferta de um emprego na equipe de Jones, tendo se mudado para a Great George Street em dezembro.

A maior parte das datilógrafas chegava ao Escritório do Gabinete Nacional por caminhos convencionais. Ilene Adams, após prestar e passar no exame de taquigrafia e datilografia em Newcastle, mudou-se para Londres no início da guerra e começou a trabalhar na Secretaria de Guerra do Richmond Terrace — um passo ousado para uma moça de 18 anos. Em 1940, ela mudou-se com a secretaria para o NPO, onde trabalhou ao longo de toda a guerra, primeiramente no anexo do nº 10 — tomando ditados de Bridges, Ismay e Hollis — e depois para a JPS, no Centro de Operações. Gladys Hymer, também estenógrafa no serviço público, trabalhou no início da guerra para o Gabinete de Compensação, que lidava com o comércio externo. Depois que este praticamente deixou de existir, em maio de 1941 ela foi transferida para o CWR, onde passou a trabalhar como estenógrafa para a JPS.

Foi por causa de Joan Bright que Olive Christopher veio a trabalhar no Departamento de Guerra. Entrevistada no Gabinete de Guerra, mandaram-lhe "procurar a srta. Bright" e, embora tenha sido nomeada secretária, logo estava trabalhando na Agência de Segurança Interserviços, parte do MO9 — que, entre outras atividades, recrutava agentes,

134   O BUNKER DE CHURCHILL

entre estes David Niven, o qual, na época da evacuação de Dunquerque, encontrou soldados errantes e os trouxe de volta da França, tendo mais tarde servido como tenente-coronel no "Fantasma", o regimento de coordenação do QG. Uma das "garotas", como eram conhecidas as habilidosas funcionárias públicas temporárias do Gabinete de Guerra, ofereceu-se por sugestão de Joan Bright para ser transferida para os escritórios do Departamento de Guerra e trabalhou no CWR. Acabou datilografando as minutas das reuniões realizadas tarde da noite, que tinham de estar prontas para distribuição logo cedo na manhã seguinte — e com a expansão da JPS a carga de trabalho aumentou. Todos detestavam as copiadoras Gestetner, usadas para fazer cópias para distribuição. Entediada com o serviço que fazia, ela candidatou-se, com a ajuda de Joan Bright, a uma posição no MI5. O sr. Winnifreth, responsável pelos recursos humanos no Centro de Operações, recusou-se a dispensá-la, e, no início de 1943, ela juntou-se a Jacqueline d'Orville como segunda secretária do brigadeiro Hollis.

Jacqueline d'Orville (mais tarde Jaqueline Iliff) trabalhou no Ministério do Interior no início da guerra e foi transferida para o Escritório do Gabinete Nacional na mesma época que Norman Brook, em 1941. Ela tornou-se secretária de Hollis e trabalhava principalmente no segundo andar. Hollis, segundo ela se lembra, passava a maior parte do dia de trabalho no segundo andar, mas ia ao CWR depois que voltava do clube, trabalhava mais um pouco e dormia lá. Sua outra secretária, Olive Christopher, dividia o tempo entre o escritório do andar de cima e o outro escritório de Hollis, no CWR.[25]

Wendy Wallace (mais tarde Wendy Maxwell) foi quem trabalhou por mais tempo na secretaria. Antes funcionária do Ministério do Exterior, ela juntou-se ao CID em 1938 e, dessa forma, presenciou os preparativos para a guerra, o estabelecimento do Departamento de Guerra e o início do mandato de Churchill como primeiro-ministro. Durante a Blitz, ela ficava no CWR para a reunião das 21 horas do Comitê de Defesa e depois passava as primeiras horas da manhã datilografando as minutas antes de ir para a cama no "galpão" do porão.[26]

A VIDA NO BUNKER   135

Não era apenas o número de mulheres que trabalhavam na secretaria do Departamento de Guerra e nos departamentos das forças armadas que distinguia o centro de comando inglês dos de outras potências aliadas, mas também o número de mulheres *civis*. Quando as delegações inglesas chegaram a Moscou e Washington, encontraram várias mulheres uniformizadas. Ismay e Hollis orgulhavam-se de sua equipe feminina elegantemente vestida, achavam-na eficiente e gostavam da contribuição que ela oferecia à atmosfera do trabalho:

"Então você não uniformiza suas garotas?", observou o general Eisenhower certo dia.

"Isso não as tornaria nem um pouco mais confiáveis", respondeu o general Hollis.[27]

Invadira a secretaria não um monstruoso regimento de mulheres, mas uma pequena frota, de jovens eficientes, inteligentes, equilibradas e bem-vestidas. Elas mudaram de imediato o clima do que fora o CID. Joan Bright fez muito para estabelecer a posição das mulheres, que se tornaram funcionárias públicas temporárias. Ela possuía o equilíbrio e a confiança necessários para deixar claro que a equipe feminina podia ter tantas posições e responsabilidades distintas quanto quaisquer oficiais militares e funcionários públicos do sexo masculino. Quando trabalhava no "andar de baixo" para a JPS, o major Anthony Head pediu-lhe que tomasse um ditado, ao que ela prontamente recusou; Joan Bright não era nem secretária nem estenógrafa, e as moças que ocupavam esses cargos se ressentiriam se ela tomasse seu trabalho. Joan Bright também criou uma posição única para si: com sua mente sistemática, era capaz de organizar resmas de complexos documentos através dos sistemas de arquivamento simples e acessíveis que desenvolveu, o que levou à sugestão — feita a ela por Ismay durante o almoço — de que Joan se transferisse para o andar de cima e alocasse uma sala para o uso dos comandantes em chefe. Afinal de contas, ela concordou e mudou-se para o segundo andar, onde criou não apenas uma sala onde generais, almirantes e marechais do ar podiam se atualizar sobre as diferentes esferas da guerra que não eram do seu interesse direto, mas também um lugar onde podiam fazê-lo num ambiente descontraído.

A srta. Bright, charmosa e inteligente, tornou-se confidente dos grandes e importantes. Quando Wavell — liberado do seu comando no Oriente Médio e nomeado C em C da Índia — chegou, ela levou-o até o andar de baixo para encontrar seus antigos colegas na JPS e na Sala de Mapas. Ele a levou para almoçar e, caminhando de volta por St James's Park, perguntou: "Por que Winston não gosta de mim, Joan?"

Tratava-se de uma questão que ela não podia responder com sinceridade sem magoar mais ainda os sentimentos de Wavell, o que evitou fazer. O fato de ele ter lhe feito a pergunta, no entanto, é revelador, pois demonstra a reputação de Joan Bright de pertencer ao coração do "Círculo Íntimo", bem como a integridade que ela exalava, além de consistir num indício de como os homens fazem confidências às mulheres que não fazem aos homens. É improvável que Wavell fizesse essa pergunta a outro homem que não pertencesse ao seu nível na hierarquia, ainda que ele fosse tão confiável quanto Joan.

A secretaria, no andar de cima e no andar de baixo, o gabinete do primeiro-ministro, e até mesmo sua família e empregados pessoais compunham, na prática, uma única organização. Havia portas entre uma seção e outra, dentre os quais se destacava a porta bem guardada que levava aos compartimentos subterrâneos, mas aquele era em essência um único mundo, e as mulheres eram parte integrante de toda essa estrutura e sua atmosfera.

Na secretaria, todos trabalhavam muito e as pressões eram grandes. As operações eram planejadas e postas em prática, dando lugar à ansiedade por notícias de sucesso ou fracasso: todos estavam cientes da importância e da urgência das tarefas em questão. As mulheres que trabalhavam lá se lembrariam das longas horas de trabalho que se estendiam até a madrugada, frequentemente seguidas pelo momento

A VIDA NO BUNKER

em que desciam para os desconfortáveis aposentos do galpão, mas as memórias que guardam com mais zelo são aquelas que dizem respeito ao entusiasmo do trabalho, ao relacionamento descontraído entre chefes e subordinados e à amizade entre a equipe feminina.

Essas características provinham de cima, visto que Ismay estava interessado apenas no melhor: nas melhores pessoas e no melhor trabalho, e extraía o melhor de sua equipe por meio de uma administração ciosa e amigável.

Havia, evidentemente, uma hierarquia dentro da equipe feminina, assim como havia entre os homens. As mulheres trabalhavam tanto no andar de cima quanto no de baixo, mas as que tendiam a acabar no segundo andar eram selecionadas por serem particularmente capazes e confiáveis. Era lá que Ismay, Hollis e Jacob tinham seus gabinetes principais. No amplo gabinete central, entre as salas de Ismay e Hollis, trabalhavam suas secretárias e assistentes pessoais: entre estas Betty Green, Mollie Brown, Olive Christopher, Jacqueline d'Orville, Margaret Sutherland, Wendy Wallace, Sylvia Arnold e Margaret Fairlie. Os membros desse grupo possuíam fortes laços, e com Joan Bright — que, em vários casos, fora responsável pelo reconhecimento de suas habilidades — não apenas se tornaram amigos durante a guerra, como permaneceram próximos muito tempo depois de ela ter acabado. Outras secretárias, geralmente iniciantes, ficavam em duas salas para datilógrafos e estenógrafos, uma no andar de cima e outra no andar de baixo.

Tanto Ismay quanto Hollis gostavam de ter mulheres trabalhando para eles, flertavam de forma totalmente inofensiva e gostavam da atmosfera diferente que sua presença trouxera para o comando dos tempos de guerra. As assistentes, por sua vez, orgulhavam-se de seus chefes. Olive Christopher referia-se a Hollis como "meu brigadeiro" e, posteriormente, "meu general". Depois que Hollis recebeu a ordem de cavaleiro, ela passou a chamar sua esposa de "Lady Jo", enquanto, como já vimos, chamava-o "Jo" em particular. Ismay era informal e, de fato, dentro do círculo íntimo postos e títulos tinham pouca utilidade

138 O BUNKER DE CHURCHILL

quando oficiais superiores e funcionários públicos dirigiam-se uns aos outros. Isso incomodava Churchill, que mandou um memorando rabugento para Ismay e Bridges exigindo que secretários particulares e outros parassem de se tratar pelo primeiro nome ao escrever sobre questões de caráter oficial.[28]

As atitudes de Ismay e Hollis para com sua equipe feminina deixariam, sem dúvida, as feministas de épocas posteriores horrorizadas: "Ali vai uma potra e tanto", comentou Ismay sobre Jacqueline d'Orville e, quando Olive Christopher foi entrevistada por Hollis, depois de interrogá-la sobre suas habilidades como datilógrafa e estenógrafa, ele prosseguiu dizendo: "Permita-me dizer que pernas maravilhosas você tem", certamente um comentário que não seria aplaudido pelos padrões modernos da entrevista de emprego.

Todavia, como observou Joanna Moody, o flerte "nunca implicou nada além de deixá-las lisonjeadas".[29] O general Jacob era diferente, como nos conta Joan Bright Astley em seu livro *The Inner Circle* [O círculo íntimo]. Impressionado pelo fato de que os americanos pareciam ter apenas equipes uniformizadas, ele pensou em substituir sua "inteligente e escocesa srta. Wendy Wallace" por algum oficial, sem imaginar o golpe que isso seria para a autoestima dela e sua consideração por ele. Jacob foi forçado a se render, e a srta. Wallace saiu triunfante.[30]

Jacob não tivera a intenção de magoá-la, mas era desprovido da sensibilidade para com os sentimentos dos outros que era uma forte característica de Ismay e Hollis. Dedicado a seu trabalho, ele abordava a guerra com o mesmo espírito profissional e implacável que teria aplicado em um exercício do Exército em tempos de paz. No fim da guerra, ele disse a Joan Bright: "Que guerra interessante você teve, Joan. A impressão que tenho é a de apenas ter estado no escritório e no clube."[31]

Não devemos subestimar, por outro lado, sua contribuição para a secretaria, visto que, embora Jacob parecesse frio e contido, sua inteligência concentrada foi um elemento de suma importância, e por baixo de sua aparência inflexível batia um coração afetuoso. Depois que sua

A VIDA NO BUNKER 139

reserva era vencida, não poderia haver amigo mais leal e dedicado. Wendy Wallace (mais tarde Wendy Maxwell) conta-nos que ele era um homem maravilhoso, um amigo para a vida inteira, que lhe dava conselhos sobre todos os passos que ela dava. Churchill, segundo ela, não apenas pedia, mas confiava em seu julgamento.[32]

Os secretários seniores e assistentes pessoais formavam um grupo unido e que se apoiava mutuamente. Como acontece dentro de qualquer organização que emprega centenas de pessoas, havia divisões e subdivisões de respeito e afeição, bem como pequenos grupos de grandes amigos. No Centro de Operações, trabalhavam não apenas mais datilógrafas e estenógrafas, como também telefonistas. Rose Gibbs (mais tarde, Rose Haynes) recebeu em 1942 o aviso de que estava sendo transferida para uma central telefônica desconhecida. Ela teve que assinar um documento de sigilo nacional, e recebeu um passe especial e instruções de como encontrar essa central secreta. No CWR, ela encontrou a sala de controle, que não era muito diferente em aparência de outras centrais telefônicas, mas: "todos os telefonemas eram embaralhados, de forma que nós nunca sabíamos quem estava falando com quem. Não havia telefonemas 999 [número de emergência no Reino Unido], todo telefonema era considerado urgente."

A sala de recreação para as telefonistas dessa central, de codinome "Federal", ficava sobre as fundações da cozinha do antigo Palácio Real de Whitehall, destruído pelo incêndio do século XVII, e tinha a fama de ser assombrada. Ela tinha uma mesa de tênis de tamanho profissional, e "quando estávamos trabalhando à noite, por volta das 2 horas da manhã, escutávamos Carlos II [ou Carlos nº 2, como foi apelidado] jogando tênis na mesa; a bola de tênis era golpeada pela raquete e batia na mesa de um lado para o outro. É claro que era apenas o ar condicionado pregando peças em nossa mente".[33] As telefonistas não colaboravam com seu próprio estado de espírito ao brincarem com tábuas ouija. O que elas não sabiam é que Dennis Wheatley era um verdadeiro especialista em assuntos do sobrenatural, a base de muitos dos seus best sellers, e trabalhava a poucos metros de distância.

O BUNKER DE CHURCHILL

Os departamentos de codificação e criptografia

As mulheres que trabalhavam na secretaria eram todas civis, mas o centro de comando da guerra dependia de um pequeno destacamento de mulheres uniformizadas. Em 1942, o Escritório do Gabinete Nacional e os chefes de Estado-Maior decidiram que deveria ser estabelecido pela RAF um Departamento de Criptografia para sua utilização a fim de coordenar todos os sinais anteriormente tratados por serviços separados. A partir de abril daquele ano, uma seção das oficiais da Força Aérea Auxiliar Feminina (WAAF), sob o comando da oficial de esquadrão Joan Williams, teve um papel crucial na codificação e decodificação de todos os sinais que entravam e saíam do NPO.

Ela fora responsável pelo Departamento de Criptografia do Ministério da Força Aérea, e pediram-lhe que criasse o Departamento de Sinais Especiais do Ministério da Força Aérea, que em 1943 se tornou o Departamento de Criptografia do Escritório do Gabinete Nacional, quando este foi transferido para o andar térreo do NPO. Ian Jacob explicou-lhe quais seriam suas tarefas na seção em março de 1942 e lhe deu ordens para que selecionasse sua equipe de oficiais. Oito eram necessárias, uma vez que haveria duas sentinelas, cada uma coberta por duas oficiais. Todas as mensagens que chegavam tinham de ser decodificadas, datilografadas e copiadas antes de serem enviadas para o Gabinete Nacional. Joan Williams recorda-se que: "Em questão de semanas, as oficiais foram escolhidas, os livros, as Typex [máquinas que codificavam e decodificavam mensagens] e as máquinas datilográficas chegaram, e no dia 13 de abril nós começamos."

O trabalho no Departamento de Criptografia era árduo: a carga de trabalho aumentou, e as condições no extenso escritório do porão para o qual a unidade foi transferida eram insalubres, visto que o local era empoeirado e quase desprovido de ar. Ele era guardado por um oficial dos veteranos da equipe de segurança, que ficava no meio da escadaria e tinha uma "porta de estábulo" trancada onde todos os visitantes,

A VIDA NO BUNKER 141

independentemente do cargo, tinham de apresentar seus passes. Mais tarde, no verão de 1943, o departamento foi novamente transferido, desta vez para acomodações melhores, tendo sido instalado em quatro salas adjacentes à Sala de Mapas do andar térreo do primeiro-ministro e à entrada para o flat de Churchill. Joan Williams lembra que a mudança foi "uma grande alegria, pois tínhamos bastante ar fresco e vista para St. James's Park".

Embora o Departamento de Criptografia do Escritório do Gabinete Nacional fosse composto de oficiais da WAAF e estivesse tecnicamente sob o comando do Ministério da Força Aérea, ele fazia parte da secretaria do Escritório do Gabinete Nacional, e portanto era controlado por Ismay, Hollis e Jacob, o capitão Clifford e o comodoro do ar Earl, todos os quais se reportavam diretamente ao primeiro-ministro. Leslie Hollis era o responsável geral pela eficiência dos serviços de criptografia. Ele ainda não havia conhecido a oficial de esquadrão Williams quando convocou o oficial encarregado depois que uma mensagem com o rótulo "Estritamente secreto e pessoal para chefes de Estado-Maior" havia circulado entre todos na lista "secreta" normal de distribuição. Hollis disse ao seu secretário particular, o sr. Jones, que encontrasse o oficial, dizendo: "Chame-o imediatamente. Eu lhe arrancarei as calças!" Em pouco tempo, o sr. Jones informou a Hollis que o líder de esquadrão Williams havia chegado:

"Com uma voz alta e furiosa eu lhe disse que mandasse o oficial entrar. Fiquei perplexo ao me deparar com uma jovem linda e encantadora. Pedi que se sentasse e disse que as lágrimas eram desnecessárias. Ela expressou grande preocupação em relação ao erro que, evidentemente, não havia sido cometido por ela. Vendo que a pobre moça estava sob uma enorme pressão, eu disse algo do gênero de que, embora não devessem ser cometidos mais erros, o incidente deveria ser dado por encerrado contanto que os envolvidos recebessem as devidas reprimendas. A líder de esquadrão ainda estava um pouco abalada, e quando finalmente se levantou para sair, uma ou duas lágrimas brotaram em seus olhos. Quando um oficial do Exército perguntou o que o brigadeiro fizera para fazer a srta. Williams chorar, o sr. Jones respondeu que ouvira o brigadeiro dizer que 'arrancaria as calças de alguém'."[34]

Joan Williams insiste que nunca negou que o erro havia sido dela, acrescentando com confiança: "Não acho que ele tenha me reduzido às lágrimas."

O Departamento de Criptografia cresceu em tamanho ao longo da guerra, e quando ela chegou ao fim, Joan Williams era responsável por 48 oficiais — um alto grau de responsabilidade para uma oficial que continuava no mesmo posto que ocupara quando o departamento foi estabelecido. Ela sentia grande orgulho das "minhas garotas", como as chama até hoje, e as apoiava firmemente. Seu departamento foi tratado de forma bastante injusta pela RAF em termos de promoções, visto que tecnicamente fazia parte pelo estabelecimento da base da RAF de Leighton Buzzard, o que incluía a responsabilidade de pagamento e promoção. A importância do departamento, entretanto, era completamente reconhecida pelo Escritório do Gabinete Nacional e os chefes de Estado-Maior, que tinham confiança absoluta nele. Em 1944, Joan Williams foi agraciada com a ordem OBE [*Officer of the Order of the British Empire* — Oficial da Ordem do Império Britânico], uma honra que ela considera uma homenagem à sua seção. O Departamento de Codificação e Criptografia era essencial para o complexo que compunha o Escritório do Gabinete Nacional, posto que a segurança nas comunicações era vital — fato evidenciado pela vantagem que o Ultra proporcionou à Inglaterra. Importantes telefonemas feitos por Churchill e outros eram embaralhados, afinal por um aparelho tão grande que teve de ser guardado no porão da Selfridges, mas as mensagens envia-

A VIDA NO BUNKER 143

das por telégrafo tinham que ser codificadas e decodificadas — um processo complexo e laborioso que envolvia máquinas especiais acopladas a máquinas de datilografia. Era um trabalho bastante solitário, com pouco da sociabilidade encontrada no restante de Storey's Gate. As oficiais da WAAF eram isoladas entre si e trabalhavam ao longo de uma série de turnos, tendo pouca chance de ver qualquer pessoa de outros departamentos ou conhecer os vários oficiais jovens pelos quais passavam no corredor que partia da entrada da Great George Street e as levava ao seu local de trabalho protegido. É notável o fato de, mesmo nessas circunstâncias, elas terem conservado uma moral formidável.

Trabalho misturado com diversão

Ninguém que ouça ou leia as lembranças daqueles que trabalhavam em Londres durante a guerra pode deixar de se surpreender com o contraste da experiência diária. A jornada rotineira de trabalho, as horas no escritório, na loja, ou a tarde no pub continuavam exatamente como sempre haviam sido, exceto pela intrusão da anormalidade na forma da bomba, ou posteriormente a "doodlebug."* Havia a austeridade, o racionamento e, com frequência, algum produto entrava em falta — geralmente a cerveja ou gêneros alimentícios comuns. A norma, então, era entrar na fila e depois correr até uma loja específica que, segundo rumores, estivesse vendendo temporariamente alguma delícia rara. Ainda assim, as pessoas continuavam se divertindo, e os pubs, clubes e salões de dança estavam sempre cheios. Talvez os prazeres fossem estimulados pelo risco constante de morte e os relacionamentos se tornassem mais urgentes devido ao caráter imprevisível da guerra.

Alguns cruzavam Londres — danificada pelas bombas, mas claramente prosseguindo com os negócios e a diversão — até o próprio

---

* Míssil alemão V1, assim apelidado na Inglaterra. [*N. da T.*]

144   O BUNKER DE CHURCHILL

centro da administração de guerra da mesma forma que aqueles que trabalhavam no NPO. Alguns surgiam piscando os olhos sob a luz do dia, saindo de um mundo artificialmente iluminado e abastecido por ar trazido de outro lugar com a gratidão daqueles que passavam longas noites no CWR. Era necessário ser psicológica e fisicamente robusto para aguentar. William Heath, que ajudou a instalar o sistema elétrico, disse que o CWR era úmido e a ventilação escassa: a pele ficava cheia de brotoejas, o que ele atribuía às condições do local. Myra Collyer, que trabalhou como estenógrafa, descreve o tratamento obrigatório com lâmpadas ultravioleta para ameninzar os efeitos de se trabalhar no subterrâneo: uma colega tirou seus óculos protetores e quase perdeu a visão. Como sugerem os cinzeiros que agora são um elemento tão marcante do Centro de Operações, quase todos fumavam: as reuniões do Gabinete Nacional deixavam o ar denso, quase sufocante, por causa dos charutos de Churchill, o cachimbo de Attlee e os cigarros infindáveis de Bevin. O cheiro de comida impregnava o ar, acompanhado pelo mau cheiro que vinha dos vasos sanitários Elsan, e quando Myra Collier cobriu com um lenço a saída de exaustão, ele saiu preto de fuligem.

O NPO não era mais perigoso que outros lugares na capital e, na verdade, durante a Blitz, o centro de Londres foi atingido pouco menos que as regiões leste e oeste da cidade. Bombas atingiram Whitehall — uma delas caiu na Clive Steps, logo na entrada do CWR e muito próximo à sua atual entrada. Além disso, Ilene Adams se recordaria: "Uma moça foi morta por um estilhaço de bomba ao sair pela porta do escritório."

Rose Gibb estava trabalhando quando o primeiro *doodlebug* foi lançado — em Bethnal Green, região leste de Londres — e "ninguém sabia o que eles eram (...) a mesa telefônica acendeu, todo mundo estava tentando entrar em contato com alguém para descobrir o que estava acontecendo". Toda a equipe teve que trabalhar na supervisão das

A VIDA NO BUNKER 145

Precauções Contra Ataques Aéreos (ARP). Ainda assim, eles sentiam-se seguros no CWR, e mesmo nos andares superiores do NPO havia sempre a certeza de que havia abrigo nos porões.

O que provavelmente era mais assustador para muitos membros da equipe era ir para casa e passar a noite ouvindo bombas caírem. Joan Bright já havia sido bombardeada quando seu flat na Curzon Street fora atingido, e estava morando no Hotel St. Ermin, do outro lado do parque de Storey's Gate, quando acordou certa noite com "o quarto invadido por uma luz vermelha intermitente; a igreja do outro lado da rua estava pegando fogo". Olive Christopher morava em Croydon, embora geralmente dormisse no galpão, mas uma noite recebeu um telefonema de alguém avisando que sua casa havia sido atingida por uma bomba incendiária. Ela também escapou por pouco, pela sorte de um encontro cancelado, ao ataque direto ao Café de Paris, que matou oitenta pessoas.

Os clubes noturnos, os clubes masculinos de St. James's, os pubs e os cinemas eram todos bombardeados; mesmo assim as pessoas continuavam divertindo-se, e a Londres da guerra manteve um glamour febril. "Acho que não deveria dizer isso", comenta Lady Iliff, anteriormente d'Orville, "mas nós nos divertíamos muito. Quando se é jovem, você não se preocupa com o perigo."

Wendy Maxwell acredita que, mesmo com todo o horror e austeridade, havia entusiasmo e uma vida social agitada. Algumas lojas desapareciam, deixando apenas um espaço vazio; a comida podia ser simples, sem graça e racionada — embora, até o final de 1942, os restaurantes ainda oferecessem refeições elaboradas. As roupas tinham de ser compradas tanto com cupons quanto com dinheiro, mas muitas mulheres ainda conseguiam vestir-se de acordo com a tendência da moda. As moças da secretaria tanto eram inteligentes quanto se apoiavam mutuamente, maquiando-se e mudando o próprio visual e o das companheiras, e estavam sempre em busca de barganhas inesperadas ou

146   O BUNKER DE CHURCHILL

um vestido ou casaco que sabiam que agradaria o gosto de uma colega e lhe cairia bem. Após noites dormindo no galpão com o zunido do ar-condicionado e os ruídos dos ratos correndo de um lado para o outro, com a perspectiva de passar seus dias tomando notas e datilografando incessantemente por um período de tempo indeterminado, elas saíam do banheiro com a aparência mais glamorosa possível. A partir de 1942, entretanto, haveria — ao menos para alguns — um bônus inesperado para a vida na secretaria: viagens ao exterior.

5

O bunker viaja

Winston Churchill estava sempre inquieto. Detestava ficar preso em um mesmo lugar por muito tempo e sempre gostara de viajar. A primeira vez em que ficara sob ataque — acompanhando as forças espanholas em Cuba — havia sido em 1895, e mesmo antes de ter se tornado membro do Parlamento em 1900, com apenas 26 anos, ele já escrevera dois best sellers: um baseado em suas experiências na Fronteira Noroeste e o outro na campanha de 1898 no Sudão. Durante a guerra, estava em jogo nas viagens muito mais que o simples prazer de viajar. Ele acreditava que a intervenção pessoal era capaz de fazer uma diferença decisiva, e que encontros face a face com os dois líderes aliados e os comandantes ingleses lhe permitiriam avaliar estados de espírito, analisar personalidades e ganhar confiança. Em suas primeiras semanas como primeiro-ministro, ele voou para a França cinco vezes em maio e junho de 1940 a fim de tentar fortalecer a resistência do cansado governo francês e seu Exército combalido. No início de 1942, Pug Ismay chamou a atenção do general Sir Claude Auchinleck — comandante em chefe do Oriente Médio — para o fato de que, considerando a natureza de Churchill, não havia realmente nenhum substituto para um encontro pessoal com o homem:

148 O BUNKER DE CHURCHILL

Você não pode julgar o PM pelos padrões comuns, pois ele não se parece nem um pouco com ninguém que você e eu possamos ter conhecido. Ele é um emaranhado de contradições. Ou ele está na crista da onda, ou no fundo do poço; ou é eloquentemente laudatório, ou amargamente condenatório; ou se encontra num estado de espírito angelical, ou tomado por fúria; quando não está prestes a adormecer, ele é um vulcão. Não há meio-termo em sua natureza; ele aparentemente não vê diferença entre palavras duras ditas a um amigo e esquecidas dali a uma hora sob a influência de um argumento amigável e as mesmas palavras duras telegrafadas para um amigo a milhares de quilômetros de distância, sem a oportunidade de se defender.[1]

Ao longo do restante de 1940 e durante grande parte do ano de 1941, Churchill ficou confinado na Inglaterra, mas não em Whitehall. Seu trem especial, adaptado como quartel-general temporário e hotel dotado de escritório, permitia-lhe viajar pela zona rural visitando unidades militares, aeródromos e portos, inspecionando as defesas e constituindo uma presença reconfortante em áreas que haviam sofrido bombardeios pesados. Jamais preocupado com sua segurança pessoal, ele era acompanhado pelo inspetor Thompson e um punhado de oficiais e funcionários públicos, e, embora com frequência ficasse visivelmente comovido pelo que via, não se mostrava abatido nem procurava ser protegido de sobreviventes em choque. O historiador Geoffrey Best apresenta o contraste entre sua atitude e a de Hitler, que nunca se permitia ser visto visitando cidades alemãs devastadas por bombardeios: "Nada era mais eficaz na conservação da moral popular, mesmo apesar dos bombardeios e outras dificuldades, do que o conhecimento de que os moradores do Palácio de Buckingham e da Downing Street estavam tão vulneráveis quanto qualquer outro londrino.[2] Se a construção do CWR precisava de alguma justificativa, certamente era esta. Churchill

O BUNKER VIAJA

149

gostava particularmente de ir a Dover, onde contemplava a distante costa francesa, caminhava pelos túneis e fortificações do castelo e inspecionava outra grande invenção: um canhão calibre 45 capaz de alcançar a costa francesa.[3]

Durante o período em que se esperava uma invasão e as cidades inglesas eram regularmente bombardeadas, era inconcebível que o primeiro-ministro deixasse o país e, de qualquer forma, até junho de 1941, não havia líderes aliados com quem ele pudesse se encontrar. Mesmo depois de Hitler ter invadido a Rússia, não havia, a princípio, motivo para um encontro com Stalin enquanto a mera existência da União Soviética corresse perigo.

A viagem à baía de Placentia em agosto de 1941 foi a primeira de uma série de viagens importantes para Churchill durante a guerra. A esperança de uma intervenção americana era sua obsessão, e o convite de Roosevelt para um encontro no mar era uma oportunidade boa demais para ser perdida. Essa oportunidade lhe rendeu a chance de consolidar o relacionamento que acreditava ter estabelecido por meio das cartas e de suas longas conversas com os enviados do presidente. Do ponto de vista de Churchill, o encontro teve resultados modestos, mas em dezembro veio o ataque japonês a Pearl Harbor, e, a partir de então, ele passou a aproveitar qualquer oportunidade de encontrar primeiramente Roosevelt, e depois também Stalin.

Quase imediatamente após a entrada do Japão na guerra, ele escreveu ao rei — o que é mais uma prova do seu respeito pelo monarca — pedindo-lhe permissão para voar até Washington, e deu ordens para que Ismay tomasse as providências necessárias. Roosevelt não estava muito ansioso por receber a visita de Churchill, visto que, compreensivelmente, encontrava-se bastante ocupado, e tentou adiar o encontro até ter tempo de cuidar da mobilização dos Estados Unidos. Por fim, ele cedeu, e Churchill, com um séquito de tamanho considerável, partiu no dia 13 de dezembro a bordo do HMS *Duke of York*.

A ocasião marcou o início de um ritmo intenso de viagens. Em junho de 1942, Churchill esteve novamente em Washington e, a partir de então até o final da guerra, estava frequentemente deslocando-se — voando para o Cairo, Moscou e Teerã em agosto, para Casablanca em janeiro do ano seguinte, tendo feito mais quatro viagens em 1943 a Washington (maio), Quebec (agosto), Cairo (novembro) e Teerã (novembro--dezembro). O outono e o início de inverno de 1944 vieram com mais uma viagem a Quebec, em setembro, e depois a Moscou (outubro) e Atenas (dezembro), enquanto em 1945 ele compareceu à Conferência de Yalta (fevereiro) e, depois do fim da guerra na Europa, à Conferência de Potsdam, que recebeu o apropriado codinome de "Terminal".

Churchill era, de longe, o que mais viajava entre os líderes aliados e o mais intrépido nas barganhas. Ele foi tanto a Washington quanto a Moscou, mas nunca houve nenhuma conferência entre os líderes aliados em Londres. Considerando a condição de saúde de Roosevelt, por mais bem disfarçada que fosse perante o público americano, o presidente percorria distâncias consideráveis para comparecer às conferências dos aliados, tendo ido a Casablanca, ao Cairo, a Teerã e a Yalta. Stalin, que só deixara a Rússia uma única vez, em abril-maio de 1907 — quando compareceu a uma conferência do Partido Operário Social-Democrata Russo em Londres —, era o mais relutante em fazer viagens. Não se sabe ao certo se o motivo dessa atitude era medo de viajar, sua saúde ou uma paranoia justificada, que o fazia temer um golpe caso ficasse fora por muito tempo, mas ele se aventurou a sair do território controlado pelos soviéticos somente uma vez: para comparecer à Conferência de Teerã. Ele referia-se a Churchill como "aquele camarada desesperado que estava sempre voando ao redor do mundo".[4] Talvez Churchill de fato estivesse desesperado, visto que seu alívio com o fato de que a guerra não seria perdida era gradualmente acrescido da sinistra conclusão de que as recompensas pela vitória seriam parcas para a Inglaterra. Os EUA e a União Soviética podiam confiar em seu poder industrial e militar para confirmar sua posição no mundo do pós-guerra, enquanto

1. Winston Churchill e o capitão Richard Pim na sala particular de mapas do primeiro-ministro no anexo do nº 10. Pim, que mantinha a sala atualizada, acompanhava Churchill em suas viagens ao exterior e montava uma sala de mapas temporária onde quer que aquele estivesse. [CORTESIA DO MUSEU IMPERIAL DA GUERRA (HU_44788)]

2. Uma reunião do Comitê dos Chefes de Estado-Maior em 1945. Da esquerda para a direita: major-general Hollis (secretário); almirante de esquadra Sir Andrew Cunningham; marechal de campo Sir Alan Brooke (presidente); marechal da Força Aérea Real Sir Charles Portal; general Sir Hastings Ismay; coronel C. R. Price (secretário assistente). [GETTY IMAGES]

3. O major-general Hollis e Lawrence Burgis na Sala de Mapas dentro do Centro de Operações do Gabinete Nacional. A Sala de Mapas era usada incessantemente durante o dia e a noite, sendo o coração do centro de comando. [GETTY IMAGES]

4. General Sir Hastings Ismay na Sala de Mapas com o sr. George Rance. As contribuições inestimáveis de Ismay para o comando da máquina de guerra da Inglaterra devem-se à sua habilidade de acalmar ânimos e conciliar diferenças. [Cortesia do Museu Imperial da Guerra (MH_027627)]

5. General Sir Alan Brooke em 1942. Profissional, prudente e competente, este homem natural de Ulster complementava a abordagem mais aventurosa de Churchill para com a guerra. [Cortesia do Museu Imperial da Guerra (TR_000149)]

6. Sala de jantar no anexo do nº 10, grupo de aposentos no térreo e no primeiro andar dos New Public Offices para onde o primeiro-ministro se mudou quando o nº 10 da Downing Street foi considerado vulnerável demais. [Cortesia de Lady Soames (HU_045907)]

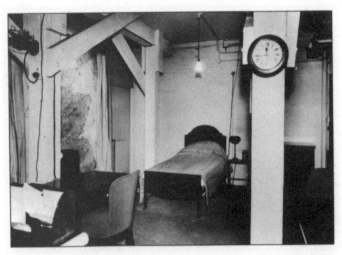

7. Escritório e quarto do primeiro-ministro, localizado no corredor principal do Centro de Operações. Churchill, que não gostava de compartimentos subterrâneos, usou-o poucas vezes. [Cortesia do Museu Imperial da Guerra (MH_000538)]

8. Churchill avalia os danos causados por uma bomba que caiu perto da Clive Steps, ao norte dos New Public Offices. [Cortesia do Museu Imperial da Guerra (F_1338)]

9. Preparativos para um possível ataque da tropa alemã de paraquedistas. Uma plataforma de artilharia feita de sacos de areia está sendo erguida no cruzamento da Birdcage Walk com a Great George Street. [Cortesia do Museu Imperial da Guerra (H_001584)]

10. Esta charge de Low do dia 14 de maio de 1940 foi publicada no *Evening Standard*. Ela mostra a nação arregaçando as mangas enquanto se une, tendo à sua frente Churchill e o novo governo.
[Com permissão da Solo Syndication/Associated Newspapers Ltd. e do Arquivo Britânico de Charges, Universidade de Kent, www.cartoons.ac.uk]

11. Foto (c. 1980) dos Escritórios do Governo da Great George Street e dos New Public Offices. A fotografia mostra o lado oriental do prédio, que fica em frente ao St James Park. O Centro de Operações do Gabinete Nacional e o anexo do nº 10 encontram-se à esquerda do edifício. [CORTESIA DO MUSEU IMPERIAL DA GUERRA (IWM_82_20_177)]

12. Uma parede de concreto foi construída em frente ao Centro de Operações do Gabinete Nacional em 1940. Ela cobria a área diretamente acima do ponto onde a proteção oferecida pela "laje" acabava. [CORTESIA DO MUSEU IMPERIAL DA GUERRA (IWM_82_20_180)]

13. Os telefones, exceto por aqueles equipados com dispositivos para embaralhar mensagens, não eram seguros, pois as conversas podiam ser interceptadas. Este aparelho traz a mensagem: "Falar ao telefone não é secreto." Isso era algo que o próprio Churchill às vezes esquecia. [Cortesia do Museu Imperial da Guerra (IWM_2004_052_0028)]

14. A segurança exigia que todos, mesmo aqueles que entravam e saíam diariamente do Centro de Operações, levassem sempre consigo um passe como este, que foi emitido para George Rance. [Misc_81_001232_1]

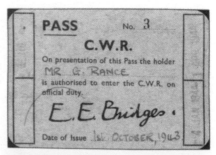

15. Ele precisava de um passe específico para entrar na cantina. [Misc_81_001232_3]

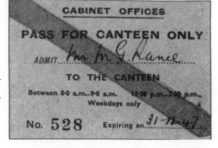

16. Um sistema telefônico eficiente era crucial para o funcionamento do Centro de Operações, e a mesa telefônica teve de ser ampliada inúmeras vezes. No final, havia um sistema interno de comunicações entre o nº 10 e o Departamento de Guerra localizado no corredor original do Centro de Operações. [Getty Images]

17. Vários cartazes com a mensagem "Conversas descuidadas custam vidas" foram produzidos durante a guerra. Este é um alerta contra telefonemas indiscretos.
[Cortesia do Museu Imperial da Guerra (IWM_PST_000731)]

18. O compartimento abaixo do porão, ou o "galpão", era um lugar bastante sombrio. Era mobiliado apenas com o essencial e habitado por ratos. Não obstante, era lá que muitos membros da equipe do Centro de Operações dormiam — ou ao menos tentavam dormir, já que as lâmpadas estavam constantemente acesas e ainda havia o barulho das máquinas de ventilação.
[Cortesia do Museu Imperial da Guerra (MH_000533)]

19. O sr. George Rance, do Departamento de Obras, operava um quadro que informava as condições climáticas. Não fosse isso, a equipe do mundo subterrâneo nunca poderia dizer o tempo que fazia do lado de fora. Quando havia um ataque aéreo pesado, ele inseria a placa: "Ventando." [Cortesia do Museu Imperial da Guerra (HU_043777)]

20. Bombardeiro Heinkel He 111 sobrevoando Londres em 7 de setembro de 1940. [Cortesia do Museu Imperial da Guerra (IWM_C_5422)]

21. Joan Bright — que mais tarde se tornaria Joan Bright Astley — no centro de informações que estabeleceu a fim de permitir que os comandantes em chefe se mantivessem a par dos eventos ocorridos em todos os seguimentos da guerra. [© Joan Bright Astley]

22. Ilene Hutchinson — posteriormente Ilene Adams. Estenógrafa, Ilene juntou-se à Secretaria do Gabinete Nacional no dia em que a guerra foi declarada. Ela trabalhou inicialmente no Richmond Terrace, e posteriormente no Storey's Gate, tendo ido para Yalta com a delegação inglesa. [Cortesia do Museu Imperial da Guerra (Hutchinson GI_002896_1)]

23. O major-general Hollis e três de suas secretárias do Gabinete de Guerra na conferência de Potsdam, 1945. Da esquerda para a direita: srta. Olive Christopher; srta. Margaret Sutherland e srta. M. Gray. O notável grupo de mulheres que trabalhava na Secretaria do Departamento de Guerra e no Centro de Operações constituía um eficiente apoio às delegações inglesas para as conferências de guerra. [CORTESIA DO MUSEU IMPERIAL DA GUERRA (HU_044888)]

24. Os "três grandes" — Stalin, Roosevelt e Churchill — na Conferência de Teerã, que aconteceu de novembro a dezembro de 1943. [Cortesia do Museu Imperial da Guerra (A_020711)]

25. Alguns oficiais do Departamento de Criptografia da WAAF, sob o comando da líder de esquadrão Joan Williams, foram levados de avião a Marrakech a fim de fornecer suporte em comunicação quando Churchill se recuperava no final de dezembro de 1943 e em janeiro de 1944. Na imagem, três dessas oficiais encontram tempo para fazer um passeio turístico durante um intervalo no trabalho. Esquerda: Joan Llewellyn (nascida Williams). Centro: Jean Hale (nascida Rose).
[Por Lady Llewellyn]

26. Stalin brinda a Churchill na ocasião do aniversário de 69 anos do primeiro-ministro, em 30 de novembro de 1943, durante a Conferência de Teerã. Anthony Eden encontra-se do outro lado de Churchill. [CORTESIA DO MUSEU IMPERIAL DA GUERRA (A_020731)]

27. Os vitoriosos chefes de Estado-Maior com o primeiro-ministro no dia anterior ao anúncio da vitória na Europa. O major-general Hollis e o general Sir Hastings Ismay estão em pé. Sentados, da esquerda para a direita: o marechal da RAF, Sir Charles Portal; o marechal de campo, Sir Alan Brooke; Winston Churchill e o almirante de esquadra, Sir Andrew Cunningham. [CORTESIA DO MUSEU IMPERIAL DA GUERRA (H_41826)]

O BUNKER VIAJA
151

Churchill se agarrava à modesta esperança de que sua eloquência e os relacionamentos que forjara com Roosevelt e Stalin pudessem salvar a Inglaterra da perda do seu status de grande potência.

Dizer que todas as viagens de Churchill resultavam em benefícios que compensavam os riscos é uma afirmação questionável. As viagens por mar eram sem dúvida perigosas. Encouraçados como o *Prince of Wales*, o *Duke of York* e o *King George V* eram capazes de alcançar uma grande velocidade e eram protegidos por blindagem, mas quando Churchill fez sua segunda visita a Roosevelt no *Duke of York*, o *Prince of Wales* acabara de ser afundado por aviões japoneses — um fato que chamou a atenção daqueles que haviam navegado até a baía de Placentia a bordo dele e agora se encontravam em um navio da mesma família. Se a inteligência alemã tivesse tomado conhecimento de que Churchill estava a bordo de um encouraçado, seus submarinos poderiam ter sido colocados à sua espera ou bombas teriam sido despachadas. O fato de que a velocidade era considerada vital é demonstrado pelo uso do cruzador de batalha HMS *Renown* — que possuía uma blindagem mais fraca, mas era o encouraçado mais rápido da frota — para trazer Churchill de volta de Quebec em agosto de 1943 e, principalmente, pela escolha do paquete *Queen Mary* para levá-lo até lá depois de o navio tê-lo levado em maio para Washington. Aparentemente, um paquete de passageiros constitui um meio perigoso de levar um primeiro-ministro e sua equipe através de rotas marítimas nas quais matilhas de submarinos estariam à espreita. Não obstante, embora o *Queen Mary* — usado apenas como navio de tropas durante a guerra — carregasse apenas armas leves, ele era rápido e possuía eficientes compartimentos para o acúmulo de água. Confiando na velocidade, num curso em zigue-zague e no sigilo, assim como na proteção oferecida pelos cruzadores e o porta-aviões que escoltavam o navio, ele provavelmente era tão seguro quanto um encouraçado — além de infinitamente mais confortável.

Os perigos apresentados por uma viagem aérea em tempos de guerra eram marcados pelo número de pessoas proeminentes que morriam em acidentes ou os aviões onde viajavam foram abatidos. Transportar o primeiro-ministro em aviões era relativamente seguro no território sobre o oceano Atlântico, mas ao partir ou aproximar-se da Inglaterra eles estavam vulneráveis aos caças alemães, e nem mesmo o melhor sistema de segurança seria capaz de eliminar os danos causados pelo "fogo amigo". Aviões que se aproximassem do Mediterrâneo corriam o perigo de encontrar caças inimigos. O tenente-general "Strafer" Gott, por quem Churchill decidira substituir o general Auchinleck no comando do VIII Exército, foi morto em 1942 quando seu avião foi abatido a caminho do Cairo, enquanto seguia a mesma rota que Churchill acabara de percorrer.

Havia outra grande desvantagem em voar: o risco oferecido à saúde do primeiro-ministro. O transporte num navio de guerra podia ser desconfortável a grandes velocidades e em águas revoltas, mas as acomodações eram relativamente espaçosas e a viagem podia ser até mesmo relaxante. Por outro lado, um bombardeiro como o Liberator — que levou Churchill para o Cairo, para Teerã e Moscou em 1942 — podia ser tanto desconfortável quanto frio. Churchill tinha quase 60 anos, e sua saúde não era de ferro. Seu médico, Sir Charles Wilson (mais tarde lorde Moran), preocupava-se muito com o risco oferecido à sua saúde pelos voos, e seus assessores, sua equipe e seus generais superiores estavam todos cientes de que, embora parecesse inquebrantável, a saúde de Churchill ficara debilitada inúmeras vezes.

Era mais seguro voar a grandes altitudes, mas os aviões da época — mesmo os confortáveis e espaçosos hidroaviões Boeing, construídos para o serviço de tempos de paz "Clipper", num dos quais Churchill retornou da América em janeiro de 1942 e voltou a fazer uma viagem de ida e volta até lá em junho — não possuíam cabines pressurizadas, e voar a 10 mil pés não era recomendável para alguém com as condições de saúde do primeiro-ministro. Em 1943, um avião particular foi providenciado para ele — um Avro York, convertido do bombardeiro Lancaster e muito mais confortável que o Liberator —, e em 1944 os

O BUNKER VIAJA 153

americanos disponibilizaram um Douglas C-54 Skymaster. As delegações inglesas haviam se sentido como parentes pobres, chegando às conferências amarrotadas e com a visão turva, enquanto suas contrapartes americanas saíam, viçosos e cheios de vigor, do grande Skymaster. Contudo, o fato de que os únicos aviões adequados provinham dos EUA simbolizava a crescente disparidade que se estabelecia entre os poderes das duas nações.[5]

O comentário mordaz de Colville sobre o séquito de Churchill rivalizar com o do cardeal Wolsey era apropriado, visto que o primeiro-ministro geralmente era acompanhado por mais generais, almirantes e marechais do ar do que era estritamente necessário, enquanto o séquito pessoal de secretários pessoais e particulares, com seu valete e detetive, compunha uma corte peregrina. Ele podia abrir mão do que era supérfluo se precisasse fazê-lo, mas preferia uma comitiva maior e o máximo possível de conforto.

O tamanho das delegações inglesas nas conferências de guerra mais importantes era, de forma geral, amplamente justificado. O fato de que muitos dos desejos da Inglaterra foram atendidos na Conferência de Casablanca de janeiro de 1943 deve muito aos meticulosos preparativos realizados pela secretaria e os chefes de Estado-Maior, bem como aos conhecimentos que planejadores e conselheiros trouxeram à conferência. Os ingleses levaram grande parte do centro de comando do NPO consigo, enquanto os americanos fizeram menos preparativos e trouxeram apenas um pequeno grupo de conselheiros. Como o general George C. Marshall mais tarde admitiria: "Os ingleses possuíam uma grande equipe; eles trouxeram consigo um navio para usar. Eu tinha poucas pessoas comigo, de forma que simplesmente atirava para todos os lados."

Andrew Roberts observa: "Os americanos não permitiriam que isso acontecesse mais uma vez."[6]

Em novembro de 1943, seu mestre em cartografia, o capitão Pim, calculou que Churchill já viajara 110 mil milhas desde o início da guerra. A pressão sofrida pela saúde de Churchill com essas constantes

154   O BUNKER DE CHURCHILL

viagens fez de Sir Charles Wilson um membro mais importante ainda da comitiva. Durante a visita a Washington em dezembro de 1941, o primeiro-ministro teve um pequeno ataque cardíaco, e em Túnis, em dezembro de 1943, foi acometido por pneumonia. Ser o médico de Churchill era em vários aspectos uma tarefa muito mais assustadora que ser seu detetive, visto que ele não era propenso a aceitar conselhos e era um paciente decididamente difícil. Lorde Moran — como Wilson passou a chamar-se em 1943 — escrevia assiduamente em seu diário, tendo-o publicado em 1966 como *Winston Churchill: The Struggle for Survival* [A luta pela sobrevivência]. Visto pela família de Churchill como uma traição à confiança de um paciente, o diário detalhava não apenas as doenças físicas de Churchill, mas também as terríveis crises de depressão — suas "horas marrons", como o próprio Churchill as denominava — que ele sofria. Churchill, de fato, começou a mostrar sinais de exaustão quando o fim da guerra aproximava-se, em parte devido à frustração com os aliados e ao declínio da capacidade da Inglaterra de controlar os desenvolvimentos, mas sua determinação e capacidade de recuperação eram igualmente impressionantes.

Desde o início, as viagens de Churchill eram ao mesmo tempo uma oportunidade e uma dor de cabeça para a secretaria e os chefes de Estado-Maior. Quem deveria ir e quem deveria ficar para trás? Como manter comunicações seguras com o primeiro-ministro e seus companheiros ausentes? O primeiro-ministro era o líder, e a secretaria e os chefes de Estado-Maior eram o sistema nervoso central das operações e da política. Separar as duas coisas era difícil. "Como eu detestei ser deixado para trás", admitiu Ismay, que foi deixado no comando quando Churchill foi para Washington em dezembro de 1941.

Estabelecia-se, inevitavelmente, no Gabinete Nacional uma atmosfera de desânimo quando o líder se ausentava, levando consigo um grupo da secretaria e, geralmente, os chefes de Estado-Maior. Aqueles que tinham sorte o acompanhavam, entusiasmados com a perspectiva da viagem, o drama das conferências entre os aliados e um

O BUNKER VIAJA 155

tempo longe do racionamento e do blecaute, deixando atrás de si uma organização que atribuía grande parte de seu propósito e vitalidade ao primeiro-ministro. O trabalho da equipe de planejamento e inteligência que ficava seguia normal, e a Sala de Mapas continuava sendo tão meticulosamente atualizada como sempre; contudo, nos andares superiores, havia escritórios vazios e faltava a vociferação enfurecida do anexo do nº 10. A carga de trabalho daqueles que eram deixados para trás provavelmente aumentava na ausência do primeiro-ministro e da equipe superior. As delegações do primeiro-ministro continuavam em contato com a base de Whitehall através de telefonemas embaralhados, despachos codificados e telegramas; além disso, havia um tráfego constante de sinais do norte da África, dos Estados Unidos, do Oriente Médio, do Canadá ou da Rússia. Em Casablanca, Ian Jacob declarou, graças às comunicações proporcionadas pelo navio que lhes servia de quartel-general, o HMS *Bulolo* — que em seguida serviria de navio-quartel no Dia D: "Podíamos continuar operando exatamente como se estivéssemos na Great George Street."

Era comum que ao menos um dos membros superiores dos ramos civil e militar da secretaria ficasse. No lado militar, o trabalho de "tomar conta da loja" costumava caber a Hollis, que não compareceu às importantes conferências de Casablanca e Yalta. Embora Ismay não tenha ido ao Cairo nem a Moscou, sua presença apaziguadora geralmente era considerada necessária tanto por Churchill quanto pelos chefes de Estado-Maior, mas o infatigável e hipereficiente Ian Jacob — exatamente o homem certo para ser mantido por perto pelo primeiro-ministro e os chefes de Estado-Maior quando a tarefa era procurar detalhes e o mais eficiente dos secretários do comitê — comparecia à maioria das conferências.

Também era impossível, até a Conferência de Washington de maio de 1943, que a equipe feminina acompanhasse as delegações. A Marinha Real estava apenas começando a considerar a possibilidade de permitir que mulheres não uniformizadas viajassem a bordo dos

156 O BUNKER DE CHURCHILL

navios de Sua Majestade, tendo declarado firmemente que a viagem de mulheres civis estava completamente fora de questão. Como Joan Bright memoravelmente colocou: "'Mulheres civis não devem entrar em navios de guerra', cantava o Almirantado. Por trás dele, um coro de gerações de homens da Marinha Real que guardavam seus navios com o mesmo ciúme que guardam a nossa costa ecoava harmonicamente num crescendo."[7]

Acomodar mulheres no inconveniente desconforto de um Liberator era, com razões mais plausíveis, algo considerado impossível.

As secretárias e PAs do Escritório do Gabinete Nacional e do anexo do nº 10 se ressentiam de sua exclusão do séquito do primeiro-ministro. Aquelas que trabalhavam para Ismay, Hollis e Jacob integravam uma equipe que trabalhava próxima a ele, a quem segredos eram confiados, e estavam certas de que faziam um trabalho melhor para seus superiores que quaisquer alternativas uniformizadas, fossem do sexo masculino ou feminino. Elas haviam estabelecido vínculos com "seus generais", que eram pelo menos duas décadas mais velhos e a quem consideravam figuras um tanto glamorosas e avunculares. "Seus generais" compartilhavam a opinião de que suas secretárias fariam o trabalho mais eficiente possível para eles, mas nenhuma foi a Casablanca. Elizabeth Layton, secretária particular do primeiro-ministro, sentia-se da mesma forma excluída. Quando Churchill partiu no *Prince of Wales* para a baía de Placentia, "outro jovem de outro departamento do governo, Patrick Kinna, foi recrutado para tomar ditados. Mulheres eram proibidas — não, pelo amor de Deus!"[8]

Na visita a Washington de dezembro de 1941, foi mais uma vez Patrick Kinna que o acompanhou, com a um sargento da RAF.

A exclusão delas da Conferência de Casablanca levou, como era de esperar, a um mal-estar entre as mulheres da secretaria e as mulheres uniformizadas que compareceram: "Vestindo nossas roupas civis, nós datilografávamos, assinalávamos, rotulávamos, arquivávamos, fechando

O BUNKER VIAJA   157

ruidosamente as pastas com os documentos e nos sentindo detestáveis
em comparação com as garotas de roupa cáqui e azul que faziam as
mesmas coisas do outro lado."[9]

Ao retornarem, os comentários descuidados dos generais sobre a
eficiência das militares também não caía bem. Ali estavam duas tribos
diferentes, demarcando seu lugar no mundo até então masculino da
guerra — uma lutando engenhosamente para conservar a elegância
feminina num mundo de cupons e racionamento, a outra com seus
postos e uniformes militares.

Um grupo de mulheres uniformizadas que trabalhava para o Escritório do Gabinete Nacional também ficou para trás e teve que lidar com
uma carga de trabalho muito maior nos departamentos de Codificação
e Criptografia da WAAF. Como observa a então oficial de esquadrão
Joan Williams:

> A primeira conferência com a qual tivemos que lidar teve
> início em agosto de 1942, quando o primeiro-ministro foi
> para o Cairo a fim de supervisionar o estabelecimento do
> Comando do Oriente Médio, e depois para Moscou, onde
> discutiria com o marechal Stalin. Esta foi nossa primeira
> conferência, e imediatamente os sinais tornaram-se consi-
> deravelmente mais frequentes, o que resultou num aumento
> da pressão e na necessidade de que todas as oficiais traba-
> lhassem uma hora a mais.[10]

A Conferência de Washington ("Trident") de maio de 1943 gerou uma
pressão imensa sobre os Departamentos de Codificação e Criptografia
da WAAF. As sentinelas trabalhavam o dobro do tempo, pois estavam
lidando com os despachos de Anthony Eden para o Ministério do Exterior e os sinais do Escritório do Gabinete Nacional, e Joan Williams
trabalhava 36 horas sem intervalo. A Conferência de Quebec ("Quadrant"), de agosto-setembro de 1943, gerou uma pressão ainda maior.

158 O BUNKER DE CHURCHILL

Confinadas em seu escritório sob vigília, as oficiais da WAAF tinham que trabalhar nos sinais do primeiro-ministro e dos chefes de Estado-Maior. Confiadas com alguns dos segredos mais bem guardados do mundo, elas levavam uma vida discreta e solitária, mas sabiam exatamente o quanto seu trabalho era valorizado por Ismay, Hollis e Jacob.

O ano de 1943 foi, nas palavras de Ismay, "O ano das conferências. Em janeiro, foi Casablanca; em maio, Washington; em agosto, Quebec; em outubro, Moscou (Conferência dos Ministros do Exterior); em novembro, Cairo (Conferência com os turcos); em novembro e dezembro, Cairo e Teerã."

As reuniões eram realizadas em meio a grandes eventos que determinariam não apenas o curso da guerra, mas a forma que o mundo teria a partir do seu fim.

A euforia de Churchill diante da notícia do ataque a Pearl Harbor em dezembro de 1941 era justificada. Os indicadores de longo prazo mostravam que era improvável que a Alemanha e seus aliados conseguissem fazer frente aos recursos econômicos e militares que agora se acumulavam contra eles. O Exército alemão podia ser o melhor do mundo, mas o fluxo notável de recursos advindos do complexo industrial-militar de uma América que agora se preparava para a guerra e a implacabilidade totalitária da máquina de guerra soviética no final seriam elementos decisivos. Apesar disso, a primeira metade de 1942 não foi boa para o Império Britânico: a capitulação humilhante de Cingapura representava inquestionavelmente o nadir do Exército; reveses aconteciam no Norte da África — um dos principais teatros da guerra para os ingleses, mas um mero espetáculo secundário para os alemães — e o mal planejado ataque de Dieppe custou as vidas de inúmeros canadenses e ingleses. No outono, entretanto, El Alamein finalmente proporcionou aos ingleses uma ocasião para comemorar, e em junho a vitória da Marinha americana em Midway marcou a mudança da maré no Pacífico.

O BUNKER VIAJA   159

As conferências de 1943 foram, portanto, realizadas com um cenário positivo. O curso da guerra na Europa tornou-se claro com a capitulação alemã em Stalingrado e, talvez mais importante, o resultado da grande batalha de tanques em Kursk, em julho, que colocou um ponto final nas esperanças alemãs por uma vitória no Oriente. Em setembro, tropas americanas e inglesas haviam pousado na Itália continental, e o país se rendera. Os alemães, caracteristicamente sagazes em meio às adversidades, se reposicionaram a fim de defender a Itália quilômetro por quilômetro e, em vez de estarem golpeando o baixo-ventre da Europa — como Churchill insensatamente o denominou — os Aliados eram, por outro lado, confrontados por um antigo e sólido vigor.

A Conferência de Casablanca de janeiro de 1943 foi realizada exatamente na cúspide dessa mudança de sorte — a capitulação em Stalingrado ocorreu no final do mês — e quando a Inglaterra ainda era a principal aliada dos EUA no teatro europeu. O país tinha mais tropas na Europa e no norte da África que seu aliado americano, e El Alamein recuperara a combalida reputação de seu Exército. Uma questão central nas discussões anglo-americanas era quando realizar a invasão à França, o "Segundo Front" que os russos e, não menos apropriadamente, seus apoiadores dentro da Aliança Ocidental exigiam aos brados. O realismo militar e os interesses britânicos eram, a princípio, contrários a tal operação, embora um grupo considerável da opinião pública inglesa, movido pela atípica combinação entre o Partido Comunista e a imprensa de Beaverbrook, fosse a favor. A tarefa de Churchill e de Alan Brooke era convencer os americanos de que, antes de a Alemanha estar muito mais fraca, o sucesso de uma invasão à França seria pouco provável, e que operações no Mediterrâneo, por enquanto, seriam muito mais gratificantes. Foi difícil convencer os americanos, que suspeitavam que a Inglaterra estivesse defendendo seus próprios interesses, mas estavam divididos em relação à alocação dos recursos entre o Pacífico e a Europa. De modo geral, Churchill e Brooke foram bem-sucedidos, e os planos para aterrissagens na França, arquivados em

160 O BUNKER DE CHURCHILL

1942, foram mais uma vez adiados. A invasão aliada ao norte francês da África — a Operação Torch — estava fazendo progresso, embora lentamente, e Roosevelt foi persuadido a apoiar, ao menos por enquanto, a política inglesa de concentrar-se no Mediterrâneo. Decidiu-se seguir em frente com a invasão à Sicília. Houve discussões acaloradas em Casablanca, e esta foi a última vez em que a persuasão de Churchill e a franqueza de Brooke triunfaram. A Conferência de Washington de maio se mostraria mais difícil para os ingleses.

A abertura para as secretárias nas viagens do primeiro-ministro veio com a terceira visita de Churchill a Washington. Algumas delas iriam também. A experiência mostrara a desvantagem de empregar equipes inexperientes ao lidar com documentos de comitês de alto nível e as vantagens de empregar a equipe da própria secretaria, que não apenas estava acostumada a esse trabalho, mas também já conhecia a maior parte dos segredos que havia para se conhecer. Desta vez, Churchill e seu séquito viajariam no paquete *Queen Mary*, de forma que o Almirantado não pôde objetar.

Alguém que pensava que não iria era Joan Bright. Como a maioria das mulheres na liderança da secretaria e uma de suas figuras mais influentes, ela dificilmente poderia protestar, pois seu trabalho na organização do Centro de Informações Especiais parecia imprescindível. Ismay, contudo, como de costume, tinha a resposta. "Você gostaria de ir a Washington?", perguntou ele, antes de pedir-lhe que integrasse o grupo chefiado pelo comandante-tesoureiro Maurice Knott, que seria responsável pela organização dos elementos do âmbito administrativo.[11]

No escritório de Churchill, Elizabeth Layton, sabendo que outras civis iriam, tomou coragem e, quando a data da partida se aproximou, perguntou se poderia ir também: "Se você queria ir, por que não perguntou antes?", respondeu ele, mas ela foi.[12]

A euforia daquelas que haviam sido pela primeira vez incluídas na delegação inglesa e subiram a bordo do *Queen Mary* no Clyde em maio de 1943 era compreensível. Elas não apenas estariam no centro de

O BUNKER VIAJA   161

grandes eventos, mas também trocariam o decadente clima de guerra da
Inglaterra pela América, onde havia comida em abundância — onde as
ruas das cidades e as janelas das lojas de departamento eram ilumina-
das, atraindo consumidoras com produtos com os quais Londres nem
sequer podia sonhar, e que, além de tudo, podiam ser comprados sem
cupons. Os passageiros do grande paquete formavam um grupo variado,
composto da própria delegação inglesa (que totalizava setenta membros),
outra equipe de apoio, e, mantidos a distância, trezentos prisioneiros de
guerra alemães que estavam sendo levados para os campos de prisioneiros
dos Estados Unidos. O comandante Knott e Joan Bright tiveram suas
paciências testadas ao tentarem distribuir as pessoas entre as cabines,
com os protestos inevitáveis daqueles que achavam que, considerando
o posto que ocupavam, mereciam acomodações melhores que as que
lhes eram atribuídas. O Escritório do Gabinete Nacional e o anexo do
nº 10 foram transpostos do NPO para o navio, com cabines e salas de
reunião sendo reservadas para os chefes de Estado, Ismay e o professor,
e uma suíte para o primeiro-ministro. Além dessas acomodações VIP,
havia 21 escritórios para organizações como os departamentos das
forças armadas, o de Operações Combinadas, os de Planejamento e
de Inteligência Conjunta, a equipe de datilografia e o departamento de
Criptografia, enquanto o engenhoso capitão Pim montou sua Sala de
Mapas, que Ismay achava estar "tão atualizada como sua contraparte
na Great George Street".[13] Durante a viagem, Churchill, belicoso como
nunca, insistia que uma metralhadora deveria ser montada em seu bote.

Por baixo de um verniz de cordialidade, a terceira Conferência de
Washington presenciou o que os diplomatas descreveriam como "uma
troca franca e aberta de pontos de vista" e os meros mortais provavelmente considerariam divergências amargas. As principais questões eram
quando invadir a França — os americanos suspeitando que, para os
ingleses, a questão era "se" e não "quando" — e quanto esforço deveria
ser investido na eliminação da Itália da guerra. O sucesso tem muitos
pais, enquanto o fracasso é órfão, e poucos, depois do evidente suces-

162 O BUNKER DE CHURCHILL

so do Desembarque na Normandia em junho de 1944, queriam ser associados a uma oposição à Operação Overlord. Churchill e Brooke nunca discordaram em princípio com uma invasão através do canal da Mancha. Contudo, ambos eram assombrados pela experiência da Primeira Guerra Mundial, da qual a Inglaterra — que, com seu império, havia sofrido um milhão de mortes — saíra muito mais prejudicada que os EUA. Churchill temia que uma invasão não conseguisse passar da praia, como acontecera em 1915 em Gallipoli — e que em 1940 se repetiria em Anzio — e, mesmo se os desembarques fossem bem-sucedidos, o preço de uma luta corpo a corpo com os alemães já havia sido demonstrado em muitos memoriais de guerra. Essa cautela à parte, em 1942 e 1943, havia muitas razões do ponto de vista militar para se duvidar da viabilidade da invasão, e mesmo em 1944 uma mudança repentina do clima ou o emprego de táticas melhores pelos alemães ainda teriam sido capazes de levar o empreendimento ao fracasso. Os americanos não demonstraram nenhum entusiasmo pelo desejo dos ingleses de eliminar a Itália da guerra e pela convicção de que isso promoveria a abertura de maiores oportunidades no mar Egeu.

Afinal, um compromisso um tanto desconfortável foi firmado. Haveria, de fato, uma invasão à França na primavera de 1944, e havia um acordo tácito de que isso seria realizado após uma invasão à Itália continental. O preço que Brooke pagou pela concordância dos americanos em invadir a Itália foi a retirada de uma quantidade significativa de tropas americanas e inglesas da área do Mediterrâneo em novembro de 1943 a fim de prepararem-se para os desembarques na França. Não eram apenas os temores em relação às dificuldades militares inerentes à invasão e as memórias do Somme que faziam a Inglaterra agir com tanta prudência. A diferença essencial entre os ingleses e os americanos era que, enquanto o principal objetivo de Roosevelt era vencer a guerra, Churchill preferia uma estratégia que ajudasse a moldar o mundo do pós-guerra. Mesmo naquele momento de entusiasmo marcial, ele estava dolorosamente consciente de que uma das consequências que

O BUNKER VIAJA 163

uma vitória que destruísse a Alemanha teria seria uma modificação
irrevogável da antiga Europa; além disso ele não tinha dúvidas de que
os americanos não estavam preparados para lutar pela restauração do
Império Britânico.

A Conferência de Quebec ("Quadrant") veio logo em seguida, em
agosto. Àquela altura, os desembarques na Sicília já haviam ocorrido.
Joan Bright, que gradualmente se tornava indispensável — de acordo
com sua própria descrição — como "governanta da conferência", foi
mais uma vez para auxiliar na administração. Ela tinha bastante trabalho a fazer, visto que a delegação dessa conferência foi maior ainda,
totalizando 205 membros. A tarefa de reservar cabines no *Queen Mary*
— a maioria das quais teria que ser dividida por ordem decrescente
de idade, mas com sensibilidade no que diz respeito às simpatias e
antipatias mútuas — era difícil. O séquito de Churchill era tão grande
quanto sempre, e ele era acompanhado pela esposa e pela filha Mary,
mas os principais integrantes de sua porção operacional eram John
Martin, o principal secretário particular, e, como secretários pessoais,
Patrick Kinna, Geoffrey Green e Elizabeth Layton — a última agora
parte integrante da família ampliada do primeiro-ministro. Ismay
e Jacob lideravam o time da secretaria, que incluía as suas próprias
secretárias pessoais.

Tanto a delegação americana quanto a inglesa foram instaladas nas
luxuosas cercanias do Hotel Château Frontenac. Uma sucessão constante de reuniões gerou uma grande carga de trabalho para o Escritório
do Gabinete Nacional, mas os arredores eram espetaculares. "Eu amo
este lugar e acho que não podemos deixar de voltar depois da guerra",
escreveu Jacob antes de descrever um itinerário frenético:

> Ao meio-dia, lá fui eu para a Cidadela (residência do gover-
> nador-geral) a fim de encontrar o PM. Às 12h30 da tarde,
> todos os chefes se reuniram, para depois se reunirem mais
> uma vez às 5h30. No final, todos nos reunimos novamente

164 O BUNKER DE CHURCHILL

com o presidente e o PM na Cidadela (...). Eles estão num ótimo estado de espírito aqui. Todas as noites, depois do jantar, uma banda se apresenta na esplanada, e acredito que haja dança. A srta. Wallace [secretária de Jacob] e Co pelo jeito se divertem bastante quando conseguem sair, o que, eu temo, não acontece com frequência.[14]

Os eventos no Mediterrâneo desenrolavam-se rapidamente enquanto a conferência era realizada. Ainda havia confronto na Sicília, mas Mussolini fora forçado a renunciar no dia 25 de julho, e o novo governo sob o marechal Badoglio buscava não apenas se render, mas, na realidade, mudar de lado. Devido à procrastinação e às divergências entre os aliados, a oportunidade de beneficiar-se completamente com a capitulação italiana foi perdida. Elizabeth Layton viu-se no meio dos acontecimentos quando, depois da Conferência em Washington, teve que acordar Churchill e dar-lhe a notícia: "Surgiram problemas: o acordo com a Itália não será assinado."[15]

Ela também passou a estar a par de um dos grandes segredos do século XX: o desenvolvimento da bomba atômica, cujo codinome era projeto "Tube Alloys".

As suspeitas mútuas entre os aliados continuavam evidentes em Quebec, com o desejo de Churchill de reforçar a campanha italiana despertando, entre os americanos, o temor de que ele na verdade quisesse evitar completamente uma invasão através do canal. Churchill fez progresso no relacionamento com os americanos à custa de sua amizade com Brooke, ao aceitar que deveria haver um general americano — o posto ficou com general Dwight Eisenhower, que comandara os desembarques Torch no norte da África — no comando da invasão à França. Considerando que a maior parte da força de invasão, embora não dos desembarques iniciais, seria americana, isso sem dúvidas era inevitável. Além disso, havia sempre o risco de que, caso não fossem

O BUNKER VIAJA

bem-sucedidos, os americanos ameaçassem retornar à sua política de "a Alemanha primeiro" e redirecionar suas prioridades na guerra para o Pacífico, mas Churchill não parece sequer ter tentado obter a nomeação para Brooke, a quem ele imprudentemente a prometera. O principal resultado da conferência foi a confirmação de maio de 1944 como a data para a Operação Overlord e a determinação expressa do objetivo de derrotar o Japão doze meses depois da derrota da Alemanha.

Ainda não houvera nenhum encontro entre os três líderes aliados, e agora tal encontro era considerado urgente. Stalin não podia ser persuadido a afastar-se da União Soviética e, em um encontro preliminar entre os ministros das relações exteriores em Moscou no mês de outubro, Teerã foi escolhida para sediar a conferência. As providências para a viagem seriam muito mais complexas que aquelas para os encontros na América do Norte. O grupo principal, encabeçado pelo primeiro-ministro, partiu para Alexandria no HMS *Renown*, embora alguns tenham desembarcado em Malta e tomado um voo a partir dali. Outro grupo foi para Alexandria no cruzador pesado HMS *London*, enquanto outros fizeram a viagem inteira de avião. Joan Bright mais uma vez estava bastante envolvida nos preparativos e havia se tornado praticamente automática a prática de ela ir a todas as conferências e exercer um papel administrativo crucial.

Havia uma agitação notável entre as secretárias do Departamento de Guerra no que diz respeito à possibilidade de comparecer às conferências. A secretaria decidira que os membros de sua equipe civil deveriam estar muito bem-vestidos nessas ocasiões, de forma que adiantamentos e cupons foram providenciados para a compra de roupas — uma boa razão para celebrar na Inglaterra da guerra. Muito dependia dos homens de alto escalão que viajariam. Olive Christopher tivera esperanças de ir a Moscou para a conferência entre os ministros das relações exteriores, mas Hollis — de quem era secretária — tivera que ficar para trás, visto que Churchill estava doente. Ismay, entretanto, havia levado consigo

166   O BUNKER DE CHURCHILL

Jacqueline d'Orville, a outra secretária de Hollis, bem como suas próprias secretárias, Betty Green e Mollie Brown.

Jo Hollis havia, até novembro, sido deixado para trás a fim de "tomar conta da loja" durante o "ano das conferências". O cortês Mountbatten cumprimentou-o no Cairo com as palavras: "Meu querido Jo, então eles finalmente o deixaram vir a uma conferência."

As conferências do Cairo e de Teerã eram, entretanto, tanto para Hollis quanto para Churchill, somente o início de uma longa estada no exterior, visto que, quando partira da Inglaterra a bordo do *Renown* no dia 12 de novembro, ele não podia prever que só retornaria no ano seguinte. Um grupo combinado da secretaria, tanto militar quanto civil, partiu em meios de transporte diferentes. Com Ismay, Hollis e Burgis, viajaram a bordo do *Renown* Olive Christopher, Betty Green e Margaret Fairlie. A proibição contra mulheres civis em navios da Marinha Real não mais era aplicada. "Trinta mulheres civis viajaram de Plymouth a Alexandria no HMS *London*; o quão longe havíamos chegado desde os dias de Casablanca", refletiu Joan Bright, que partiu de Plymouth com o grupo que fez toda a viagem de avião para o que se mostraria uma série de voos desconfortáveis.[16]

Caberia à equipe da secretaria e do nº 10 manter agendas, escrever as minutas de reuniões complexas e controvertidas, dar conselhos ao primeiro-ministro e taquigrafar ou datilografar anotações em cabines de navios ou quartos de hotel, mantendo a mesma calma e eficiência de sempre. Elas realmente teriam que manter a calma, pois os americanos — considerando o Cairo pouco seguro para uma conferência — agora sugeriam uma mudança para Malta, onde Churchill fazia um intervalo em sua viagem. Como de costume, o grupo que acompanhava o próprio primeiro-ministro era consideravelmente numeroso: sua filha Sarah, dois secretários particulares (John Martin e Anthony Montague Brown), o comandante Thompson, três secretários pessoais (Patrick Kinna, Geoffrey Green e Elizabeth Layton), Sawyers e dois

O BUNKER VIAJA

detetives. Hollis e Burgis receberam a tarefa infrutífera de encontrar acomodações para o presidente, os oficiais de mais alto escalão e outros VIPs em Vaietta, uma cidade que havia sido em boa parte destruída por bombardeios incessantes, onde os melhores hotéis e as maiores mansões agora não tinham água nem eletricidade. Felizmente decidiu-se que, fosse ou não segura, o Cairo teria que servir.

Ainda houve diversão e até mesmo romance na viagem: banhos, piqueniques e viagens pela ilha de Malta, enquanto Olive Christopher teve um breve flerte com um oficial da Marinha no *Renown*.[17] No Cairo, o Hotel Mena House, para os superiores, e o Junior Officers' Club, para o restante, proporcionaram-lhes conforto e até mesmo luxo. Ademais, havia lojas que vendiam produtos impossíveis de ser encontrados em Londres. Assim que o trabalho no Cairo foi concluído, a delegação seguiu para Teerã, fazendo a viagem em cinco aeronaves. As duas conferências trataram de áreas amplamente diferentes. O generalíssimo chinês Chiang Kai-shek estava presente no Cairo, onde a discussão foi centrada principalmente na guerra contra o Japão. Stalin estava em Teerã, onde obteve um acordo para a abertura de um segundo front em maio de 1944 e para as fronteiras polonesas do pós-guerra, além de ter comprometido a Rússia a atacar o Japão após a derrota da Alemanha. A grande mudança ocorrida no Cairo foi o enfraquecimento da Aliança Anglo-americana, tão genuinamente amada por Churchill, com o afastamento de Roosevelt de uma cooperação mais próxima com a Inglaterra em direção a um melhor acordo com a União Soviética e a sua tentativa de promover a China de Chiang Kai-shek como uma quarta grande potência. A caminho de Teerã, Harry Hopkins avisou a Moran: "Você nos verá alinhando-nos ao lado dos russos."[18]

Em Teerã, essas novas divisões pareciam ser enfatizadas pelo fato de que os ingleses estavam acomodados no complexo da legação inglesa e os americanos na sua própria pequena legação, enquanto os russos estavam na embaixada russa. A equipe júnior inglesa, acomodada na

168   O BUNKER DE CHURCHILL

YMCA* americana com uma alimentação simples e um banheiro externo para o banho, achou Teerã, com seus esgotos a céu aberto, pouco hospitaleira. Para Sir Alexander Cadogan, embora estivesse acomodado com mais conforto, Teerã era "uma cidade esquálida e de mau gosto". Esses "aristocratas no meio de estenógrafas" — como Joan Bright chamava as secretárias Betty Green, Olive Christopher e Margaret Fairlie — avançavam com dificuldade entre as montanhas de trabalho que a conferência gerava. O mero fato de as reuniões terem sido realizadas deve muito a Ismay, que, como sempre, usava sua quase milagrosa habilidade de acalmar o mar revolto.

Em Teerã, os americanos de fato chegaram perto de alinharem-se ao lado dos russos contra os ingleses. Ambos opunham-se aos planos de Churchill para o teatro do Mediterrâneo, e ficaram furiosos diante da sua recusa em aceitar maio de 1944 como a data para a Operação Overlord. "O presidente promete tudo que Stalin quer no que diz respeito a um ataque no Ocidente", queixou-se Cadogan em seu diário.[19]

A conferência também presenciou a concordância por parte dos aliados com os planos de Stalin para incorporar a Polônia oriental à União Soviética. Tinha início o aplacamento da Rússia.

O argumento do lorde Moran de que a perda do vigor físico e mental era o motivo do fracasso de Churchill em ganhar apoio para as suas políticas nos últimos anos da guerra provavelmente é exagerado. Em vez disso, era a saúde debilitada de Roosevelt que contribuía para o próprio julgamento equivocado, permitindo que Stalin ganhasse terreno. Como escreveu Norman Brook:

> Ao longo daqueles meses, alguns dos principais conselheiros do presidente (...) passaram a acreditar que teriam maiores perspectivas de alcançar acordos satisfatórios com os russos se as negociações com estes fossem conduzidas somente

---

* *Young Men's Christian Association* — Associação Cristã de Moços (ACM). [*N. da T.*]

O BUNKER VIAJA   169

pelos americanos, sem a cooperação dos ingleses. Eles não compreendiam, como Churchill passara a entender, que as aspirações da União Soviética eram de longo prazo, e se iludiam com a ideia de que poderiam estabelecer um acordo bilateral com os russos.[20]

A sucessão de oposições a Churchill coincidiu com problemas de saúde, o que tornou Teerã uma conferência terrível para ele. Depois de mais reuniões com Roosevelt e Ismet Inonu, presidente da Turquia, no Cairo, ele partiu para Túnis, onde ficou de cama com pneumonia. Ele passaria quase um mês lá. Ismay, que havia sido acometido por uma crise de bronquite no Cairo, voltou para a Inglaterra, de forma que coube a Hollis interromper sua viagem para casa e voltar a fim de cuidar do primeiro-ministro em Cartago. Sarah Churchill acompanhava o pai, e a sra. Churchill foi chamada, mas, depois de vários dias de muita preocupação, o primeiro-ministro teve uma melhora e decidiu-se que ele deveria recuperar-se em Marrakesh.

Ter um primeiro-ministro, especialmente alguém que exercia um controle tão pessoal sobre a guerra, doente e distante de Londres deu origem a grandes problemas em Whitehall. Hollis, assim que o primeiro-ministro pareceu fora de perigo, pediu a Jo que avaliasse quais eram as providências a serem tomadas e viajou apressadamente para Londres a fim de providenciar o apoio administrativo necessário.

A crise significaria para algumas das oficiais da WAAF que trabalhavam no Departamento de Criptografia do Escritório do Gabinete Nacional a primeira oportunidade de deixar Londres. Uma mensagem de Hollis anunciou que a equipe de criptografia e seu equipamento faziam-se necessários em Marrakesh. Naturalmente, a mensagem chegou através do Departamento de Criptografia, e a oficial de esquadrão Williams levou a carta decifrada pessoalmente para Ian Jacob, aproveitando a oportunidade para perguntar se sua unidade poderia fazer a viagem para realizar o trabalho. Lady Llewellyn, como é cha-

170   O BUNKER DE CHURCHILL

mada atualmente, descreve a viagem a Marrakesh como "o auge da guerra para o COCO". Ela selecionou oficiais que trabalhavam no departamento desde o início e, após alguns preparativos realizados num ritmo frenético, o grupo partiu em 23 de dezembro, na companhia de Hollis — que havia prometido a Churchill estar de volta na véspera de Natal — de um campo de pouso em Dorset em um Liberator. Em Casablanca, o grupo dividiu-se: Hollis e quatro das oficiais do Departamento de Criptografia foram para Cartago, enquanto Joan e o restante foram para Marrakesh.

Em Cartago, Hollis foi imediatamente convocado ao quarto de Churchill, pois o primeiro-ministro aguardava sua chegada antes de dar início a uma reunião com o general "Jumbo" Wilson, o primeiro-marechal do ar Sir Arthur Tedder e o almirante Cunningham. "Ah, Hollis", exclamou Churchill em sua cama. "Eu sabia que você voltaria. Agora podemos começar."

O Natal em Cartago e Marrakesh foi um interlúdio exótico, muito diferente das festas na austeridade da Inglaterra. Não havia uma grande disponibilidade de mulheres atraentes, e duas das oficiais juniores da WAAF, Ruth Ure e Nora Colville, surpreenderam-se ceando com o primeiro marechal do ar Tedder. Wilson e Cunningham juntaram-se à inversão de papéis, costume tradicional das forças armadas inglesas no dia de Natal, servindo o almoço aos outros postos.

Enquanto isso, Joan e suas companheiras acomodavam-se no Hotel Mamounia, em Marrakesh. Assim que acabaram de chegar, ficaram sabendo que haveria um baile naquela noite, no qual elas eram esperadas. Foi um baile curioso, visto que elas eram as únicas mulheres entre verdadeiras hordas de ávidos oficiais americanos. O dia de Natal foi passado no Departamento de Criptografia, no albergue da Villa Taylor, onde Churchill ficaria acomodado. No dia 27 de dezembro, Churchill e seu grupo chegaram em dois aviões depois de uma perigosa viagem sobre a cordilheira do Atlas.

O BUNKER VIAJA 171

Uma porção significativa do Escritório do Gabinete Nacional encontrava-se agora reunida na Villa Taylor. Jock Colville, que fora convocado de volta ao nº 10 pela RAF, tomou um voo com a sra. Churchill, e tanto John Martin quanto Anthony Montague Brown, de forma que agora havia três secretários particulares no local. Kathleen Hill, a principal entre as secretárias pessoais, juntou-se a Patrick Kinna e Elizabeth Layton. Um destacamento da Sala de Mapas também chegou, assim como as secretárias pessoais e particulares de Hollis: W. R. Jones, Olive Christopher e Brenda Hart. Beaverbrook encontrava-se lá, o presidente Beneš da Tchecoslováquia veio para um almoço e os generais Eisenhower e Montgomery eram visitas constantes. Era quase como se o centro do governo inglês houvesse se transferido de Whitehall para Marrakesh. Ao transferir a maior parte do time do NPO para o norte da África, o primeiro-ministro convalescente ainda detinha "um controle total sobre o Gabinete Nacional inglês e os assuntos da guerra".[21]

Ser transportado do inverno na Inglaterra para o exótico norte da África foi uma experiência enlevante para todo o grupo. Elizabeth Layton se relembraria que "Ham [a srta. Hamblin, outra secretária pessoal] e eu nos sentíamos como se estivéssemos no paraíso", e o romance floresceu para Anthony Montague Brown, que ficou noivo de uma enfermeira dos Franceses Livres.[22] Para as oficiais do Departamento de Criptografia, acostumadas a serem "as garotas que trabalhavam nos fundos", aquilo era a tradução da expressão "viver a vida em grande estilo". "Faz exatamente sessenta anos que nós chegamos a Marrakesh, e as memórias estão se perdendo", escreveu Lady Llewellyn em 2003, "mas todas as garotas que ainda estão conosco guardam duas memórias especiais: a de terem conhecido a família Churchill e recebido um passeio pela Villa Taylor, e a da comida maravilhosa, com pão branco em todas as refeições."

A recuperação de Churchill foi lenta, e ela se lembra que ele voltou "parecendo estar com frio e cansado" de sua "viagem diária às montanhas e aos bosques de azeitonas".[23] As oficiais do Departamento de

172 O BUNKER DE CHURCHILL

Criptografia tratavam os sinais com eficiência e recebiam gratificações de John Martin e Hollis — agora general de divisão, tendo sido promovido em Marrakesh.

O destacamento do general de esquadrão Williams retornou no HMS *King George V* com o grupo de Churchill. Ele seria o responsável pelo apoio em comunicações na segunda Conferência de Quebec (setembro de 1944), no encontro de Churchill com Stalin em Moscou (outubro de 1944) e em Yalta (janeiro-fevereiro de 1945), bem como em Potsdam (julho-agosto de 1945).

Para o Escritório do Gabinete Nacional, a primeira metade de 1944 foi dominada pelos preparativos para os desembarques do Dia D e a direção do persistido ataque à Itália. Os segredos dos desembarques tinham de ser cuidadosamente guardados, mas eram bem conhecidos pelas secretárias que trabalhavam para Ismay, Jacob e Hollis e muitos outros que trabalhavam nos Escritórios do Departamento de Guerra — incluindo, evidentemente, os planejadores, os oficiais da inteligência e os planejadores da contrainformação, cujo trabalho na Operação Fortitude (um projeto que confrontava os alemães com desembarques fantasma no Pas de Calais e na Normandia) foi crucial. Como se recordaria Joan Bright: "Muitos de nós soubemos qual seria a data do Dia D no momento em que a Operação Overlord foi mencionada pela primeira vez", mas o segredo estava seguro com eles.

Churchill, corajoso como sempre, só pôde ser impedido de assistir à primeira leva de desembarques do cruzador rápido HMS *Belfast* pela intervenção direta do rei George VI. O Dia D, 6 de junho, foi precedido pela tomada de Roma no dia 4 de junho, mas a esperança de Churchill de que um desembarque bem-sucedido na França seria acompanhado pela retomada do apoio americano à sua política de instar a continuação da campanha italiana e talvez avançar até Viena foi completamente frustrada por Eisenhower e Roosevelt. A promessa, tão relutantemente obtida por Brooke em Quebec, 1943, de que sete divisões poderiam, caso fosse necessário, ser transferidas da Itália para dar apoio à invasão

O BUNKER VIAJA 173

à França agora era cobrada, de forma que as divisões foram redireciona-
das para desembarcar na Riviera Francesa (Operação Anvil/Dragoon).
A influência inglesa perdia terreno conforme as tropas americanas
tornavam-se cada vez mais predominantes. Os planos de Churchill para
a guerra no Pacífico também foram rejeitados. Com o estabelecimento
bem-sucedido de forças aliadas na França, o enfraquecimento contínuo
da posição alemã no Oriente e os pesados ataques às cidades do país,
a vitória parecia aproximar-se, mesmo apesar de o moral alemão e a
habilidade extraordinária de seu exército ainda serem subestimados.

Quando a Segunda Conferência de Quebec foi realizada, em setembro, a estratégia europeia já estava em sua maior parte definida, e
as propostas de Churchill de atacar a Liubliana a partir do norte da
Itália e seguir para Viena foram rejeitadas. O debate concentrou-se na
guerra contra o Japão e no papel que as forças inglesas teriam no que
ainda se esperava ser uma longa guerra no Oriente.

A princípio, os ingleses haviam contemplado a possibilidade de
enviar por volta de 25 representantes, mas acabaram recrutando a
maior delegação inglesa de todos os tempos, composta de 205 membros, enquanto os americanos levaram 250. Dessa vez, Joan Bright foi
colocada no comando geral dos arranjos administrativos, e já estava
solidamente decidido que tanto a equipe secretarial quanto as funcionárias de criptografia do Escritório do Departamento de Guerra deveriam
trabalhar nas conferências. Joan Williams chefiava um grupo de nove
oficiais da WAAF e Christopher, Sylvia Arnold, Jo Sturdee e Jacquey
d'Orville ofereciam apoio secretarial. Elizabeth Layton achou que a
segunda Conferência de Quebec carecera do "brilho e da magnitude
da primeira", mas essa conferência ofereceu aos londrinos, acostumados
a uma rígida dieta de tempos de guerra, "alimentos com os quais às
vezes sonhávamos".[24]

Churchill, frustrado diante do que via como uma falta de interesse
dos Estados Unidos pelo mapa do mundo do pós-guerra e pelos interesses da Inglaterra, agora começava a ponderar se a solução poderia

174 O BUNKER DE CHURCHILL

estar em negociações diretas com Stalin. Não havia dúvidas de que Roosevelt iria a Moscou em outubro de 1944, de forma que ele teve de concordar, não sem um pouco de relutância, com a realização de uma reunião de cúpula entre Churcill e Stalin. A delegação inglesa totalizava cerca de quarenta indivíduos, incluindo Anthony Eden, o marechal de campo Sir Alan Brooke — promovido em 1º de janeiro de 1944 — e Ismay, Hollis e Jacob. Joan Bright foi novamente encarregada da administração, e a inclusão de três dos membros seniores de secretaria implicava a ida de parte de sua equipe para acompanhá-los, inclusas nesse grupo Betty Green e Wendy Wallace.

A essa altura, havia pouco que Churchill pudesse fazer pela Polônia. Considerações mais amplas implicariam a transferência inexorável de suas fronteiras para o Oriente, mas ainda parecia haver uma chance de termos melhores para os Bálcãs e a Europa Central. O chamado "Acordo da Porcentagem", que definia as esferas de influência de cada país na Europa Oriental e nos Bálcãs do pós-guerra, entretanto, foi um exercício de "Realpolitik" que deu à Rússia o controle efetivo sobre a Romênia, a Hungria e a Bulgária, as duas potências supostamente exercendo a mesma influência na Iugoslávia, e a Inglaterra, influência decisiva na Grécia. Roosevelt objetivava uma nova ordem mundial baseada nas Nações Unidas, mas a possibilidade de a União Soviética cooperar com o estabelecimento de tal ordem parecia cada vez mais improvável para Churchill. O fato de a Grécia ser, a longo prazo, a única parte do acordo à qual Stalin aderira, ao menos ajudava a salvaguardar os interesses ingleses no Mediterrâneo. A conferência foi cordial e incluiu banquetes agradáveis e visitas ao balé e à ópera, e quando, no momento em que deixavam o aeroporto de Moscou, os ingleses se deram conta de que seu avião estava sendo carregado com caixas de vodca e caviar, acharam que a hospitalidade russa superara todas as expectativas. Foi somente depois que essas iguarias foram distribuídas e consumidas em Londres que se descobriu que elas eram destinadas à embaixada russa, à qual caixas de uísque escocês foram posteriormente enviadas como prêmio de consolação.[25]

O BUNKER VIAJA

Assegurar um governo amigável na Atenas liberta — onde conflitos haviam tido início entre tropas do governo e o movimento de resistência comunista, ELAS [Exército de Libertação do Povo Grego] — era agora o principal objetivo da Inglaterra. Churchill fez o que talvez tenha sido sua viagem mais perigosa da guerra a Atenas em dezembro de 1944. A embaixada britânica estava sob cerco e Churchill, o primeiro-ministro grego M. Papendreou e o arcebispo Damaskinos tiveram de abrigar-se no HMS *Ajax*, onde a tripulação do navio dava uma festa de Natal, a fim de realizar uma conferência. Churchill foi fotografado em frente à embaixada, e sua secretária, Elizabeth Layton, viu-se no centro da ação, sentada ao lado do primeiro-ministro em uma coletiva da imprensa enquanto balas eram disparadas do lado de fora e levando uma carta dele para os líderes do ELAS. Aquilo era decididamente diferente do modo como as coisas eram feitas em Whitehall. Ela subiu a bordo do barco do almirante, dividindo uma manta com o primeiro-ministro enquanto deixavam Atenas.

Yalta, em janeiro-fevereiro de 1945, foi a última grande conferência da guerra. Para o Escritório do Gabinete Nacional, a logística era extremamente rigorosa, com 750 prováveis viajantes: o primeiro-ministro deveria voar em um Skymaster, e dois Yorks transportariam os chefes de Estado-Maior e outros oficiais das forças armadas, enquanto o restante do grupo viajaria no *Franconia*, um paquete convertido que serviria de navio quartel-general. Foi feita uma rápida parada em Malta, onde Churchill se encontrou com Roosevelt, que estava a bordo do USS *Quincy*, mas durante a parada ele recebeu a notícia de que um dos Yorks, que transportava uma equipe de postos de importância média, havia se perdido perto da ilha de Lampedusa com todos os seus passageiros. O primeiro-ministro e os chefes de Estado-Maior voaram para Yalta, mas o *Franconia*, disfarçado de navio mercante, navegou pelo mar Negro, através do estreito Dardanelos, controlado pela neutra Turquia.

Quando o navio aproximou-se da Crimeia, ordens para que "uma boa quantidade de repelente de pulgas e papel higiênico fosse fornecida a todos os escalões" foi um sinal do que estava por vir no que diz

176   O BUNKER DE CHURCHILL

respeito ao conforto dos passageiros que estavam a caminho da conferência. Joan Bright recebeu status de major-general a fim de poder realizar seu trabalho devido ao grande respeito que os russos tinham pela hierarquia. Os ingleses foram acomodados nas cabines de madeira do sanatório, visto que o clima agradável da Crimeia fazia dele um dos locais preferidos para a recuperação e o descanso de membros do *apparatchik* soviético, e a hierarquia foi testada até o limite enquanto generais enviavam seus auxiliares em turnos para as filas que se estendiam em frente aos lavatórios, e um marechal de campo e um marechal do ar brigavam por artigos de primeira necessidade. Yalta mostrou-se uma conferência deprimente. Churchill não estava bem, sendo acometido por febres altas, enquanto Roosevelt, visivelmente muito doente, tinha apenas semanas de vida. Stalin tinha em suas mãos todas as cartas que definiriam o futuro da Polônia e, à beira de outra guerra, tudo o que os ingleses e os americanos puderam fazer foi confiar nas belas palavras escritas em relação àquele país infeliz. Churchill inicialmente esperara ter algum lazer depois da conferência, mas, logo que ela acabou, disse que o tirassem imediatamente daquela "riviera de Hades".

A vitória no Dia da Europa — terça-feira, 8 de maio — não significou o fim da guerra, pois o Japão ainda tinha de ser derrotado. No CWR, a parede da Sala de Mapas estava agora coberta por mapas do pacífico e das ilhas japonesas. Lá em cima no NPO, a equipe celebrava com drinques na cantina e depois subiu até a cobertura do Tesouro Nacional a fim de assistir aos aplausos dirigidos a Churchill por multidões extasiadas na Parliament Street, logo abaixo. Às 15 horas, eles ouviram a sua declaração de que as hostilidades com a Alemanha haviam chegado ao fim. A guerra na Europa havia acabado, uma eleição se aproximava e uma versão embotada da normalidade retornava a uma Inglaterra abatida e a um continente desolado.

A Conferência de Potsdam deveria ter sido o *grand finale* para os vitoriosos Aliados, a equipe do Escritório do Gabinete Nacional e o CWR, um momento de satisfação por uma vitória obtida com

O BUNKER VIAJA   177

dificuldade e de olhar para o futuro de um mundo pós-guerra. As pessoas gozavam de um tipo de normalidade, planejavam casamentos e faziam planos para novos empregos. A Conferência de Potsdam estava preocupada principalmente com a cooperação entre os aliados para a reconstrução da Europa, mas, sob a superfície de concordância em relação às zonas ocupadas da Alemanha com uma Comissão de Controle Aliada para coordenar a política geral, surgiam tensões. A conferência deu lugar a uma atmosfera estranha, uma mistura entre a euforia, com desfiles e festas de vitória em meio aos escombros das ruínas de Berlim, e a depressão que se tornou conhecida como "melancolia de Potsdam". Muitos dos membros da delegação inglesa ficaram abalados diante do estado de Berlim. Joy Milward (atualmente Joy Hunter), uma estenógrafa do Escritório do Gabinete Nacional, descreveu "grupos patéticos [que] cambaleavam à procura de madeira para o fogo, dispostos a nos dar qualquer coisa por alguns cigarros e mais ainda por uma barra de chocolate",[26] e Joan Bright achou que Berlim cheirava a "cadáveres em decomposição".[27]

A guerra na Europa havia acabado. Não havia mais bombardeio, nem V1s nem V2s, nem sofrimento pelos parentes e amigos que lutavam na África, na Itália ou na França, arriscando suas vidas em águas infestadas de submarinos ou na lista curta da morte do Comando dos Bombardeiros. Mas havia também a consciência de que uma época emocionante chegara ao fim e de que o bravo mundo do pós-guerra não parecia tão promissor. Pela primeira vez desde 1915, tropas russas achavam-se no coração da Europa; a tensão entre a União Soviética e os aliados do Ocidente aumentava, a perspectiva era de que a austeridade e o racionamento continuassem por algum tempo, e apesar de ter sobrevivido à guerra, coberta de sangue e resistente a Inglaterra saía dela claramente mais pobre e menos poderosa.

A Conferência de Potsdam recebeu dois novos líderes aliados. Roosevelt morrera no dia 12 de abril daquele ano, e seu lugar fora ocupado pelo vice-presidente Harry S. Truman, então um estranho

178 O BUNKER DE CHURCHILL

fora dos EUA e pouco conhecido mesmo dentro do país. No meio da conferência, Churchill tomou um voo para casa a fim de esperar pelos resultados das eleições gerais. A notícia de que ele havia sido derrotado foi um golpe para o NPO. Poucos esperavam que o homem que fora o centro do seu mundo durante tanto tempo pudesse perder. Foi adequado que ele tenha sido conduzido de carro do NPO até o Palácio de Buckingham a fim de transferir o grande cargo que ocupara com tanta distinção. O líder do Partido do Trabalho e vice-primeiro-ministro Clement Attlee, que acompanhara Churchill à conferência, voltou para Potsdam em seu lugar, com o novo ministro do exterior, com, "para a surpresa dos americanos e russos, exatamente a mesma equipe que havia ministrado para Churchill e Eden".[28]

Os mapas do CWR foram rigorosamente atualizados até a capitulação do Japão, e os planejadores continuaram trabalhando, visto que se supunha, até que as bombas foram lançadas em Hiroshima e Nagasaki, que a conquista do Japão levaria tempo e custaria derramamento de sangue. No segundo andar, Ismay, Hollis e Jacob permaneciam em seu posto. Não se podia fingir, entretanto, que havia a mesma sensação de urgência agora que os postes de iluminação pública estavam novamente acesos e não havia mais ninguém exigindo com irritação a "Ação do Dia". Em 3 de agosto, Ismay disse ao comandante de voo J. Heagerty, um oficial de serviço da Sala de Mapas: "É muito triste perceber que meus velhos amigos da Sala de Mapas estão partindo um por um, e que o que foi outrora um lugar intensamente procurado e de atmosfera cordial se tornará meramente uma casca vazia."[29]

O CWR já caía no vácuo da História.

6

De sistema nervoso central a museu

No dia 15 de agosto de 1945, o dia em que o Japão se rendeu, os oficiais de serviço na Sala de Mapas encerraram seu trabalho. O fechamento da Sala de Mapas não foi marcado por nenhuma cerimônia formal, mas consistiu em um momento profundamente simbólico, pois aquele local havia sido usado 24 horas por dia ao longo da guerra. Talvez, enquanto fechavam a porta atrás de si, os últimos oficiais de serviço se sentissem simplesmente aliviados pelo fato de os longos turnos no subterrâneo terem finalmente chegado ao fim. Contudo, é também possível que eles tenham parado por um momento para considerar que, nos mapas daquela sala, todo o curso da guerra — da derrota à vitória e de um conflito europeu a uma guerra mundial — havia sido registrado dia após dia. Depois da derrota da Alemanha, a proteção oferecida pelos compartimentos subterrâneos não era mais necessária e, pouco a pouco, grande parte das acomodações havia sido desocupada pela equipe da secretaria e os chefes de Estado-Maior, sendo convertidas para propósitos mais simples. A Sala de Mapas, por outro lado, o coração do CWR, continuou funcionando até o último momento.

Lá em cima no NPO, o Escritório do Gabinete Nacional continuava ocupando seu espaço dos tempos de guerra, mas houvera uma grande

180 O BUNKER DE CHURCHILL

mudança na atmosfera depois das eleições gerais e da substituição de Churchill por Clement Attlee. Embora a equipe do Escritório do Gabinete Nacional houvesse, a princípio, permanecido praticamente a mesma, a ausência do carismático mestre, sempre exigente e às vezes capaz de provocar exasperação, foi profundamente sentida. O primeiro--ministro Attlee ocupou durante um curto período de tempo o flat no anexo do nº 10, mas logo o trocou pelo nº 10 da Downing Street, que agora voltava a ser completamente operacional.

As oficiais da WAAF continuaram conduzindo o Departamento de Criptografia do Escritório do Gabinete Nacional durante mais um ano antes de entregá-lo a funcionários públicos, que pediram mais membros para integrá-lo depois que as linhas de demarcação passaram a proibir os funcionários da criptografia de datilografar as mensagens, enquanto as datilógrafas não tinham permissão para fazer o trabalho de criptografia. Isso diz muito sobre o quanto o alto-comando, embora sincronizado como uma unidade eficiente, trabalhara em compartimentos; como se recordaria Lady Llewellyn, quando se aposentou de seu posto em 1946 e Ismay decidiu fazer uma festa de despedidas para ela no Centro de Operações subterrâneo, aquela foi a primeira vez em que ela de fato esteve lá embaixo.

Com o fim da guerra, os integrantes do círculo íntimo de Churchill gradualmente seguiram suas vidas. O tenente-general Jacob — que logo receberia a ordem de cavaleiro por serviços prestados durante a guerra — partiu no final de 1945. Ele fora uma figura central durante a guerra e conquistara a confiança total de Churchill. Percebendo que o Exército dos tempos de paz provavelmente não poderia oferecer grandes possibilidades para um homem sem experiência no comando operacional, ele deu início a uma carreira diferente na BBC.[1] Tornou--se diretor do Serviço Europeu e foi por um breve período de tempo considerado para assumir o Ministério da Defesa quando Churchill retornou ao poder em 1951, mas voltou à BBC como diretor-geral em dezembro de 1952. Jacob mostrou-se um bravo defensor da indepen-

DE SISTEMA NERVOSO CENTRAL A MUSEU   181

dência da BBC, embora sua determinação de transmitir a verdade sobre o bombardeio inglês ao Egito durante a Crise de Suez em 1956 tenha custado à emissora a reação do governo de cortar o orçamento do seu Serviço Marítimo.

O general Ismay continuou trabalhando no Escritório do Gabinete Nacional até novembro de 1946, ao longo do período em que a futura organização da defesa foi decidida, com um novo Ministério de Defesa controlando — e a partir de 1964 substituindo — a antiga tríplice ministerial. Ele teria uma carreira pós-guerra brilhante, tendo se tornado sucessivamente chefe do Estado-Maior do lorde Mountbatten na Índia, ministro de Churchill no Gabinete Nacional do pós-guerra e secretário-geral da Otan. Ismay recebeu o título de nobreza de lorde Ismay em 1947 e tornou-se membro do Conselho Privado em 1951. Foi sucedido como oficial chefe do Estado-Maior do ministro da Defesa por Jo Hollis, mas a natureza daquele cargo sofrera uma mudança considerável.

Churchill fora tanto primeiro-ministro quanto ministro da Defesa, exercendo o último cargo com a ajuda da secretaria, dos chefes de Estado-Maior e do seu próprio time de assessores. Decidira-se agora que, embora o primeiro-ministro devesse conservar a responsabilidade suprema pela defesa, deveria haver um ministro da Defesa com autoridade executiva e um certo grau de controle sobre os departamentos das forças armadas. Hollis foi promovido a tenente-general ao tornar-se oficial chefe do Estado-Maior no novo Ministério da Defesa, cargo que ocupou até coroar sua carreira com a ascensão ao posto de general e comandante-geral do Corpo de Fuzileiros Navais Reais em 1949. O forte elo entre a defesa e o Escritório do Gabinete Nacional foi mantido, assim como o oficial chefe do Estado-Maior do novo ministério também conservou o cargo de vice-secretário do Gabinete Nacional, mas a maior parte do que fora a seção militar da equipe da secretaria agora era transferida para o ministério, deixando as acomodações do NPO — incluindo o Centro de Operações — para o Escritório do

182 O BUNKER DE CHURCHILL

Gabinete Nacional. O sistema dos chefes de Estado-Maior provara seu valor e sobreviveu à reorganização, embora os três chefes do período de guerra — Brooke, Cunningham e Portal — tenham sido reformados em intervalos de poucos anos, todos recompensados com viscondados em lugar dos condados destinados a alguns comandantes bem-sucedidos do teatro de operações. As pesquisas para este livro fizeram o autor lembrar-se mais uma vez da grande dívida que a nação tem para com Brooke, e eu estou menos do que nunca convencido de que essa dívida foi devidamente reconhecida.

Os funcionários públicos seniores seguiram em frente com suas carreiras, nas quais avançariam continuamente na hierarquia. Sir Edward Bridges tornou-se secretário permanente do Tesouro Nacional e chefe do serviço público, tendo recebido o título de nobreza de lorde Bridges. Norman Brook, que substituiu Bridges como secretário do Gabinete Nacional em 1947, serviu a uma série de primeiros-ministros e depois sucedeu Bridges como secretário do Tesouro Nacional, e, como o último, passou a integrar a Câmara dos Pares e o Conselho Privado. Dos secretários particulares, Jock Colville tornou-se secretário particular da princesa Elizabeth e depois retornou à Downing Street quando Churchill voltou ao cargo de primeiro-ministro; Colville recebeu a ordem de cavaleiro em 1974. John Martin, principal secretário particular de Churchill desde 1947, tornou-se vice-subsecretário no Gabinete Colonial e ainda, posteriormente, alto-comissário de Malta em 1965-67; ele também seria agraciado com a ordem de cavaleiro.

Houve apenas um curto período entre a diminuição do ritmo das atividades no CWR e o crescimento da apreciação de sua importância histórica. A maioria dos documentos de importância única e considerados segredos de Estado foi removida em novembro de 1947, quando parte das salas teve sua mobília e seus equipamentos originais retirados, tendo sido convertidas de várias formas — algumas em salas de conferência, uma em centro de teletipos, outra em sala de criptografia e outra ainda em centro de conferência equipado com aparelhos de TV para

DE SISTEMA NERVOSO CENTRAL A MUSEU 183

os chefes de Estado-Maior. Atualmente, há grandes evidências de que um centro de comando foi restabelecido no CWR durante a Crise de Suez, em 1956: um oficial disse a um amigo deste autor: "nós abrimos o CWR para nossa guerrinha no Oriente Médio (...) não tocamos na antiga Sala de Mapas (...), mas estabelecemos outra nas salas mais próximas da cantina."[2]

Alguns dos cômodos mais importantes — incluindo a Sala de Mapas e seu Anexo, a Sala do Gabinete Nacional, o escritório e quarto de Churchill e o cubículo de onde ele fazia seus telefonemas transatlânticos para Roosevelt — foram deixados praticamente intactos. A consciência pública em relação ao papel que as salas tiveram durante a guerra cresceu gradualmente, passando a haver vários pedidos de visita. Lawrence Burgis, o oficial superior do Escritório do Gabinete Nacional que ajudara a estabelecer os compartimentos, escreveu para Hollis em setembro de 1946:

Devo dizer que estou surpreso com a quantidade de interesse demonstrada em relação ao CWR pelo público e sempre lhes proporcionei todas as facilidades para que visitassem o lugar [...]. Se esse interesse será mantido eu não posso dizer, embora duvide disso. E, evidentemente, o sr. Rance é um guia incrível, tendo crescido com o lugar, enfrentando grandes problemas com os visitantes. O sr. Rance tem 72 anos [...], mas quando não estiver mais disponível, talvez alguém da nossa equipe [*que conheça o lugar*] e que tenha chegado à idade de se aposentar possa ser mantido como guia do CWR e exercer as outras tarefas, não tão árduas, agora exercidas por Rance.

Não vejo, por enquanto, expectativa de que o CWR venha a ser abandonado. O lugar constitui um ótimo recurso de reserva para mim como oficial de estabelecimento [ou seja, oficial responsável] para sede de emergência e acomo-

184 O BUNKER DE CHURCHILL

dação de pernoite, e eu não sei onde estaria sem ele. Porém, você provavelmente deve contemplar o momento, dentro dos próximos dois ou três anos, em que será necessário manter o local na lista de pagamentos parciais [ou seja em situação de quase aposentadoria].[3]

Hollis sugeriu que um plano fosse traçado para o futuro "dessas premissas históricas", afirmando que ficara impressionado com o que fora dito por algumas pessoas sobre as salas do Centro de Operações.

Por exemplo, Bob Sherwood — um autor americano muito proeminente que no presente momento está escrevendo as biografias do presidente Roosevelt e de Harry Hopkins — disse que seria quase um crime contra a humanidade se tal local não fosse mantido como um monumento à excepcional condução da guerra pela Inglaterra.[4]

Em 1948, a pressão pelo acesso público ao Centro de Operações crescia, e o primeiro-ministro do Partido Conservador, o comandante John Maitland, levantou a questão na Câmara dos Comuns, perguntando se havia a possibilidade de as salas serem mantidas nas mesmas condições dos tempos de guerra e de o público receber permissão para visitá-las. O *Evening News* informou que "esse notável complexo subterrâneo (...) ainda está como era durante as últimas Blitze".[5] Aqueles que haviam ajudado a escrever essa história envolviam-se agora na sua conversão em monumento, visto que Norman Brook escreveu a Sir Eric de Normann — que exercera um papel essencial no estabelecimento do Centro de Operações no final dos anos 1930 — concordando com a proposta de preservar as salas principais, mas alertando contra o acesso público a salas que faziam parte de um escritório onde era realizado trabalho confidencial.[6] Uma coletiva de imprensa aconteceu no dia 17 de março, na qual, depois de uma apresentação feita pelo lorde Ismay e o sr. Rance,

DE SISTEMA NERVOSO CENTRAL A MUSEU   185

resumindo os planos para a preservação da Sala de Mapas, da Sala do Gabinete Nacional e do cômodo de onde Churchill fazia suas transmissões, os jornalistas puderam dar um passeio pelos compartimentos. Em 1950, a saúde de Rance não lhe permitiu mais exercer o papel de guardião e guia, de forma que o general Hollis — agora comandante-geral do Corpo de Fuzileiros Navais — foi consultado sobre a disponibilidade de algum fuzileiro — que possivelmente houvesse trabalhado no Centro de Operações — para ocupar seu lugar. Esse sistema, que prevaleceu durante as décadas seguintes, foi dirigido à preservação do que eram consideradas as salas mais interessantes, com acesso limitado e um guardião/guia para mostrar o lugar a grupos favorecidos. Durante a década de 1970 e início dos anos 1980 o guardião foi Christian Truter, que deliciava os visitantes que guiava pelo complexo com uma série das típicas anedotas de Churchill.

Ao longo dos anos 1970, o Escritório do Gabinete Nacional e o Departamento do Meio Ambiente, que assumiu a responsabilidade pelo CWR em 1975, consideraram a possibilidade de as salas serem transferidas para o Museu Imperial da Guerra, mas o museu, sobrecarregado de compromissos com outros projetos — especialmente sua nova sede em Duxford e a preservação do cruzador HMS *Belfast* —, tinha reservas em relação à mudança. De 30 a 40 mil pessoas faziam anualmente o pedido de visitar as salas, mas somente cerca de 4,5 conseguiam fazê-lo a cada ano, de forma que havia claramente um potencial inexplorado. Em 1982, o Museu Imperial da Guerra — que se estabelecera como um dos museus mais inovadores e originais entre os principais museus da Inglaterra, tendo sido pioneiro na exibição interpretativa, no uso da tecnologia moderna e em exibições temáticas — concordou em assumir a responsabilidade pelo CWR. O projeto foi imensamente apoiado pela primeira-ministra Margaret Thatcher, grande admiradora de Churchill, e, apesar da atmosfera econômica da época — quando os planos de gastos do governo gozavam de pouco apoio —, o projeto foi em frente: encontraram-se recursos financeiros adicionais fora do fundo essencial do museu, e o CWR restaurado foi aberto pela sra. Thatcher em 1984.

186   O BUNKER DE CHURCHILL

Fazia quase 40 anos desde que a guerra acabara, e grande parte do conhecimento íntimo dos trabalhos do CWR havia aparentemente sido perdida com as mortes de seus principais personagens. Os historiadores Peter Simkins e Mike Houlihan, do Museu Imperial da Guerra, com Nigel de Lee — então professor da Academia Militar Real, Standhurst —, embarcaram num profundo trabalho de pesquisa para descobrir a função e a importância não apenas de áreas como a Sala de Mapas e a Sala do Gabinete Nacional, que haviam sido preservadas, mas também de outras partes do "complexo subterrâneo".

A meticulosa pesquisa de Nigel de Lee formou a base para a reconstrução, com a equipe do museu tomando as decisões relativas ao tratamento de salas historicamente importantes e oferecendo conselhos em questões como textos interpretativos, guias apropriados e ter ou não esculturas de cera à moda de Tussaud expostas em parte da laje. Entretanto, houve também uma importante contribuição daqueles que haviam trabalhado ali durante a guerra. A maioria dos personagens centrais — o próprio Churchill, Ismay, Hollis, Alanbrooke e Bridges — estavam mortos, embora muitos houvessem deixado diários e autobiografias, mas vários dos membros relativamente importantes da equipe ainda estavam bem vivos: por exemplo, tanto Sir John Colville quanto Sir John Winnifrith, oficial de estabelecimento do Escritório do Departamento de Guerra durante a guerra, ainda estavam disponíveis para ajudar. Os oficiais subalternos e, em particular, os secretários e assistentes pessoais eram muito mais jovens que aqueles para quem trabalhavam. Eles tiveram uma importância inestimável na descrição da história e das mudanças na geografia das salas e, da mesma forma, na transmissão do sentimento e da atmosfera que haviam dominado o lugar.

Jon Wenzel, primeiro curador do Centro de Operações do Gabinete Nacional, expressou sua gratidão pela assistência das "garotas", cujas memórias ajudaram na restauração das salas. O livro de Joan Bright Astley, *The Inner Circle* [O círculo íntimo] (1971), foi uma fonte valiosa, reforçada pelos conselhos dados por ela no projeto de restauração. A

DE SISTEMA NERVOSO CENTRAL A MUSEU 187

sra. Astley faleceu quando o livro foi enviado para a impressão, mas não antes de ter sido tipicamente uma grande ajuda para este autor. Outros que haviam estado no centro dos eventos no NPO durante a guerra e contribuíram para a precisão da restauração incluem Betty Green, Olive Christopher, Jacqueline d'Orville e Wendy Wallace. Mais informações seriam reunidas nos anos seguintes de secretários, PAs, estenógrafos, datilógrafos e telefonistas à medida que a reputação do museu crescia.

A recriação de um ambiente do passado não é uma tarefa fácil, posto que mesmo os elementos mais comuns mudam — o plástico tendo em grande parte substituído tanto o metal quanto o material "moderno" da época, o baquelite. Jon Wenzel surpreendeu-se colecionando itens como cestas de lixo para papel, cadeiras, máquinas de escrever e outros artigos de escritório de diferentes departamentos do governo.

O CWR recende a Churchill e sua liderança da Inglaterra durante a Segunda Guerra Mundial, e os visitantes tendem a se sentir fascinados tanto pelo homem como pelas salas subterrâneas. Embora não possam sentir o cheiro de seus charutos Havana, podem ver os cinzeiros e as cestas nas quais, com grande meticulosidade, ele descartava as pontas dos charutos, ao passo que gravações dos seus discursos se tornaram uma parte central da experiência que se vive no CWR. Os visitantes podem ver as acomodações de emergência reservadas a ele e à sra. Churchill, a Sala do Gabinete Nacional, onde ele presidia reuniões durante a Blitz e enquanto os V1s e V2s chegavam, as salas nas quais ele fez algumas de suas transmissões mais inspiradoras para a nação e os telefonemas para Roosevelt. O CWR, entretanto, está relacionado a apenas um período de uma longa, complexa e controvertida carreira que se estendeu dos últimos anos do reinado da rainha Vitória até seu segundo mandato como primeiro-ministro nos anos 1950, envolvendo mudanças de lado na política, altos cargos alcançados ainda na juventude, mas também grandes reveses tanto em tempos de guerra quanto de paz. Havia sempre uma oportunidade de oferecer aos visitantes uma visão mais ampla do

188 O BUNKER DE CHURCHILL

homem que ficou firmemente enraizado na mente do público como o maior bretão do século XX.

Em meados da década de 1990, o Tesouro Nacional decidiu evacuar o que fora o anexo do CWR — uma área que totalizava quase mil metros quadrados de porão ao longo dos quais o quartel-general subterrâneo se expandira em 1941, mas que fora usada em anos recentes como espaço de armazenamento. Phil Reed, que, em 1993, havia sucedido Jon Wenzel como curador do CWR, viu na decisão uma grande oportunidade: o Museu do CWR não apenas poderia ser ampliado, mas, vizinho a ele, poderia ser montado um museu dedicado à vida e às conquistas de Winston Churchill.

As ideias de Reed poderiam muito bem ter acabado como meros castelos no ar. Sua instituição, o Museu Imperial da Guerra, carecia de fundos para um plano tão ambicioso, além de que departamentos de Whitehall tinham ambições de transformar o espaço num estacionamento subterrâneo e, portanto, o projeto teria de ser concluído rapidamente, pois precisava ser realizado ao mesmo tempo que a restauração planejada para o Tesouro Nacional, agora sediado no NPO. Os pessimistas tiveram suas expectativas frustradas, e em 2003 a primeira etapa do projeto havia sido concluída com a abertura da "Suíte de Churchill", os quartos restaurados que haviam sido reservados para Churchill, sua esposa e seus conselheiros mais próximos. O Museu Churchill foi aberto pela rainha em janeiro de 2005. Todo o projeto custara 14 milhões de libras.

A combinação entre o entusiasmo infatigável de Reed, o trabalho árduo da equipe do Museu Imperial da Guerra, a generosidade de doadores excepcionais e a reação do público na forma de doações que foram de algumas libras a dezenas de milhares tornou o projeto possível. As grandes contribuições, tais como as da família Sainsbury, da família Weston e dos Harmsworths, donos da Associated Newspapers, foram essenciais, mas as doações menores não apenas tiveram

DE SISTEMA NERVOSO CENTRAL A MUSEU 189

um papel significativo, como os cheques de £3 ou £4 comprovaram a estima profunda dedicada a Churchill e o lugar icônico que ele ocupa na memória nacional.

O resultado, o Museu Churchill, criado pelos designers Casson Mann, é uma exposição triunfante da vida de Churchill entremeada à história da época, na qual ele teve uma função crucial; o museu também explora a complexa personalidade e as imperfeições do homem que ele foi. Muitos museus prometem uma "experiência", mas o Museu Churchill consegue proporcionar essa experiência através de uma mesa que usa som, palavras e imagens para ilustrar a vida e a época de Churchill, lançando mão de uma tecnologia que ajuda na interpretação do significado de documentos, cartas, pinturas e objetos pessoais, muitos dos quais emprestados ou doados pela família Churchill. O tratamento não é nem hagiográfico nem politicamente correto, e o que surge dele se aproxima do que muitos historiadores considerariam a visão atual da reputação de Churchill: um homem de contradições, cujas políticas e decisões estavam com frequência erradas e que tinha tanto defeitos quanto virtudes incríveis em abundância; mas, acima de tudo, de um homem dotado de visão, coragem e um senso aguçado do desenvolvimento histórico global.

O fato de o museu ser uma parte integrante do Centro de Operações do Gabinete Nacional é certamente apropriado, posto que foi nos dias mais sombrios de 1940 — quando Churchill exercia o comando da Inglaterra tanto a partir da superfície quanto do subterrâneo de Storey's Gate — que sua coragem e determinação brilharam com mais intensidade e muitos de seus defeitos transformaram-se em virtudes. Um homem essencialmente racional e calculista poderia ter pensado que um acordo com a Alemanha faria mais sentido dentro das circunstâncias, e um homem menos obstinado — ou menos convencido de que tinha um destino pessoal a cumprir — poderia não ter tido a habilidade de transmitir sua confiança para uma nação que se encontrava sob tamanha pressão.

Este autor sempre se sentiu atraído pelo exercício da história tanto pelo coração quanto pela mente. Ele esteve no CWR — filmando, dan-

190 O BUNKER DE CHURCHILL

do palestras ou simplesmente observando (posto que ser um historiador profissional não o impede de amar seu trabalho) — provavelmente pelo menos cinquenta vezes, mas há algo naquelas salas que sempre o leva a voltar, uma vez após a outra. É claro, entretanto, que o processo de reconstrução as modificou. A Sala do Gabinete Nacional, por exemplo, agora possui um extenso portal a fim de permitir que os visitantes olhem para o interior do que antes foi um espaço sem janelas e tomado por fumaça. Contudo, há ainda algumas marcas que evocam o alto-comando. Poucas coisas apontam para a verdadeira importância da Batalha do Atlântico de forma mais persuasiva que a concentração dos buracos feitos no mapa pelos alfinetes de marcação — uma concentração que é tão grande em algumas áreas que por pouco não tornou necessária a inserção de novos trechos de papel. Talvez os ingleses ainda se sintam inclinados a ver o seu desempenho na Segunda Guerra Mundial com um excesso de romantismo. Cronistas agora discutem a moralidade do bombardeio estratégico à Alemanha e ao Japão, questionando a honestidade de uma aliança com o regime russo — que, como os outros aliados logo viriam a saber, assassinara não apenas dezenas de milhares dos seus próprios cidadãos, como também milhares de prisioneiros de guerra poloneses — e observam que a verdadeira guerra foi travada no Front Oriental. Ainda assim, parece-me que, apesar de todas as ineficiências e inconsistências inerentes à condução das operações por uma grande democracia que já tivera suas forças desgastadas na Primeira Guerra Mundial, há algo profundamente honroso na decisão de lutar em 1940, muito antes de os Estados Unidos e a União Soviética terem entrado na guerra. Lutamos então, não como teríamos desejado, talvez, mas como tivemos de lutar. Eu costumo pensar no CWR — e naquele personagem imponente cuja presença ainda é quase palpável — no contexto do primeiro terrível verão da guerra, e ninguém pode culparme por me sentir orgulhoso.

Notas

1. A HISTÓRIA POR TRÁS DO SEGREDO

1. G. R. Searle, A *New England* (2005), p. 498.
2. Peter Simkins, *Cabinet War Rooms* (1983), p. 12.
3. Entretanto, o futuro lorde Ismay — que tivera a experiência de lidar com um levante colonial na Somalilândia — sentia-se agora cético em relação aos argumentos da RAF a esse respeito. *The Memoirs of Lord Ismay* (1960), pp. 34-35.
4. Ismay, *Memoirs,* p. 73.
5. John Charmley, *Churchill. The End of Glory* (1993), p. 306.
6. L. C. Hollis, *One Marine's Tale* (1956), p. 55.
7. Ismay, *Memoirs,* p. 75.
8. John Charmley, *Chamberlain and the Lost Peace* (1989), p. 36, citando S. Roskill e K. Feiling.
9. Robert Self, *Neville Chamberlain* (2008), p. 238.
10. Harold Macmillan, *Winds of Change* (1966), p. 575.
11. Nigel de Lee, tese de mestrado não publicada, IWM, p. 1.
12. Ibid, p. 2.
13. Philip Ziegler, *London at War* (1995), p. 337.

192 O BUNKER DE CHURCHILL

14. Malcolm Smith, *Britain and 1940* (2000), p. 26.

15. Sinto-me em dívida por essa informação para com Richard Bullard, que está escrevendo sobre as ARP em Oxfordshire 1936-39 como parte de um mestrado em História para uma universidade aberta.

16. Ziegler, *London at War*, pp. 12-13.

17. de Lee, tese de mestrado não publicada, p. 7.

18. Ibid, p. 23.

19. Hollis, *One Marine's Tale* (1956), pp. 57-58.

20. de Lee, tese de mestrado não publicada, p. 23.

21. Ziegler, *London at War*, p. 25. Isso não estava completamente correto, posto que o Tesouro Nacional na época encontrava-se a alguma distância.

22. de Lee, tese de mestrado não publicada, p. 14.

23. Dennis Wheatley, *Stranger than Fiction* (1959), pp. 182-83.

2. DEFLAGRAÇÃO DA GUERRA

1. Bill Clavey, BBC, *WW2 People's War*, citado em Bill Purdue e James Chapman, *The People's War? A Study Guide* (2004), p. 20.

2. Ismay, *Memoirs*, p. 100.

3. John Colville, *The Fringes of Power: Downing Street Diaries 1939-1955* (2004), pp. 19-20.

4. Ismay, *Memoirs*, p. 97.

5. Vice-marechal do ar William Dickson, Arquivo de Som do IWM, 3168/6.

6. Ismay, *Memoirs*, p. 98. A importância da secretaria e a qualidade de seus oficiais se refletem no progresso alcançado por esses oficiais, que foram sucessivamente promovidos ao longo da guerra, por fim ganhando do posto de uma estrela (brigadeiro e seu equivalente) a quatro estrelas (general e seu equivalente).

7. John Vincent, Chamberlain, the Liberals and the outbreak of war, 1939, *English Historical Review*, vol. cxiii, nº 451, abril de 1998, pp. 381-82.

NOTAS 193

8. Lorde Alanbrooke, *War Diaries* (2001), pp.10-11.
9. Robert Rhodes James (ed.) *Chips Channon, The Diaries of Sir Henry Channon* (1967), p. 224.
10. Self, *Neville Chamberlain*, p. 386.
11. Ilene Adams, Arquivo de Som do IWM, 18163/2.
12. Essa informação sobre o recrutamento da equipe do Centro de Operações foi extraído da inestimável tese de mestrado não publicada de Nigel de Lee no IWM.
13. Ismay, *Memoirs*, p. 111.
14. Ibid, p. 104. O problema de Barratt era complicado pelo fato de ele também ser responsável pelo Componente Tático do Ar do Comando de Bombardeiros da Inglaterra.
15. Paul Addison, *Road to 1945* (1975), pp. 89-90.
16. Colville, *The Fringes of Power*, p. 108.
17. Ismay, *Memoirs*, p. 113.
18. Nos últimos meses de 1939, o nível de aprovação a Chamberlain alcançou o pico de 68%, tendo retornado à posição em que se encontrava antes da guerra nos primeiros três meses de 1940.
19. Colville, *The Fringes of Power*, p. 129.
20. Citado em Sheila Lawlor, *Churchill and the Politics of War, 1940-1941* (1994), pp. 34-35.
21. Vide Andrew Roberts, The Tories versus Churchill during the "Finest Hour", em *Eminent Churchillians* (1994), pp-137-210.
22. John Colville, *The Churchillians* (1981), p. 53. A principal responsabilidade da srta. Watson era assessorar o primeiro-ministro em questões parlamentares.
23. Bracken executava tarefas desse posto, mas, de acordo com Colville, recusou terminantemente o título. Quando Bracken tornou-se ministro da Informação, Churchill não tomou nenhuma providência para encontrar um novo secretário parlamentar particular, mas no final foi convencido a aceitar o membro do parlamento George Harvie-Watt.

24. Churchill, *Their Finest Hour* (1949), p. 31. O Comitê de Defesa reuniu-se quarenta vezes em 1940, 76 em 1941, 20 em 1942, catorze em 1943 e dez em 1944.
25. Citado em Geoffrey Best, *Churchill. A Study in Greatness* (2003), p. 177.
26. Paul Addison, *Churchill on the Home Front* (1993), p. 334.
27. Sir John Wheeler-Bennett, *Action This Day* (1968), p. 50.
28. Ele ficou nesse posto apenas até julho, quando foi substituído pelo general Alan Brooke, mais tarde lorde Alanbrooke, que se recordaria de que, ao chegar ao quartel-general das Forças Internas para assumir o cargo, Ironside já havia partido, tendo deixado um bilhete dizendo que Brooke podia assumir o Rolls-Royce que ele vinha usando, mas "nenhuma palavra sequer no que diz respeito às defesas, sua política de defesa etc., absolutamente nada!". Alanbrooke, *War Diaries*, p. 93.
29. Alanbrooke, *War Diaries*, p. 124.
30. Colville, *The Fringes of Power*, p. 256.
31. Clarissa Eden, *A Memoir: From Churchill to Eden*, ed. Cate Haste (2007), p. 55.
32. De Lee, tese de mestrado não publicada, p. 55.
33. Suas suspeitas caíram sobre um primo, um membro da família real espanhola que estava servindo na Força Aérea Italiana — embora, mesmo isto sendo pouco provável, caso o ataque tenha sido de fato uma questão de família, o príncipe Christopher de Hesse, piloto da Luftwaffe, é um suspeito mais plausível.
34. Colville, pp. 240-41. O nome a esta altura havia mudado oficialmente para Centro de Operações do Gabinete Nacional.
35. Ibid, p. 244.
36. Ibid, p. 280.
37. Citado em Andrew Roberts, *Masters and Commanders* (2008), p. xxxv.

NOTAS 195

38. De Lee, tese de mestrado não publicada, p. 68. Essa pesquisa sobre os preparativos para a defesa de Whitehall baseia-se neste importante trabalho.

39. O Departamento de Guerra reuniu-se nesta sala do Centro de Operações cinco vezes em 1942 e apenas duas vezes em 1943.

3. HORA DO SHOW

1. James Leasor, *War at the Top* (1959), p. 34.
2. Sir Ian Jacob, Arquivo de Som do Museu Nacional da Guerra, 6191/2.
3. Alanbrooke, *Diaries*, 17 de fevereiro de 1941, p. 139.
4. Ibid, pp. 374-5.
5. Elizabeth Nel, *Winston Churchill by his Private Secretary* (edição de 2007), p. 9.
6. Lembranças da vida no CWR de Gladys Hymer, Museu Nacional da Guerra.
7. Ismay, *Memoirs*, pp. 171-2.
8. Jacob, Arquivo de Som do IWM, e Colville, *Downing Street Diary*, 3 de novembro de 1940.
9. Joan Bright Astley, *The Inner Circle — A View of War from the Top* (1971), p. 59.
10. Colville, *Downing Street Diaries*, p. 734.
11. Martin Gilbert, *Winston S. Churchill*, vol. 6, p. 594.
12. Colville, *The Churchillians*, p. 132.
13. Joanna Moody, *From Churchill's War Rooms: Letters of a Secretary* (2007), p. 61.
14. Depois da guerra, um político do Partido Conservador e ministro do Gabinete Nacional (secretário do Estado para a Guerra 1951-6) que se tornou visconde em 1960.
15. Astley, *The Inner Circle*, p. 88.
16. Best, *Churchill*, p. 176.

196   O BUNKER DE CHURCHILL

17. Alanbrooke, *Diaries*, p. 121.
18. Michael Carver, Churchill and the Defence Chiefs, em Robert Blake e William Roger Louis (orgs.) *Churchill — An Assessment of His Life in Peace and War* (1996), p. 357.
19. David Fraser, *Alanbrooke* (1987), p. 202.
20. Carver in Blake and Louis, *Churchill*, p. 570.
21. Richard Ollard, Churchill and the Navy, em Blake e Louis, *Churchill*, p. 380.
22. Alanbrooke, *Diaries*, 26 de março de 1943, pp. 389-90.
23. Elizabeth Nel, *Winston Churchill* (2007), p. 30.
24. Best, *Churchill*, p. 146.
25. Ismay, *Memoirs*, p. 173.
26. Colville, *The Fringes of Power*, p. 398.
27. Channon, Chips: *The Diaries of Sir Henry Channon*, 7 de outubro de 1940.
28. Colville, *The Churchillians*, p. 59. Colville acrescenta que o fato de que grande parte desse tipo de atividade provinha do Ministério da Economia de Guerra — encabeçado pelo dr. Hugh Dalton, um homem que Churchill detestava intensamente — sem dúvida contribuía para a falta de interesse de sua parte.
29. F. H. Hinsley, Churchill and Special Intelligence, em Blake e Louis (orgs.), *Churchill*, p. 408.
30. Colville, *The Churchillians*, p. 59.
31. Henry Pelling, *Winston Churchill* (1974), p. 452.
32. Colville, *The Churchillians*, p. 58.
33. Tom Hickman, *Churchill's Bodyguard* (2008), p. 11.
34. Ibid, p. 104.
35. Ibid, p. 109.
36. Randolph e Waugh acrescentaram um toque de farsa ao que é essencialmente uma história de tragédia e traição. Waugh espalhou o rumor de que Tito, na realidade, era uma mulher.
37. Richard Hough, *Winston and Clementine* (1990), pp. 504-50.

NOTAS   197

38. Alanbrooke, *Diaries*, pp. 322-32.
39. Nel, *Winston Churchill*, p. 13.
40. Ibid, pp. 14-15.
41. Winant tinha um casamento infeliz, e o casamento de Sarah Churchill com o comediante Vic Oliver estava acabando. Randolph e Pamela Churchill logo se divorciariam, e, muitos anos mais tarde — depois da morte da esposa dele —, Harriman casou-se com Pamela. Depois da morte dele, agora cidadã americana, ela tornou-se embaixatriz americana na França.
42. Walter Reid, *Churchill 1940-45: Under Friendly Fire* (2008), p. 254.
43. Alexander Cadogan, *Diaries*, p. 396.
44. Hollis, *One Marine's Tale*, p. 80.
45. Cadogan, *Diaries*, p. 397.
46. Colville compareceu a uma exibição da versão sem cortes no Ministério da Informação e achou o filme "quase insuportavelmente engraçado. A cena do lorde Cherwell e do inspetor Thompson usando quepes também é um bom motivo de risadas, sem mencionar os gestos e tiques de Tommy Thompson, que sempre dá um jeito de ficar à frente da batalha fotográfica. Não obstante, os filmes duravam mais de uma hora, quando se bem editados deveriam constituir um bom registro de uma ocasião histórica". Colville, *The Fringes of Power, p. 427.*
47. Andrew Roberts, *The Holy Fox* (1997), p. 126.

4. A VIDA NO BUNKER

1. O general Jacob disse nunca ter ouvido o termo "New Public Offices", e que sempre se referiram ao local como Great George Street. Arquivo de Som do Museu Imperial da Guerra, 6191/2.
2. Ilene Adams, Arquivo de Som do Museu Imperial da Guerra, 18163/2.
3. Moody, *From Churchil's War Rooms: Letters of a secretary 1943-45* (2007), p. 48.

198   O BUNKER DE CHURCHILL

4. Ibid, p. 49.
5. Lady Llewellyn, entrevistada por Bill Purdue.
6. Isso foi descoberto recentemente por Andrew Roberts enquanto fazia uma pesquisa nos arquivos de Churchill em Cambridge. Vide Roberts, *Masters and Commanders: How Roosevelt, Churchill, Marshall and Alanbrooke won the War in the West*.
7. Informação fornecida pela dra. Janet Hunter e Peter Hunter. Não há relação entre ela e John Colville.
8. Informação fornecida por Alan Heath ao Museu Churchill.
9. Informação fornecida pela sra. Joy Hunter.
10. Astley, *The Inner Circle*, pp. 58-59. O coronel Eddie Combe era chefe do Quadro de Segurança Interserviços, e designava codinomes a projetos de operações, tais como Overlord para a invasão à Normandia.
11. Minutas da reunião Crossbow 15/12/43, Arquivo Nacional CAB 15/34/21/2.
12. Jacob para Hollis 24/6/43, Arquivo Nacional CAB 15/34/21/2.
13. As informações sobre a alocação das salas foram extraídas de Simkins, *Cabinet War Rooms*, pp. 50-54.
14. Roberts, *Masters and Commanders* (2008), p. 109.
15. Anthony Powell, *The Military Philosophers* (1968), pp. 15-16.
16. Noel Annan, *Changing Enemies* (1995), p. 17, citado em Michael Barber, *Anthony Powell: A Life* (2004), p. 139.
17. Joan Bright Astley, entrevistada por Bill Purdue.
18. Barber, *Anthony Powell*, p. 139. Barber comenta que as habilidades de Capel-Dunn para o trabalho na secretaria custaram-lhe a vida, posto que ele era membro da equipe do Escritório do Gabinete Nacional quando da assinatura da Carta das Nações Unidas em junho de 1945 e era um dos nove passageiros que presumidamente foram mortos quando seu avião desapareceu no voo de volta.
19. Anthony Powell, *To Keep the Ball Rolling* (1968), p. 158.
20. Ibid, p. 157.

NOTAS   199

21. Ibid, pp.158-159.
22. Ao contrário de Powell, Wheatley não usou suas experiências no Centro de Operações em seus romances. Sua preocupação com a segurança — ele sustentava que guardava "uma tonelada de segredos" — o levou a parar durante um período de escrever romances passados no presente. Suas experiências na guerra podem ser encontradas, entretanto, na obra *Stranger Than Fiction* (1959) e no Volume 3 de suas memórias, *Drink and Ink 1919-77* (1979).
23. Como Powell, ele teve um desentendimento com Capel-Dunn, mas usou o contato com uma autoridade de maior escalão com quem costumava jantar e pôde fugir às ordens de Capel-Dunn. Depois disso, ele convidou Capel-Dunn para um almoço, após o qual reataram o bom relacionamento. Barber, p. 141.
24. Astley, *The Inner Circle*, p. 41.
25. Informação fornecida por Lady Iliff.
26. Informação fornecida pela sra. Maxwell.
27. Astley, *The Inner Circle*, p. 89.
28. Churchill, *Their Finest Hour* (1949), p. 541.
29. Moody, *From Churchill's War Rooms*, pp. 59.
30. Astley, *The Inner Circle*, pp. 87-88.
31. Joan Bright Astley, entrevistada por Bill Purdue.
32. Sra. Wendy Maxwell, entrevistada por Bill Purdue.
33. Sra. Rose Haynes, manuscrito, Museu Churchill.
34. Hollis, *One Marine's Tale*, pp. 117-18.

5. O BUNKER VIAJA

1. Philip Warner, *Auchinleck — The Lonely Soldier* (1981), pp.172-173.
2. Best, *Churchill and War* p. 120.
3. Colville comenta em seu diário que foram necessários três guindastes para colocá-lo em posição, e que ele durou apenas cem rodadas antes de seu cano desgastar-se: as autoridades militares

200   O BUNKER DE CHURCHILL

consideravam-no uma "verdadeira façanha". *Diaries*, 11 de julho 1940, p. 189. Não seria nem a primeira nem a última arma maravilhosa de Churchill a despertar ceticismo.

4. Brian Lavery, *Churchill Goes to War* (2007), p. 283.

5. Lavery fornece uma descrição detalhada das providências para a viagem de Churchill e seu séquito. Ele lança dúvida na história de que, no voo de Churchill para casa das Bermudas depois da Conferência de Washington em junho de 1942, o Clipper que o levava passou perto de Brest, onde ficava a base de caças alemães. Lavery, *Churchill Goes to War*, pp. 104-110.

6. Roberts, *Masters and Commanders*, p. 339.

7. Astley, *The Inner Circle*, p. 86. Talvez devêssemos ter um pouco de simpatia pelo ponto de vista da Marinha. No mundo moderno, com sua atitude tão diferente no que diz respeito à relação entre os diferentes sexos, a Marinha Real não considerou a introdução de oficiais do sexo feminino e a avaliação da vida nos navios algo desprovido de problemas.

8. Nel, *Winston Churchill*, p. 18.

9. Astley, *The Inner Circle*, p. 75.

10. Sou grato a Lady Llewellyn por ter me deixado consultar suas lembranças não publicadas.

11. Astley, *The Inner Circle*, p. 90.

12. Nel, *Winston Churchill*, p. 62.

13. Ismay, *Memoirs*, p. 294.

14. General Sir Charles Richardson, *From Churchill's Secret Circle to the BBC. The Biography of Lieutenant-General Sir Ian Jacob* (1991), p. 190.

15. Nel, *Winston Churchill*, p. 76.

16. Astley, *The Inner Circle*, p.102.

17. Moody, *From Churchill's War Rooms*, pp. 74-75.

18. Lorde Moran, *Winston Churchill: The Struggle for Survival* (1966), p. 153.

NOTAS 201

19. Cadogan, *Diaries,* p. 580.
20. Lorde Normanbrook, 'Memoir', em Wheeler-Bennett, p. 33.
21. Nel, *Winston Churchill,* p. 87.
22. Ibid, pp. 87 e 88.
23. Relato não publicado sobre o Departamento de Criptografia do Escritório do Gabinete Nacional de Lady Llewellyn, ex-oficial de esquadrão Williams.
24. Nel, *Winston Churchill,* p. 97.
25. Ismay, *Memoirs,* p. 379.
26. Joy Hunter, texto datilografado guardado pelo IWM.
27. Astley, *The Inner Circle,* p. 219.
28. Colville, *The Fringes of Power,* pp. 611-612.
29. Ismay para o comandante de voo J. Heagerty, 3 de agosto de 1945, IWM 94/40/1.

6. DE SISTEMA NERVOSO CENTRAL A MUSEU

1. Richardson, *From Churchill's Secret Circle to the BBC,* p. 217.
2. Marechal do ar William Dickinson para o comandante de voo J. Heagerty, 22 de novembro de 1956, IWM 94/40/1.
3. L. Burgis para L. C. Hollis, 4 de setembro de 1946, Arquivo Nacional, CAB 21/4439.
4. L. C. Hollis para L. Burgis, 4 de setembro de 1946, Arquivo Nacional, CAB 21/4439.
5. *Evening News,* 16 de fevereiro de 1948.
6. Norman Brook para Sir E. de Normann, 5 de março de 1948, Arquivo Nacional, CAB 21/4439.

Abreviações

ATS   *Auxiliary Territorial Service* [Serviço Territorial Auxiliar]

ARP   *Air Raid Precautions* [Precauções Contra Ataques Aéreos]

BEF   *British Expeticionary Force* [Força Expedicionária Britânica]

CID   *Committee of Imperial Defence* [Comitê de Defesa Imperial]

C em C   Comandante em Chefe

CIGS   *Chief of the Imperial General Staff* [Chefe do Estado-Maior Geral Imperial]

COCO   *Cabinet Officer Cypher Office* [Departamento de Criptografia do Escritório do Gabinete Nacional]

COS   *Chiefs of Staff* [Chefes de Estado-Maior]

CWR   *Cabinet War Rooms* [Centro de Operações]

DCOS   *Deputy Chiefs of Staff* [Chefes Adjuntos de Estado-Maior]

EPS   *Executive Planning Staff* [Equipe de Planejamento Executivo]

FOPS   *Future Operations Staff* [Equipe para Operações Futuras]

IRA   *Irish Republican Army* [Exército Republicano Irlandês]

IWM   *Imperial War Museum* [Museu Imperial da Guerra]

JAP   *Joint Administrative Planning* [Equipe de Planejamento Administrativo Conjunto]

204 O BUNKER DE CHURCHILL

JIS — *Joint Intelligence Staff* [Equipe de Inteligência Conjunta]

JPS — *Joint Planning Staff* [Equipe de Planejamento Conjunto]

LDV — *Local Defence Volunteers* [Voluntários para a Defesa Local] — mais tarde *Home Guard* [Guarda Interna]

MIR — *Military Intelligence Research* [Pesquisa da Inteligência Militar]

Nº 10 — Downing Street 10

NCO — *Non-Comissioned Officer* [Suboficial]

PA — *Personal Assistant* [Assistente Pessoal]

PHP — *Post-Hostilities Planning* [Planejamento Pós-Hostilidades]

POW — *Prisoner of War* [Prisioneiro de Guerra]

SAS — *Special Air Service* [Serviço Aéreo Especial]

RAF — *Royal Air Force* [Força Aérea Real]

RAFVR — *Royal Air Force Volunteer Reserve* [Reserva de Voluntários da Força Aérea Real]

RNVR — *Royal Naval Volunteer Reserve* [Reserva de Voluntários da Marinha Real]

V1 — Bomba Voadora Não Pilotada

V2 — Foguete de Longo Alcance

WAAF — *Women's Auxiliary Air Force* [Força Aérea Auxiliar Feminina]

WRNS — *Women's Royal Naval Service* [Serviço Naval Real Feminino]

Bibliografia

Addison, Paul, *The Road to 1945* (1975)

———. *Churchill on the Home Front* (1993)

———. *Churchill — The Unexpected Hero* (2005)

Alanbrooke, marechal de campo lorde (ed. Alex Danchev e Daniel Todman), *War Diaries 1939-45* (1992)

Annan, Noel, *Changing Enemies* (1995)

Astley, Joan Bright, *The Inner Circle — A View of the War at the Top* (1971)

Barber, Michael, *Anthony Powell: A Life* (2004)

Bellamy, Christopher, *Absolute War* (2007)

Best, Geoffrey, *Churchill — A Study in Greatness* (2001)

Blake, R., e W. Roger Louis (orgs.), *Churchill* (1993)

Cadogan, Sir Alexander, *The Diaries of Sir Alexander Cadogan 1938-45* (ed. David Dilkes) (1971)

Channon, Henry, *Chips: The Diaries of Sir Henry Channon* (ed. Robert Rhodes James) (1967)

Charmley, John, *Chamberlain and the Lost Peace* (1989)

———. *Churchill: The End of Glory* (1993)

———. *Churchill's Grand Alliance — The Anglo-American Special Relationship 1940-57* (1995)

Colville, John, *The Fringes of Power: Downing Street Diaries 1939-55* (1985)
_____.*The Churchillians* (1981)
Churchill, Winston, *Their Finest Hour* (1949)
Eden, Clarissa, A *Memoir: From Churchill to Eden* (ed. Cate Haste) (2007)
Fraser, David, *Alanbrooke* (1987)
Gilbert, Martin, *Winston S. Churchill*, vol. 6, *Finest Hour 1939-41*(1983)
_____.*Winston S. Churchill*, vol. 7, *Road to Victory 1941-45* (1986)
Hickman, Tom, *Churchill's Bodyguard* (2008)
Hollis, general Sir Leslie, *One Marine's Tale* (1956)
Holmes, Richard, *In the Footsteps of Churchill* (2005)
Hough, Richard, *Winston and Clementine* (1990)
Ismay, general lorde, *Memoirs* (i960)
Jenkins, Roy, *Churchill* (2002)
Keegan, John, *The Second World War* (1989)
Lavery, Brian, *Churchill Goes to War* (2007)
Lawlor, Sheila, *Churchill and the Politics of War* (1994)
Leasor, James, *War at the Top* (1959)
Macmillan, Harold, *Winds of Change 1914-39* (1966)
Moody, Joanna, *From Churchill's War Rooms — Letters of a Secretary 1943-45* (2007)
Moran, lorde, *Winston Churchill: The Struggle for Survival* (1966)
Nel, Elizabeth, *Winston Churchill by his Private Secretary* (ed. 2007)
Parker, R. A. C, *Struggle for Survival — The History of the Second World War* (1989)
Pelling, Henry, *Winston Churchill* (1974)
Powell, Anthony, *The Military Philosophers* (1968)
_____.*To Keep the Ball Rolling* (1968)
Purdue, A. W., *The Second World War* (1999)
Reid, Walter, *Churchill under Friendly Fire* (2008)
Richardson, general Sir Charles, *From Churchill's Secret Circle to the BBC. The Biography of Lieutenant General Sir Ian Jacob* (1991)
Roberts, Andrew, *Eminent Churchillians* (1994)
_____.*Masters and Commanders* (2008)
Self, Robert, *Neville Chamberlain* (2008)

BIBLIOGRAFIA 207

Simkins, Peter, *Cabinet War Rooms* (1983)
Smith, Malcolm, *Britain and 1940* (2000)
Vincent, John, Chamberlain, the Liberals and the Outbreak of War, *English Historical* Review, vol. 113, no. 451 (1998)
Warner, Philip, *Auchinleck — The Lonely Soldier* (1981)
P. Waugh, Evelyn, *A espada de honra* (1965)
Wheatley, Dennis, *Stranger than Fiction* (1959)
_____.*Drink and Ink* (1979)
Wheeler-Bennett, Sir John (ed.), *Action This Day* (1968)
Ziegler, Philip, *London at War* (1995)

Museu Imperial da Guerra, manuscrito não publicado, Nigel de Lee (c. 1983)

Arquivo de Som do Museu Imperial da Guerra:
3168/6 Vice-marechal do ar Sir William Dickson
6191/2 Tenente-general Sir Ian Jacob
18163/2 Ilene Adams (nascida Hutchinson)

Recordações guardadas pelo IWM: sra. Joy Hunter, sra. Rose Haynes, Alan Heath e sra. Gladys Hymer.

Arquivo Nacional:
CAB, 21/066, 21/2632, 21/5944, 21/4439
WO 22/434. 28/36

Agradecimentos

Agradeço particularmente a Bill Purdue por sua assistência inestimável ao longo de todo esse projeto. Agradecimentos também àqueles que trabalharam no Centro de Operações e disponibilizaram suas recordações por escrito ou por meio de entrevistas. Sou grato: à sra. Gladys Hymers, à sra. Rose Haynes, à sra. Joy Hunter, a Lady Iliff, a Lady Llewellyn, à sra. Wendy Maxwell e à falecida sra. Joan Bright Astley. Todas elas fizeram parte do time incrível de jovens mulheres que tanto contribuíram para suavizar a administração do centro de comando da guerra da Inglaterra. O sr. Peter Hunter e a dra. Janet Hunter forneceram informações sobre sua mãe, a sra. Nora Hunter, e suas experiências, e o sr. Alan Heath contribuiu com as memórias do trabalho de seu pai como eletricista do Centro de Operações.

A equipe do Museu Imperial da Guerra e do Museu Churchill proporcionou grande ajuda e apoio em todos os momentos. Agradecimentos em particular a Terry Charman, Phil Reed, Abigail Ratcliffe, Cressida Finch, Madeleine James e James Taylor. Fiz uso de documentos guardados pelo IWM, de material do Arquivo de Som e de documentos do Arquivo Nacional. O trabalho de Nigel de Lee, que pesquisou a história

210 O BUNKER DE CHURCHILL

do Centro de Operações para o IWM quando do estabelecimento do Museu do Centro de Operações, foi uma fonte inestimável, bem como o livro publicado pelo IWM e escrito por Peter Simkins, *Cabinet War Rooms* [Centro de Operações] (1983).

Livros como *O bunker de Churchill* inevitavelmente têm por base vários diários, autobiografias e biografias, bem como várias fontes secundárias, mas três livros devem ser destacados pelos ricos retratos que oferecem da vida no NPO e dentro do séquito de Churchill: Joan Bright Astley, *The Inner Circle* [O círculo íntimo] (1971 e 2007) — as vívidas recordações de uma mulher notável, que esteve no centro dos acontecimentos tanto em Whitehall quanto em importantes conferências das Potências Aliadas; Joanna Moody, *From Churchill's War Rooms, letter from a secretary 1943-45* [Do Centro de Operações de Churchill: cartas de uma secretária 1943-45] (2007), que se baseia nas experiências de Olive Margerison e oferece valiosos vislumbres da vida no Centro de Operações e das Conferências; e Elizabeth Nel, *Winston Churchill by his Personal Secretary* [Winston Churchill por sua secretária particular] (1958 e 2007).

Índice

abrigos, 30, 31, 34, 38, 41, 65, 67, 121

Academia Militar Real, Standhurst 186

Acessos Norte-Ocidentais, 47

acidentes de trânsito, 47

ACM americana, Teerã, 168

Acordo de Munique (1938), 35

"Acordo da Porcentagem", 174

Adams, capitão, 37, 50

Adams, Ilene, 48, 228-229, 133, 144

Addison, Paul, 63

Almirantado, 15, 61, 85, 103, 160

   divergências com o Estado-Maior Geral, 15

   e mulheres a bordo de navios, 155-156

   fuzileiros navais no, 73

   procura defender sua independência, 25

Ajax, HMS, 175

Alanbrooke, visconde *ver* Brooke, marechal de campo Sir Alan

Alemanha: vista como o principal inimigo em potencial, 13, 21

   ataca a Rússia (1941), 65, 89, 110-113

   ataques da RAF (1918), 20

   atitude de Churchill em relação ao bombardeio à Alemanha, 94

   bombardeio estratégico à, 78, 190

   campanha da África do Norte, 80

   desenvolvimento de armas de projéteis, 99

   fim da guerra na Europa, 176

   invasão da Grécia, 80

   invasão da Noruega e da Dinamarca (1940), 52

   invasão da Polônia, 46

   rearmamento, 101

   zonas de ocupação, 177

Alexander, general, 108

Alexander, marechal de campo Sir Harold, 64

Alexandria, 165, 166

Aliança Anglo-Americana, 167

Aliança Anglo-Japonesa (1921), 21

Aliança Ocidental, 159

Altmark (navio de suprimentos alemão), 47

Alto-comando francês, 51

Alto-comando, protegendo o, 27-31

Anderson, Sir John, 38, 57, 77, 106

Annan, Noel, 129

Anzio (1944), 162

"apoio de Salonica", 92

Arcangel, 112
  comboios do Ártico, 112
  conflitos internos entre as forças armadas, 16, 17
  e a economia, 14, 16, 17
  modernização das forças armadas, 13

armas V, 76, 123, 124, 178, 188

Arnold, Sylvia, 137, 173

Asquith, Herbert, 16

Associated Newspapers, 188
  Astley, Joan Bright: The *Inner Circle* [O círculo íntimo], 120, 138, 186
  ver também Bright, Joan

ataque de Dieppe (1943), 158

Atenas, 150, 175

Ato das Precauções contra Ataques Aéreos (1938), 28

Ato de Empréstimo e Arrendamento (1941), 78, 114

Ato de Sigilo Oficial, 101

ATS (Serviço Territorial Auxiliar), 107

Attlee, Clement, 144
  e o rearmamento, 20
  em Potsdam, 178
  membro do Comitê de Defesa, 59
  no Departamento de Guerra, 56
  preside o Comitê do Lorde Presidente, 57
  substitui Churchill, 180

Auchinleck, general Sir Claude, 92, 147, 152

Augusta, USS, 115

"Autoridade Central", 25

Avro York, 152, 175

Badoglio, Marechal, 164

Baía de Placentia, Terra Nova, 115, 115, 149, 151, 156

Bálcãs, 174

Baldwin, Stanley, 23, 101

Banco da Inglaterra, 30

Barratt, marechal do ar Arthur, 51, 193n14

Batalha da Inglaterra (1940), 62, 104
  BBC, 30-36
  Serviço Marítimo, 181

Batalha de tanques de Kursk (1943), 159

Batalha do Atlântico (1939-45), 190

Bath, 48

Beaverbrook, lorde, 60, 76, 99, 104, 107, 115, 171

Belfast, HMS, 172, 185

Bélgica, 12, 46

Bellamy, Christopher: *Absolute War* [Guerra absoluta], 111

ÍNDICE 213

Beneš, presidente Edvard, 171

Berlim

  choque dos membros da delegação inglesa diante do estado de Berlim, 177

  Hitler busca refúgio na Chancelaria do Reich, 39

  oferta de paz de Hitler à Inglaterra, 62

Bevan, Coronel J. H., 131

Bevere House, Bevere, Worcestershire, 48-49

Bevin, Ernest, 76, 105, 144

Bevir, Anthony, 59, 105

Birdcage Walk, Londres, 118

Birkenhead, lorde (anteriormente F. E. Smith), 98

Blecautes, 47, 155

Blenheim Palace, Oxfordshire, 75

Bletchley Park, Bletchley, Buckinghamshire, 103, 104, 118

"bomba adesiva", 100

bombardeiros Lancaster, 152

bombardeiros Liberator, 152, 156, 170

bombardeiros, corrida dos, 24

Bonar Law, Andrew, 59

"Boniface", 103, 103

Bracken, Brendan, 59, 98, 100, 107, 110, 115, 193n23

Brest, 200n5

Bridges, sir Edward (posteriormente lorde Bridges), 90, 118, 125, 133, 138, 186

  Bright e Colville sobre, 86

  chefe do serviço público, 181

  fusão do CID e das secretarias do Gabinete Nacional, 44

  relacionamento com Ismay, 86

  secretário do Gabinete Nacional, 42, 56, 77

Bridges, Robert, 86

Bright, Joan, 86, 122, 129, 132, 133, 135-136, 137, 145, 156, 160, 161, 163, 166, 168, 174, 176, 177

  ver também Astley, Joan Bright

Broadcasting House, Portland Place, Londres, 36

Brook, Norman, 76, 87, 134, 168, 182

Brooke, marechal de campo Sir Alan (posteriormente visconde Alanbrooke), 57, 64, 83, 97, 111, 112, 186

  caça de faisões, 108

  Chefe do Estado-Maior Geral Imperial, 45, 77, 92

  comanda uma unidade na BEF, 46

  Comandante em Chefe, Home Forces, 66, 76

  Conferência de Quebec (1943), 164, 173

  Conferência de Washington (1943), 161

  diário, 118

  e discussões entre Churchill e Stalin (Moscou, 1944), 174

  em Casablanca, 159, 160

  em Ironside, 194n128

  em Mountbatten, 95

  recebe título de nobreza de Visconde Alanbrooke, 46, 182

214 O BUNKER DE CHURCHILL

relacionamento com Churchill, 92, 164

situação da Grécia, 92

Brown, Mollie, 137, 166

Bulgária, 174

Bulolo, HMS, 155

Burgis, Lawrence, 36, 37, 44, 71, 74, 119, 125, 166, 183

Butler, R. A., 54

Butt Report (1941), 94

Cadogan, Sir Alexander, 38, 55, 115, 168

Café de Paris, Londres, 145

Cairo, 150, 152, 155, 169

Câmara dos Comuns: proposta de transferência para Stratford-on-Avon, 34

é bombardeada (1941), 81

reuniões do Departamento de Guerra, 124

Câmara dos Lordes, 55

Campanha do norte da África, 78, 80, 81, 92,158, 159

campanha de Dardanelos (1915), 52

campos petrolíferos, 131

canhões antiaéreos, 24

Capel-Dunn, Tenente-Coronel Denis, 125, 129, 130, 198*n*18, 199*n*23

Carlton Hotel, Belgrávia, Londres, 67

Carta das Nações Unidas (1945), 198*n*18

Cartago, 169, 170

Casablanca, 150, 155, 170

Casas do Parlamento, Londres, 119

Casson Mann, 189

estatísticas de vítimas, 27

Cavendish-Bentinck, Victor (posteriormente 9º duque de Portland), 126

Centro de Informações Especiais, 160

Centro de Inteligência Industrial, 100

Centro de Operações (CWR), Londres, 96, 98, 107, 129

25º aniversário da abertura do Centro de Operações ao público, ix

a laje, 71, 81, 120, 122, 186

aberta em 27 de agosto de 1939 como Centro de Operações, 43

acomodações de Churchill, 65, 82, 105, 183

acomodações desocupadas pelo pessoal da secretaria e os chefes de Estado-Maior, 186

ambiente, 121, 149

boas comunicações, 66

Churchill decide conduzir a guerra do, 12, 61

comandante de acampamento, 125

contratação de pessoal para o, 50, 59, 65, 76

conversão das salas, 182

criação do, 31-39

curadores do CWR, 185, 186, 188

dimensões literárias, 128-131

e a Crise de Suez, 183

e a declaração da guerra, 43

e uma "Autoridade Central", 25

é visitado pelo rei no dia 30 de agosto de 1939, 43

expansão do número de membros, 73

importância crucial para a condução da guerra, 12, 13, 60

ÍNDICE 215

importância do trabalho no, 89

linha direta segura entre Churchill e Roosevelt, 120, 125, 183, 187

localização, 25, 36, 75

mapa da localização, viii

mapa do porão, c. 1942, vi-vii

Museu Churchill, 82, 125

Museu Imperial da Guerra assume a responsabilidade pelo, 185

nome é mudado para Centro de Operações do Gabinete Nacional, 50, 194n34

o galpão, 66, 78, 137, 145, 146

"a batida dos saltos altos", 131-139

Planejadores Conjuntos, 65, 74, 76, 89

Políticas a serem implementadas pelos Estados-Maiores individuais das Forças Armadas, 26

pressão pela liberação do acesso ao público, 184

proteção, 31-32, 71, 73, 81, 178

quartel-general central de comando, 80-90

Refeitório, 86, 125

remodelação do, 122-128

restauração nos anos, 82, 120, 185, 186

reuniões da Sala do Gabinete Nacional/Departamento de Guerra, 61, 65, 67, 71, 82, 83, 124, 183, 185, 186, 187, 190, 195n39

reuniões do Comitê de Planejamento Conjunto no, 49

reuniões dos chefes de Estado-Maior no, 49, 60, 75-76

risco de inundação, 122

Sala de Mapas, 36, 43, 49, 50, 74, 76, 82, 84, 90, 111, 116, 118, 125, 136, 155, 161, 171, 176, 178, 179, 183, 185, 186

segurança, 37, 50, 83, 120, 123

sétimo aniversário do início do funcionamento do lugar, ix

sigilo, 117-121

Centro de Operações ver Centro de Operações do Gabinete Nacional

centro de pesquisas do Escritório Geral dos Correios, região noroeste de Londres, cidadela do Gabinete Nacional (Paddock), 34, 35, 67, 68

Chamberlain, Neville, 43, 47, 49, 101

Churchill o submete a Chamberlain a uma torrente de missivas, 51

declaração da guerra, 42

diretor do Serviço Nacional, 16

doença terminal, 56, 77

e o Comitê Ministerial Permanente, 50

estabilidade econômica como o "quarto braço da defesa", 23

grande influência na política de defesa inglesa na década de 1930, 23

no Departamento de Guerra, 56

"paz para os nossos tempos", 35

política de apaziguamento, 44

Popularidade, 53, 193n18

preside o Comitê do Lorde Presidente, 57

renuncia ao posto de primeiro-ministro (1940), 53, 54

216 O BUNKER DE CHURCHILL

Channon, Sir Henry ("Chips"), 47, 54, 101
Chartwell, Kent, 101, 107, 109
Château Frontenac, Hotel, Quebec, 163
Chatfield, lorde ministro da Coordenação da Defesa, 42, 45
chefes de Estado-Maior, 89-94
  diferenças em relação a Churchill, 90
  pontos negativos e positivos do poder exercido por Churchill sobre, 90
  situação da Grécia, 92
Cheltenham:
  membro do Departamento de Guerra, 44
  preside o Comitê Ministerial Permanente, 45, 50
  proposta da transferência do Gabinete Nacional para, 34
  transferência da Seção de Mapeamento do Departamento de Guerra para, 48
Chequers, Buckinghamshire, 48, 75, 106, 107-111
Chiang Kai-shek, 167
Comitê dos Chefes de Estado-Maior, 25, 31, 59, 89
  criação (1918), 19
  e a Sala de Mapas, 50
  e o Departamento de Guerra, 23, 45
  e uma "Autoridade Central", 25
  envolvimento do Ministério da Coordenação da Defesa, 22
  independência do, 51

membros, 45, 93
  papel de Churchill, 53
  relação com Churchill, 60
  reuniões no CWR, 49, 60, 75
  seus subcomitês, 19
  tem sala alocada no CWR, 36
  um subcomitê do CID, 19
China: em guerra com o Japão, 80
Christopher de Hesse, príncipe, 194n33
Christopher, Olive (posteriormente Margerison), 88, 119, 133, 134, 137, 138, 145, 165-168, 171, 174, 186
Church House, Westminster, Londres, 68
Churchill defende ataques à costa, 91
  esforços de Churchill fortalecer a resistência, 148
  planos de invasão, 126, 162, 164, 172
Churchill, Clarissa (posteriormente Clarissa Eden, condessa de Avon), 62, 65
Churchill, Clementine (posteriormente Lady Churchill), 69, 82, 84, 85, 104-108, 110, 163, 169, 171, 187, 188
Churchill, Diana, 106
Churchill, Jack, 84, 106
Churchill, Mary (posteriormente baronesa Soames), 85, 104, 106, 107, 163
Churchill, Pamela (posteriormente Harriman), 110, 197n41

ÍNDICE

Churchill, Randolph, 101, 106, 110, 196n36, 197n41
Churchill, Sarah, 107, 110, 166, 169, 197n41
Churchill, Sir Winston, ix, 144, 186
acumula as posições de ministro da Defesa e primeiro-ministro, 59
alerta Stalin sobre Barbarossa, 111
anuncia vitória na Europa, 176
apoia a formação de uma força aérea independente (1919), 94
assento no Departamento de Guerra, 45
atitude em relação aos bombardeios, 94, 94, 98
auxílio à Rússia, 112
crença no triunfo da determinação, 62
críticas à política de apaziguamento de Chamberlain, 45
Conferência do Atlântico, 114-116, 197-6n46
Conferência de Casablanca, 159, 160
confiança exagerada na força da Inglaterra, 91
coragem, 105, 148, 172, 189
cortejo à América, 112-116
decide conduzir a guerra do CWR, 12, 65
derrota de 1945 eleições gerais, 178
domina a malfadada campanha da Noruega, 54, 55, 56
é forçado a deixar o nº 10, 66-70
e a Grécia, 57, 80, 92
e o Ministério da Coordenação da Defesa, 22

e o Comitê dos Chefes de Estado-Maior, 55
e os povos da língua inglesa, 78
em Chequers, 75
entusiasmo diante de pequenos ataques à Europa ocupada e, 63
estava frequentemente errado, 60, 189
fascínio pela inteligência Ultra, 103
líder do Partido Conservador, 77
no poder, 58-79
oratória bem-sucedida, 62
ordens para ataque à frota francesa Orã, 67
personalidade, 54, 57, 77, 89, 113, 148, 189
presidente do Comitê de Coordenação Militar, 53, 55
Primeiro Lorde do Almirantado, 16, 45, 47, 52, 103, 105, 113
pontos positivos e negativos do poder que exercia sobre os chefes de Estado-Maior, 90
preocupação em relação ao mundo do pós-guerra, 162
qualidades requeridas em seus generais, 91
relacionamento com Brooke, 92
relacionamento com colegas, 16, 52, 55, 56, 63, 65, 76, 90, 93, 94, 103, 109
rotina diária, 96
saúde, 152, 153, 169, 176
seu "gabinete de cozinha", 64
seu lema, 78

218   O BUNKER DE CHURCHILL

seus secretários particulares, 64, 66, 82, 94, 95, 152

sua corte, 95-111, 115, 153

sucede Chamberlain como primeiro-ministro, 58

viagens que contribuíram para a conservação da moral, 147-149

visita Dollis Hill, 68

visita arriscada a Atenas, 175

volta ao posto de primeiro-ministro (1951), 181

CID *ver* Comitê de Defesa Imperial

Cidadela do Almirantado, Oxgate Lane, Cricklewood, 33

Cidadela do Ministério do Ar, Headstone Drive, Harrow, Middlesex, 33-34

cinemas, 47

Cingapura, capitulação da, 158

City de Londres, 144

Clifford, capitão, 141

Clive Steps, Whitehall, Londres 144

Coleção da Galeria Nacional, 30

Coleridge, tenente, RN, 44

Collyer, Myra, 144

colônias, 78, 80

Colville, Lady Cynthia, 110

Colville, Nora (posteriormente Hunter), 120

Colville, Sir John, 58, 64, 70, 83, 88, 105, 110, 196*n*28

comentário sobre o cardeal Wolsey, 115, 152

críticas a Churchill, 52, 55

diário, 119, 199*n*3

e a falta de interesse de Churchill por organizações clandestinas, 103

e alarme falso de ataque aéreo, 41

em Marrakesh, 171

no Nº 10 da Downing Street, 67

recebe ordem de cavaleiro (1974), 182

secretário particular da princesa Elizabeth, 182

sobre a Conferência do Atlântico, 115, 197-6*n*46

sobre Bridges, 86

sobre Lindemann, 99

terceiro secretário no serviço diplomático, 41

visita Dollis Hill, 68

Comando da Guarnição Militar de Westminster, 73, 74

Comando de Caças, transferência da prioridade para, 27

e a produção aérea, 104

quartel-general de Bentley Priory, 32

Comando do Oriente Médio, 157

Comando dos Bombardeiros, 51, 94, 99, 177

Comandos, 106

autoriza preparativos para evacuação, 35

Comitê de Defesa Imperial (CID), 39, 42, 100

deixa o planejamento para o Estado-Maior Geral e o Almirantado, 15

é dissolvido, 43

é restaurado, 18

é suspenso durante a Primeira Guerra Mundial, 16

ÍNDICE

estabelecido em 1902, 13
favorece a permanência do Departamento de Guerra projetado no centro de Londres, 36
Livro de Guerra, 15
papel, 13, 14
participação, 13, 15
secretaria, 13, 16, 21, 26, 58
subcomitês, 13, 15, 19
supervisionado pelo ministro da Coordenação da Defesa, 22
Combe, coronel Eddie, 122, 198n10
Comissão de Controle Aliada, 177
Comitê Crossbow, 123
Comitê de Comandantes Supremos (proposto), 26
Comitê de Dardanelos, 16
Comitê de Guerra, 16
correspondentes de guerra, 13
Comitê de Inteligência Conjunta (JIC), 31, 59, 122, 124, 129
crítica ao, 102, 127
e ataque em potencial a Whitehall, 74, 82
e Ultra, 102, 103
estabelecido em 1936, 101
expansão, 127
papel, 101
relatórios cuidadosamente levantados e equilibrados, 127
subcomitê do Comitê dos Chefes de Estado-Maior, 19
Comitê de Requisitos de Defesa, 20
Comitê Emergencial de Estradas de Ferro, 69

Comitê Ministerial para a Coordenação da Guerra, 27
Comitê Ministerial Permanente de Coordenação Militar, 45, 51, 53, 56, 58
Comitê Rae (1937), 29, 33, 36
Comitê Warren Fisher (1936), 29, 36
Complexo da legação inglesa, Teerã, 167
Comunismo, 80
Conferência de Casablanca (1943), 153, 155, 156, 158, 160
Conferência de Potsdam (1945), 150, 172, 176-179
Conferência de Quebec ("Quadrant" 1943), 157, 158, 163, 164, 173
Conferência de Quebec, segunda (1944), 173, 174
Conferência de Teerã (1943), 151, 158, 167, 167-170
Conferência de Washington ("Trident"; 1943), 161, 163, 165, 167, 168, 200n5
Conferência de Yalta (1945), 150, 155, 172, 175
Conferência de Yalta, 176
Conferência do Atlântico (1941), 114-116, 149, 197-6n46
Conferência do Cairo (1943), 158, 166, 166, 167
aumento da força, 78
Canadá: Banco da Inglaterra transfere ouro para, 30
conscritos, 47
Conselho de Guerra, 17, 18
Conselho Supremo de Guerra, 45

220   O BUNKER DE CHURCHILL

Cooper, Alfred Duff, 1º visconde de Norwich (conhecido como Duff Cooper), 100

Coordenação da Inteligência Militar, 129

Cornwall Jones, tenente-coronel, 43, 122, 133

Correios, 31

"correlação lateral", 25

COS *ver* chefes de Estado-Maior

Courageous, HMS, 47

Crankshaw, Sir Eric, 73

Creta, 80, 92

Crimeia, 175

Crise de Munique (1938), 28, 33, 36

Crise de Suez (1956), 182, 183

Cuba, 147

Cunningham, almirante Andrew, 1º visconde, 93, 170, 182

Curzon House, Londres, 68

CWR *ver* Centro de Operações do Gabinete Nacional

D, categorização, 132

d'Orville, Jacqueline (posteriormente Lady Iliff), 134, 137, 138, 145, 165, 174, 187

Dalton, dr. Hugh, 196n28

Damaskinos, arcebispo, 175

Dardanelos, 175

Darvell, comandante de voo Lawrence, 130

Davies, detetive sargento Cyril, 106

de Lee, Nigel, 38, 74, 185

de Normann, Sir Eric, 36, 184

Defesa Civil, 28, 29

Departamento de Construção Civil, 30, 31, 33, 36, 37, 65, 72

Departamento de Criptografia, 139-143, 161

Departamento de Guerra (Primeira Guerra Mundial), 16, 19, 22, 44, 76

criação, 44, 134

Departamento de Guerra (Segunda Guerra Mundial), 89

localização, 26, 29

no anexo do nº 10, NPO, 70

participação, 27, 29, 45, 5

ponto de vista de Ismay em relação ao, 58

possibilidade transferência para Worcestershire, 48

primeira reunião, 45

questão de um Departamento de Guerra é revisada, 23

reúne-se no CWR, 61, 65, 67, 71, 124, 125, 195n39

salas alocadas no CWR, 36

secretaria, 52, 56, 58, 71, 75, 83, 89, 90, 97, 118, 122, 125, 131, 132, 134, 135

Departamento de Guerra, 17, 44, 76

autoridades locais, 29

seu "Garden Suburb", 53

Departamento de Operações Especiais, 103

Departamento de Sinais Especiais, 140

Departamento do Meio Ambiente, 185

Chefes Adjuntos de Estado-Maior (DCOS), 31

ÍNDICE

disposto a cooperar, 26
e o Departamento de Guerra, 23
opõe-se a um comando unificado, 25
opõe-se a um Estado-Maior combinado para o Centro de Operações, 26
um subcomitê do Comitê dos Chefes de Estado-Maior, 19
Departamento dos Bombeiros do Ministério do Interior, 122
departamentos de codificação e criptografia, 139-143, 157, 169, 173
Dia D (6 de junho de 1944), 131, 155, 172
Dicionário da Biografia Nacional, 88
Dickens, Charles, 116
Dickson, vice-marechal do ar William, 43
Dill, general Sir John, 55, 64, 77, 92, 115
Dinamarca, invasão alemã à (1940), 52
Diretor das Operações Militares, 23
Diretor de Inteligência, 23
"Diretriz dos Dez Anos", 19, 21
Ditchley Park, Chipping Norton, Oxfordshire, 75
"doodlebugs", 143, 145
Douglas C-54 Skymaster, 153, 176
Dover Castle, 121
Dover: a arma maravilhosa de Churchill, 149, 200*n*3
Dowding, Hugh, 1º barão, 44
Downing Street, Londres 153 nº 10, 61, 66, 68, 70, 83, 106, 108, 124, 180
drôle de guerre, 46

Dru, capitão Alick, 129
Duke of York, HMS, 150, 151
Dunglass, lorde, 54
Duxford, Cambridgeshire, 186
Dykes, brigadeiro "Dumbie", 115

Earl, comodoro do ar, 141
East End, Londres, 144
Eden, Anthony, conde de Avon, 64, 76, 157, 174, 178
Egito, 82
Eisenhower, general Dwight, 134, 166, 171, 173
El Alamein, Batalha de (1943), 159, 160
ELAS, 175, 176
Elizabeth II, rainha, 182, 188
Elliot, comandante de voo William, 43
Embaixada britânica, Atenas, 175
Embaixada russa, Londres, 175
Embaixada russa, Teerã, 168
Equipe das Precauções contra Ataques Aéreos, 25
Equipe de Inteligência Conjunta (JIS), 59, 76, 126, 127, 129, 130, 161
Equipe de Inteligência e Operações Conjuntas (proposta), 25-26
Comitê de Planejamento Conjunto (JPC), 31, 59, 123, 125
e a ideia de uma "Autoridade Central", 25
e o Departamento de Guerra, 23
importância cada vez maior, 21
reuniões no CWR, 49
subcomitê do Comitê dos Chefes de Estado-Maior, 19

222 O BUNKER DE CHURCHILL

Equipe de Planejamento Administrativo Conjunto (JAPS), 127
Equipe de Planejamento Estratégico (STRATS), 58, 127
Equipe de Planejamento Executivo (EPS), 127
Equipe de Planejamento Pós-Hostilidades (PHP), 127
Equipe do Grupo A, 30, 33
Equipe do Grupo B, 30, 33, 48
Equipe para Operações Futuras (FOPS), 59, 127
estação de Marylebone, Londres, 115
estação de metrô da Down Street, Londres, antiga, 69
estação de metrô de Dover Street (atualmente estação de Green Park), Londres, 68
estação de metrô de St. James's Park, 132
Estado-Maior da Força Aérea, 25
  alerta de ataque aéreo ao CWR via campainha elétrica, 121
  ascensão implacável do poder aéreo, 12
  bombardeios aéreos vistos como grande ameaça, 12, 23, 28
  crença de Churchill de que bombardeios podiam vencer guerras, 94
  guerra aérea: viagens de avião, 147-152
  igualando a capacidade de bombardeio do inimigo, 24
  Macmillan sobre, 24
  na Primeira Guerra Mundial, 17
  reconhecimento da importância crucial do poder aéreo, 25

Estado-Maior Geral, 15
Estado-Maior Imperial (CIGS), 16, 45
Estados Unidos, 190
  Ato de Empréstimos e Arrendamentos (1941), 79, 114
  Congresso, 114
  e a Conferência de Casablanca, 160
  Hitler declara guerra a (1941), 80, 114, 116
  Inglaterra empresta bases aos (1940), 113
  Pearl Harbor, 80, 116, 149, 158
  poder dos, 153
  posição no mundo do pós-guerra, 151
  Primeira Guerra Mundial, 162
  são cortejados por Churchill, 112-116
  são trazidos para a guerra europeia, 116
estocagem de caixões de papelão, 28
estuário do Tâmisa, avião alemão no (novembro de 1939), 46
Estúdios de Maida Vale, Londres (BBC), 36
Europa Central, 174
evacuação de Dunquerque (1940), 55, 63, 107, 121, 133
Evening News, 185
Evening Standard, 38
Exército alemão, 158, 173
  alto-comando alemão, 131
  inteligência alemã, 75, 151
  submarinos da Marinha alemã na Primeira Guerra Mundial, 17

ÍNDICE

submarinos na Segunda Guerra Mundial, 62
submarinos, 79, 95, 151, 178
Exército francês, 46, 54, 147
Exército inglês
  alocação de recursos para, 23
  e a capitulação de Cingapura, 158
  e a Marinha Real, 13
  prejudicado por décadas de negligência, 91
Exército Republicano Irlandês (IRA), 46, 105
Extremo Oriente: ameaça da posição da Inglaterra no 21, 81
  Mountbatten exerce comando supremo no, 95

Fairlie, Margaret, 137, 166, 168
família Churchill, 154
família Harmsworth, 188
Família Real, 29, 110
família Sainsbury, 196
família Weston, 189
"Fantasma" (regimento de coordenação do quartel-general), 134
Faraday Building, Queen Victoria Street, Londres, 67
Fisher, almirante Jackie, 16, 52
Fisher, Sir Warren, 24
Fleming, Peter, 133
FOPS ver Equipe para Operações Futuras
Força Aérea Real (RAF), 94
  alocação de recursos para a, 23
  ataques à Alemanha (1918), 20

Batalha da Inglaterra, 62
  bombardeia Brunsbüttel e portos de Wilhemshaven, 46
  centros de operações do subúrbio, 33
  corrida dos bombardeiros, 24
  criação (1918), 19
  financiamento da defesa, 20
  força de bombardeiros, 20
  independência, 50
  na linha de frente do rearmamento britânico, 24
  nova tecnologia, 24
  "Policiamento Imperial" no Oriente Médio, 20
  produção de caças, 24
Força Avançada de Ataque Aéreo (na França), 51
Força Expedicionária Britânica (BEF), 16, 23, 46, 46. 55
Forças Internas do Quartel-general, 73
Forças Internas
  Brooke torna-se comandante em chefe, 66
  Departamento Avançado de Comunicações, 66
  funcionários de Inteligência e Operações, 66
  Ironside torna-se comandante em chefe, 64
  no CWR, 66, 71, 82, 127
  Quartel-General, 66, 71, 125, 194n28
França
  adversária tradicional da Inglaterra, 13

cooperação com a Inglaterra, 14, 45
e a Polônia, 46
esmagada na Guerra Franco-Prus-
siana, 13
Franconia, 175
Freeman, primeiro marechal do ar Sir
Wilfred, 115
French, marechal de campo Sir John,
17, 18
"Front Interno", 47
Front Oriental, 113, 191
Fronteira Noroeste, 147
"Funnies" (veículos blindados espe-
ciais), 100
Fuzileiros Navais, 37, 50, 73, 74, 84,
86, 95, 121, 122, 125, 127, 182,
185

Gabinete Colonial, 59
Gabinete de Compensação, 133
Gabinete de Guerra, 84, 115, 123, 131
Guarda de Granadeiros no, 73
plano para a cooperação com os
franceses, 15
proposta de transferência para
Tewkesbury, 35
tenta defender sua independência, 24
transferência da Seção de Mapeamento para Cheltenham, 48
Gabinete
abandona a "Diretriz dos Dez Anos",
20
Departamento de Criptografia do
Escritório do Gabinete Nacional (COCO), 119, 139-143,
170, 180

Escritório do Gabinete Nacional,
35, 49, 122, 124, 128, 133, 142,
154, 156, 161, 175
fusão do Gabinete Nacional com as
secretarias do CID, 26
Nacional na Primeira Guerra Mundial, 15, 16
gabinete do Chefe do Estado-Maior
Geral Imperial (CIGS), Whitehall
Gardens, Londres, 26
Gallipolli (1915), 162
"Garden Suburb", 53
"Guarda de Rance", 74, 75
racionamento, 143, 145, 154, 177
rearmamento, 12, 20, 21, 23, 98
Gaulle, Charles de, 102
George V, HMS, 172
Churchill pede permissão para voar
para Washington, 149
e desembarques do Dia D, 172
é mantido informado a respeito de
notícias importantes da Sala de
Mapas, 49
e o bombardeio do Palácio de
Buckingham, 67, 194n33
George VI, rei: visita o CWR (30 de
agosto de 1939), 43
Gibbs, Rose (posteriormente Haynes),
139, 144
Gibraltar, 128
Gilbert, Martin, 87
Gloucester, 34
Gort, general lorde, 51
Gott, tenente-general "Strafer", 152
Graf Spee (encouraçado de bolso), 47
Great George Street, Londres, 50, 83,
118, 133, 155, 162, 197n1

ÍNDICE

Grécia, 127, 175
  Churchill envia tropas para a (1941), 57, 80
Green, Betty, 137, 166, 167, 168, 174, 186
Green, Geoffrey, 164, 167
Greenwood, Arthur, 56
Grenadier Guard, 72, 73
Grey, Sir Edward, 15
Grupo de Planejamento de Contrainformação, 127
Guarda Interna, 72
Guerra da África do Sul (1899-1902), 13
Guerra de Mentira (setembro de 1939-maio de 1940), 46-56
Guerra Franco-Prussiana (1870-71), 13
Guerra Fria, 24

Haig substitui French na, 17
  conquista alemã da, 12
  colônias, 79
  derrota na, 55
  evacuação de Dunquerque, 55, 62
Haig, Sir Douglas, 17, 18, 100
Halcrow, William, 122
Halifax, lorde, 45, 54, 56, 76
Hamblin, srta., 171
Hankey, Maurice, 1º barão,
  figura central no planejamento da defesa da Inglaterra, 13-14
  membro do Departamento de Guerra, 44
  ministro sem ministério, 44
  secretário do CID, 13, 17, 18, 42-43
  secretário do Departamento de Guerra, 14

  secretário do Gabinete Nacional (1919-38), 13, 18
  sobre Chamberlain e Churchill, 55
Harriman, Averell, 60, 110, 114, 197n41
Harris, marechal do ar Sir Arthur, 94
Harrod, Roy, 98, 102
Harrogate, Yorkshire, 30, 48
Hart, Brenda, 171
Harvey, sr. (valete), 105
Head, brigadeiro Antony, 89, 135, 195n14
Heagerty, comandante de voo J., 178
Heath, Alan, 121
Heath, William, 121, 144
hidroaviões Boeing (serviço "Clipper"), 152, 200/15
Hill, Kathleen, 105, 171
Hindlip Hall, Worcestershire, 34, 48, 49
Hinsley, Sir Harry 102
Hirohito, imperador do Japão, 10
Hiroshima, 178
Hitler, Adolf, 112
  assiste a musicais de Hollywood, 111
  Channon sobre, 47
  contraste entre sua atitude e a de Churchill, 148
  crença no triunfo da determinação, 63
  declara guerra aos EUA (1941), 80, 114, 116
  oferta de paz à Inglaterra, 61
  planos de invasão à Inglaterra, 61, 65
  últimos dias, 10, 39
  volta sua atenção para o Oriente, 79
Hoare, Sir Samuel, 45
Hobart, Major-General Percy, 100

226   O BUNKER DE CHURCHILL

Holanda
  colônias, 80
Hollis, Lady, 137
  âmbito das operações da secretaria de defesa, 59
  comandante-geral da Marinha Real, 182, 185
  e as viagens de Churchill, 156, 165, 166, 169, 170, 172
  e equipe a feminina, 134, 135, 137, 138, 157, 165
  é nomeado secretário assistente do CID, 21
  e o Departamento de Criptografia, 140
  grande jornada de trabalho, 82, 135
Hollis, general Sir Leslie ("Jo"), 34, 42, 49, 115, 119, 125, 138, 174, 178
  One Marine's Tale [Conto de um fuzileiro], 120
  personalidade, 88
  preparativos do CWR, 34, 36-37
  secretário do Comitê de Planejamento Conjunto, 22
  sucede Ismay como oficial chefe do Estado-Maior do ministro da Defesa, 181
holofotes, 23
"Homem que Nunca Existiu, O", 127
Hopkins, Harry, 110, 114, 115, 167, 184
Hore-Belisha, Leslie, 45
Horse Guards, Londres, 72
Horseferry Road, Londres, 68, 71
  rotundas (Anson), 122, 124, 125
Hotel Mamounia, Marrakesh, 170

Hotel Mena House, Cairo, 167
Hotel St Ermin, Westminster, Londres, 145
Houlihan, Mike, 186
Howarth, Sir Rupert 44, 76
Hungria, 178
Hunter, sra. Joy (nascida Milward), 122, 177
Hurricanes, 105
Hussardos, 4º, 106
Hymer, Gladys, 84, 133

Iliff, Lady *ver* d'Orville, Jacqueline
Império Britânico, 78, 79, 158, 162, 163
imprensa de Beaverbrook, 159
Índias Orientais, 115
Inglaterra
  "a melhor hora", 62
  aliado na Rússia, 112, 190
  ataques aéreos na Primeira Guerra Mundial, 18
  cooperação com a França, 15, 45
  e a condução efetiva da guerra moderna, 14
  e a Polônia, 46, 112
  e o Ato de Empréstimo e Arrendamento, 78, 114
  e o poder americano, 153
  entra na guerra em setembro de 1939, 39, 41, 43-44
  habilidade de guardar segredos durante a guerra, 117
  perspectivas de invasão na Primeira Guerra Mundial, 17
  plano de Hitler para invadir (1940), 61, 65

ÍNDICE

227

sai da guerra mais pobre e menos poderosa, 177

supera a Alemanha na produção de caças (1940), 24

Inonu, Ismet, 169

Inskip, Sir Thomas, 22

Inteligência Militar, 123

inteligência Ultra, 104, 105, 111, 118, 127, 142

Invasão à Normandia, 127, 162, 198n10

Ironside, general Sir Edmund, 45, 64, 92, 194n28

relacionamento com Bridges, 86

carreira pós-guerra brilhante, 180-181

como agente de Churchill, 58

e a criação do Centro de Operações, 31, 35, 37

e a equipe feminina, 23-25, 132, 134, 137, 138, 157, 160, 165

e as Forças Internas do Quartel-General, 73

e as viagens de Churchill, 154, 155, 160, 161, 166, 171

e minuta falsa de Peck, 70

e o Comitê dos Chefes de Estado--Maior, 52-53, 56

e o Departamento de Criptografia, 140

festa de despedida para Lady Lle-wellyn, 180

gerência habilidosa e amigável de sua equipe, 137

grande jornada de trabalho, 82

importância, 58

Ismay, general Hastings ("Pug"), 44, 49, 50, 57, 70, 90, 97, 108, 110, 119, 138, 169, 173, 178

mediador entre Churchill e os chefes de Estado-Maior, 58

membro do Conselho Privado, 181

Memoirs, 47, 120

na Conferência de Teerã, 169

o fato de "não precisar de meios", 58

personalidade, 58, 88

recebe título de nobreza de lorde Ismay, 181

secretário do CID, 42

sintetiza planos para preservar parte do CWR, 185

sobre Churchill, 147

sobre Inskip, 22

sobre Lindemann, 98

substituído como ministro da Coor-denação da Defesa, 42

tem salas alocadas no CWR, 65

vice-secretário do CID, 20

Itália

campanha italiana, 172, 173

capitulação, 160, 165

declara guerra aos Estados Unidos, 116

desejo da Inglaterra de eliminar a Itália da guerra, 163

e a Campanha da África do Norte, 78, 82

e a Conferência de Teerã, 168

invasão dos Aliados à (1943), 24, 160, 164

planos de invasão do JPS, 126

Iugoslávia, 174

guerrilheiros titoístas da, 103

228   O BUNKER DE CHURCHILL

Jacob, tenente-general Sir Ian, 42, 115, 132, 137, 174, 179, 197n1
  carreira distinta na BBC, 181
  comparecimento a conferências além-mar, 155, 163
  consciente de que o CWR não era à prova de bombas, 81
  descreve a seção militar da secretaria, 87
  e a equipe feminina, 138, 158
  e a minuta falsa de Peck, 70
  e o Departamento de Criptografia, 141
  manda oficiais do COCO para Marrakesh, 169
  na Great George Street, 84
  no CWR, 83, 86
  personalidade, 88, 138
  recebe ordem de cavaleiro por seu importante trabalho, 180
  responsável pelos comitês de suprimentos, 59
  secretário assistente militar, 43
  série James Bond, 133
  sobre Hollis, 88
Japão
  ataque a Pearl Harbor, 80, 149, 158
  avanço e retirada no Pacífico, 86
  bombardeio do, 10, 178, 190
  capitulação, 39, 179
  e a Conferência de Teerã, 167
  em guerra contra a China, 80
Jefferis, Millis, 99
Jenkins, Roy (barão Jenkins de Hillhead), 99, 110
JIC *ver* Comitê de Inteligência Conjunta

Keyes, almirante Sir Roger, 95
King Charles Street, Londres, 38, 50, 71
King George VI, HMS, 151
King, almirante Ernest, 63
Kinna, Patrick, 156, 163, 166, 171
Kneller Hall, Twickenham, Middlesex, 66
Knott, comandante Maurice, 160, 161

Lady Hamilton (filme), 110
Laithwaite, Sir Gilbert, 76
Lampedusa, 175
Landemare, sra. (cozinheira de Churchill), 105
Lavery, Brian, 200n5
Layton, Elizabeth, 156, 161, 163, 166, 171, 173, 175
Leasor, James, 82
Lewin, Ronald, 58
Líbia, 81
Life Guards, 73
Lindemann, prof. Frederick, 1º visconde Cherwell, 21, 53, 59, 94, 95, 98, 101, 105, 107, 110, 113, 161, 197-6n46
Linha Maginot, 46
Liubliana, 172
Livro de Guerra, 15, 43
Llewellyn, Lady *ver* Williams, oficial de esquadrão Joan
Lloyd George, David, 56, 59, 77
  animosidade com seus conselheiros militares, 16, 60
loja de departamentos Selfridges, Oxford Street, Londres, 120, 143
London, HMS, 165, 166

ÍNDICE

Londres
ataque ao East End por bombardeiros de Gotha (1917), 19
Blitz, 12, 42, 60, 61, 62, 64, 66, 70, 74, 81, 83, 124, 125, 135, 144, 187
bombardeios pesados esperados para Londres, 20, 42
cidadelas dos subúrbios, 31, 34, 35
como sede do governo durante a guerra, 20
danos produzidos pelos bombardeios, 144
diminuição da frequência de bombardeios, 79, 81, 84
proposta de dispersão e abandono do centro de Londres, 29, 31-35
Stalin comparece a uma conferência bolchevique (1907), 150
vítimas, 28
vulnerabilidade a ataques aéreos, 19
Low, David: charge *All behind You, Winston* [Todos seguindo você, Winston], 55
Luftwaffe
ataques a Whitehall, 71
bases, 12, 29
danos e as vítimas de um bombardeio da Luftwaffe superestimados, 27
e armas V, 123
e Chequers, 75
instrumento tático destinado a dar suporte a um exército, 28
redução dos bombardeios a Londres, 77

Luís XIV, rei da França, 116
Lyttelton, Oliver, 53

Macdonald, Ramsay, 101
Macmillan, Harold, 1º conde de Stockton, 24
Maitland, comandante John, 184
Malta, 165, 166, 175
Manobra Negra", 29, 34, 48, 49, 105, 123
máquina "Enigma", 102, 118
da Família Real, 30
de instituições cruciais e tesouros nacionais, 30
de Londres, 30, 31-35, 47
evacuação: de crianças, 28, 37
Seção de Contrainformação Europeia, 130
mar Negro, 175
Marechal, general George C., 153
Margerison, Olive *ver* Christopher, Olive,
Margesson, David, 44
Marinha americana, 158
Marinha francesa: ataque inglês à frota francesa em Orã, 62
Marinha Real, 113
alocação de recursos para a, 23
ataque à frota francesa em Orã, 61
centros de operações do subúrbio, 33
e a estratégia de Chamberlain, 53
e passageiras civis, 155
e o Exército, 13
escolta comboios do Ártico, 113

230 O BUNKER DE CHURCHILL

evacuação das forças armadas da Grécia, 81
introdução de oficiais/postos do sexo feminino a bordo dos navios, 200n7
perde navios para submarinos, 46
Marlborough, John Churchill, 1º duque de, 103, 116
Marlborough: *His Life and Times* [Marlborough: sua vida e sua época], 103
Marrakesh, Marrocos, 169, 170-172
Martin, sir John, 59, 115, 125, 163, 166, 171, 172, 182
Mary, rainha, 110
máscara de gás, 47
Maxwell, Wendy *ver* Wallace, Wendy
medida "lenta e amarelada", 48
Memórias da Segunda Guerra Mundial, 91, 120
Menzies, brigadeiro Stewart ("C"), 103
metrô de Londres, 35, 68
MI(R) departamento, 132
Midway, Batalha de (1943), 158
minas limpet, 99
Ministério da Defesa, 180
Ministério da Economia de Guerra, 42, 127
Ministério da Informação, 197n46
Ministério da Saúde, 72
Ministério da Segurança Interna, 121
Ministério do Ar, 71, 72, 85, 121
é a favor de um comando unificado, 25, 25
e Beaverbrook, 104

expectativas pessimistas em relação a ataques aéreos, 23, 32
luta por acomodações, 72
opõe-se à decisão do governo de permanecer em Whitehall, 39
proposta de mudança para Gloucester, 34
Ministério do Interior, 13, 29, 38, 101, 115, 135
Ministério do Interior, 29, 133
Ministério do Transporte, Whitehall, Londres, 67
Ministro da Coordenação da Defesa, criação do posto, 21
Chatfield como, 42, 45
papel, 22
Mitchell, capitão Angus, RN, 44
MO9, 133
Montagu House, Whitehall, Londres, 68, 72
Montague Brown, Anthony, 166, 171
Montgomery, marechal de campo Bernard Law, 1º visconde Montgomery de El Alamein, 107, 128, 171
Moody, Joanna, 138
Moran, lorde (anteriormente Sir Charles Wilson), 152, 154, 167
Morton, H. V., 115
Morton, major Sir Desmond, 53, 60 70, 98, 101, 103, 105
Moscou, 150, 152, 155, 165, 172, 174
Mountbatten, Lorde Louis, 84, 95, 131, 166
movimentos de resistência europeus, 103
Murmansk, 112

ÍNDICE 231

Murrie, W.S., 76
Murrow, Ed, 114
Museu Churchill, Centro de Operações do Gabinete Nacional (CWR), Londres, 82, 125, 188
Museu Imperial da Guerra, Londres x, 120, 185, 188
Mussolini, Benito, 11, 164

Nações Unidas, 175
Nagasaki, 178
Nel, Elizabeth, 84, 109
Nelson, vice-almirante Horatio, 1º visconde 11
neopacifismo, 21, 29
New Public Office (NPO)
 anexo do nº 10, 12, 67-70, 82-86, 95, 97, 97, 99, 106, 111, 118, 132, 159, 156, 161, 180, 188
 ausência de Churchill é muito sentida, 180
 e a Conferência de Casablanca, 153
 e o Dia da Vitória na Europa, 177
 edifício do New Public Office (NPO), Whitehall, Londres, 12, 37, 38, 90, 144, 182, 197n1
 importância do trabalho realizado no, 89
 localização do CWR dentro do complexo do NPO, 75
 no coração da capital, 119
 pátio Ocidental, 65, 66, 72
 proteção do, 71, 74
 reuniões dos chefes de Estado-Maior, 124

Newall, primeiro marechal do ar Cyril, 44, 46, 64, 76
Newfoundland, 113, 115
Niven, David, 132, 133
Norte francês da África, 126, 131, 160
Noruega
 e a Operação Fortitude, 172
 invasão da Alemanha à (1940), 51
 malfadada campanha da, 51-55, 93
 obsessão de Churchill por pousos na, 91
"Núcleo Essencial de Operações", 32

Oliver, Vic, 107, 194n41
Ollard, Richard, 95
Operações Conjuntas de Inteligência, 127
Operações
 Anvil, 173
 Barbarossa, 111
 Dragoon, 173
 Fortitude, 128, 172
 Overlord, 92, 162, 165, 168, 172, 198n10
 Sea Lion Torch, 65, 131, 160, 164
Orã, norte da África francesa, 62
Oriente Médio: "Policiamento Imperial", 20
Ostend, 95
Overton, Hampshire, 30

Pacífico, guerra no, 116, 173
Pacto do Atlântico (1941), 116
Pacto Nazi-Soviético (1939), 54
Pacto Ribbentrop-Molotov (1939), 80

232 O BUNKER DE CHURCHILL

Palácio de Buckingham, Londres, 49, 67, 118, 148, 178
Palácio de Westminster, 139
Palácio de Westminster, Londres, 81
Palazzo Venezia, Roma, 10
Papendreou, Georgios, 175
Parlamento, proposta de evacuação do, 30
Partido Comunista Britânico, 113, 159
Partido Conservador, 77, 107
Pas-de-Calais, 172
Pearl Harbor (1941), 77, 116, 149, 158
Peck, John, 59, 70
Pim, capitão Richard, RN VR, 85, 153, 161
Plata, Rio da, 47
PLUTO (tubulação de petróleo no fundo do mar), 131
Polônia
    e a declaração de guerra da Inglaterra, 46, 112
    fronteiras do pós-guerra, 167, 168, 174
    não recebe ajuda da Inglaterra nem da França, 46
    rapidamente invadida pela Alemanha e a União Soviética, 46, 112
"Policiamento Imperial", 19
Porão-restaurante do Hatchett, Piccadilly, Londres, 133
Portal, Sir Charles, 64, 77, 94, 182
porto de Brunsbüttel, 46
porto de Wilhelmshaven, 46
Portos artificiais "Mulberry", 131
Pound, almirante Sir Dudley, 45, 51, 64, 77, 93, 115

povos anglófonos, 78
Powell, Anthony, 128-130
Precauções contra Ataques Aéreos (ARP), 24, 26, 28, 38, 145
    Centro de Operações é reforçado como, 31
    e delegados regionais, 28
Primeira Guerra Mundial, 15-18, 90, 101, 103, 190
    bombardeio aéreo no, 17, 19
    CID é substituído por outros comitês, 16
    criação do Departamento de Guerra (1916), 17
    e rearmamento no pós-guerra, 11
    embate entre "ocidentalistas" e "orientalistas", 8
    Front Oriental, 17, 18
    mortes da Inglaterra, 162
    preparativos para a, 12-15
Prince of Wales, HMS, 93, 115, 116, 151, 156
produção industrial, 15

Quadro de Segurança Interserviços, 127, 133
Quartel de Knightsbridge, Londres, 73
Quartel-general de Guerra Emergencial, Whitehall Gardens, Londres (proposto), 26, 36
Quartel-General de Operações Aéreas, 71
Quartel-General Nacional, 26
"Quartel-General de Batalha", 71
Quebec, 150, 152

ÍNDICE

233

quebra da bolsa, 107

Queen Mary (paquete), 152, 160, 161, 163

questão dos bombardeios *ver* guerra aérea

Quincy, USS, 175

Radar, 23

RAF Bentley Priory, perto de Harrow, Middlesex, 33

RAF Leighton Buzzard, 142

RAFVR (Reserva de Voluntários da Força Aérea Real), 131

Rance, George, 37, 183, 184

Reed, Phil, 188

delegados regionais, 29

Região do Egeu, 162

Departamento de Criptografia, 140, 141

Reith, Sir John, 101

Relatório de Defesa (1936), 21

Renown, HMS, 152, 166

Repulse, HMS, 93

reservistas, 47

Richmond Terrace, Londres, 25, 41, 48, 49, 132

rio Tâmisa, 20

Riviera francesa, 173

Roberts, Andrew, 116, 154, 198n6

Masters and Commanders [Mestres e comandantes], 93

Robertson, Sir William, 16

Roma: quartel-general de Mussolini em, 10

tomada de (1944), 173

Romênia, 174

Rommel, Erwin 81,108

Roosevelt, presidente Franklin D., 110, 116, 120, 160, 173, 184

a salvo de bombardeiros de longo alcance 12

Churchill o visita em Washington, 150

Conferência de Yalta, 176

Conferência do Atlântico, 115, 149

correspondência com Churchill, 114, 115

eleições presidenciais, 80, 115, 174

em Malta, 176

linha direta segura entre Churchill e Roosevelt, 120, 125, 183, 188

morte, 177

objetivos para uma nova ordem mundial, 175

principal alvo para ganhar a guerra, 163

relações com a União Soviética, 168

saúde debilitada, 169, 177

Rosyth, Firth of Forth, Escócia, 32

Rowan, Leslie, 59

Royal Oak, HMS, 46

Salva-Vidas Atlântico, 130

Sandys, Duncan, 99, 106

Sardenha, 127

SAS (Serviço Aéreo Especial), 106

Sawyers, Frank, 95, 104, 167

Scapa Flow, 46, 115

Seal, Eric, 58, 59, 70, 104

234 O BUNKER DE CHURCHILL

Seção de Controle de Londres (codinome do Grupo de Planejamento de Contrainformação), 127, 132

Seção de Planejamento Estratégico, 122

Seção de Planejamento para Operações Futuras, 123

Seção S (departamento de estatística), 98, 99

Sede das Comunicações do Governo, Bletchley Park, 103, 47

Segunda Guerra Mundial: preparativos da Inglaterra para, 12

a Inglaterra entra na guerra, 39, 40, 41

ano das conferências, (1943), 155-170

ataque da Inglaterra à frota francesa em Orã, 61

Batalha da Inglaterra, 62, 105

campanha do norte da África, 77, 80, 81

Churchill no poder, 55-78

desembarques do Dia D (1944), 131, 172

estabelecimento de um Departamento de Guerra no modelo de Lloyd George, 44

evacuação de Dunquerque, 62, 105, 134

falta de um aliado europeu para a Inglaterra, 78, 80

Guerra de Mentira, 46-56

importância da inteligência e da contrainformação na, 103

Inglaterra envia forças armadas em auxílio à Grécia, 80

início da Blitz, 61, 65

Invasão da Alemanha à União Soviética, 65, 81, 110-113, 149

planos de Hitler para uma invasão à Inglaterra, 61, 65

Serviço de Inteligência Secreta, 103

Serviço Secreto, 103

Vitória no Dia da Europa (8 de maio de 1945), 177

"Segundo Front", 159, 168

Segurança Interna, 34

Serviço Nacional, 16

serviço público, 131

Shakespeare, William, 62

Sherwood, Bob, 184

Sicília, 126, 127, 160, 165, 166

Simkins, Peter, 17, 186

Simon, Sir John, 45

Sistema de Túneis de Retenção (proposto), 35

Churchill preside o comitê, 56

comitê de operações, 57, 89

comitê de suprimentos, 56

é gradualmente deixado de lado, 60

o Comitê de Defesa substitui o Comitê de Coordenação Militar, 36

participação, 60

política de defesa (1932-39), 12, 20-28

reuniões no CWR, 134

Smith, Malcolm, 27

Smuts, Jan, 85

Somme, Batalha do (1916), 163

Sorge, Richard, 112

Spetchley Manor, Worcestershire, 34, 48, 104

ÍNDICE

Spitfires, 104

Spring, Howard, 115

Stalin, Joseph, 115, 140, 157, 174
comparece a uma conferência bolchevique em Londres (1907), 150
Conferência de Yalta, 183
conversas com Churchill (Moscou, 1944), 174, 175
é alertado sobre a Operação Barbarossa, 112
na Conferência de Teerã, 168, 169
relutância em viajar, 157, 166

Stalingrado, capitulação da Alemanha em (1943), 158, 159

St. James's Park, Londres, 48, 50, 73, 106, 141

St. Paul's School, Hammersmith, Londres, 66

Stewart, Sir Findlay, 124

Storey's Gate, Londres, 118, 143, 145, 190

Stratford-on-Avon: proposta de transferência da Câmara dos Comuns para, 34

STRATS ver Equipe de Planejamento Estratégico (STRATS),

Sturdee, Jo, 174

Subcomitê das Precauções contra Ataques Aéreos, 19
produção aérea, 104

submarinos, 76, 95, 151, 152, 177

Sudão (campanha de 1898), 147

Sudeste
proposta de transferência do governo e do comando militar para, 28, 35

Suécia, 51

Sutherland, Margaret, 137

teatros, 47

Tedder, primeiro marechal do ar Sir Arthur, 170

Teerã, 150, 153

Tesouro Nacional, 38, 50, 72, 87, 177, 182, 188, 189

Tewkesbury, proposta de mudança do Departamento de Guerra para, 35

Thatcher, Margaret, baronesa, 185

The Military Philosophers [Os filósofos militares], 128

Thompson, comandante Charles, 107, 169

Thompson, detetive sargento (posteriormente inspetor) Walter, 107, 148, 197n46

Thompson, Tommy, 197n46

Tito, marechal Josip Broz, 108, 196n36

Tizard, Sir Henry, 100

Tojo, general Hideki, 11

Tree, Ronald, 75

Trenchard, primeiro marechal do ar Sir Hugh, 20

Truman, Harry S., 178

Truter, Christian, 185

túneis, 122, 123

Túnel de Retenção de Whitehall, 123

Tunis, 154, 170

Turquia, 176

União dos Chefes de Estado-Maior (EUA), 89
Keyes como conselheiro e depois chefe, 94

236 O BUNKER DE CHURCHILL

Mountbatten como conselheiro, 94
Operações Combinadas, 161
União Soviética, 190
"Acordo da Porcentagem", 173
Alemanha ataca (1941), 65, 80, 113, 149
aplacamento, 169
assassinato de seus próprios cidadãos, 190
como aliada da Inglaterra, 114, 190
conversas entre Stalin e Churchill (Moscou, 1944), 173
e a Conferência de Teerã, 168-169
e a RAF, 94
invasão à Polônia, 46, 112
massacre da floresta de Katyn (1943), 114, 190
posição no mundo do pós-guerra, 151
tensões com os aliados do Ocidente, 177
Unidade de Pagamento, 128
Unidades de Defesa Local, 72
Universidade de Oxford, 98-99

Valetta, Malta, 167
vestuário, 145
Viena, 174
Villa Taylor, Marrakesh, 171, 172
Vitória no Dia da Europa (8 de maio de 1945), 176
Vitória, rainha, 188
Voluntários para a Defesa Local (mais tarde Guarda Interna), 72

WAAF (Força Aérea Auxiliar Feminina), 107, 120, 140, 141, 143, 157, 169, 173, 180

Wallace, Wendy (posteriormente Maxwell), 134, 137, 138, 145, 163, 174, 186
War at the Top [Ponto alto da guerra], 120
Washington, 153, 155, 157, 159, 160
Watson, Edith, 59, 11, 193n22
Waugh, Evelyn, 196n36
A espada de honra, 113
Wavell é liberado do seu comando, 136
Wavell, general Sir Archibald, 80, 91, 137
Wells, H. G.: *The Shape of Things to Come*, 41
Wenzel, Jon, 186, 187, 188
Wheatley, Dennis, 39, 131, 139, 199n22, 199n23
"Defesa da Vila", 130
Drink and Ink [Álcool e tinta] (vol. 3 das suas memórias), 199n22
"Outras Medidas para a Resistência à Invasão", 132
"Resistência à Invasão",131
Stranger Than Fiction [Mais estranho que a ficção], 199n22
Whitehall Gardens, Londres, 25, 35, 48
Williams, oficial de esquadrão Joan, OBE (posteriormente Lady Llewellyn), 119, 140, 141, 157, 169-172, 172, 180
Wilson, general "Jumbo", 170
Wilson, Sir Charles *ver* Moran, lorde
Wilson, Sir Horace, 47, 49, 87
Winant, embaixador Gilbert, 109, 114, 197n41

ÍNDICE

Wingate, major-general Orde, 64
Winnifreth, sr., 133
Winnifrith, Sir John, 186
Winston Churchill: The Struggle For Survival [A luta pela sobrevivência], 154
Wolsey, cardeal, 115, 152

Wood, Sir Kingsley, 13, 76
Worcester 37
WRNS (Serviço Naval Real Feminino), 106

Zeebrugge, 94

Este livro foi composto na tipologia Adobe
Garamond Pro, em corpo 11,5/16, e impresso em
papel off-white no Sistema Cameron da Divisão
Gráfica da Distribuidora Record.